作者与大学同学毕业合影（自左至右：杨宝忠　龚法忠　孟保青）

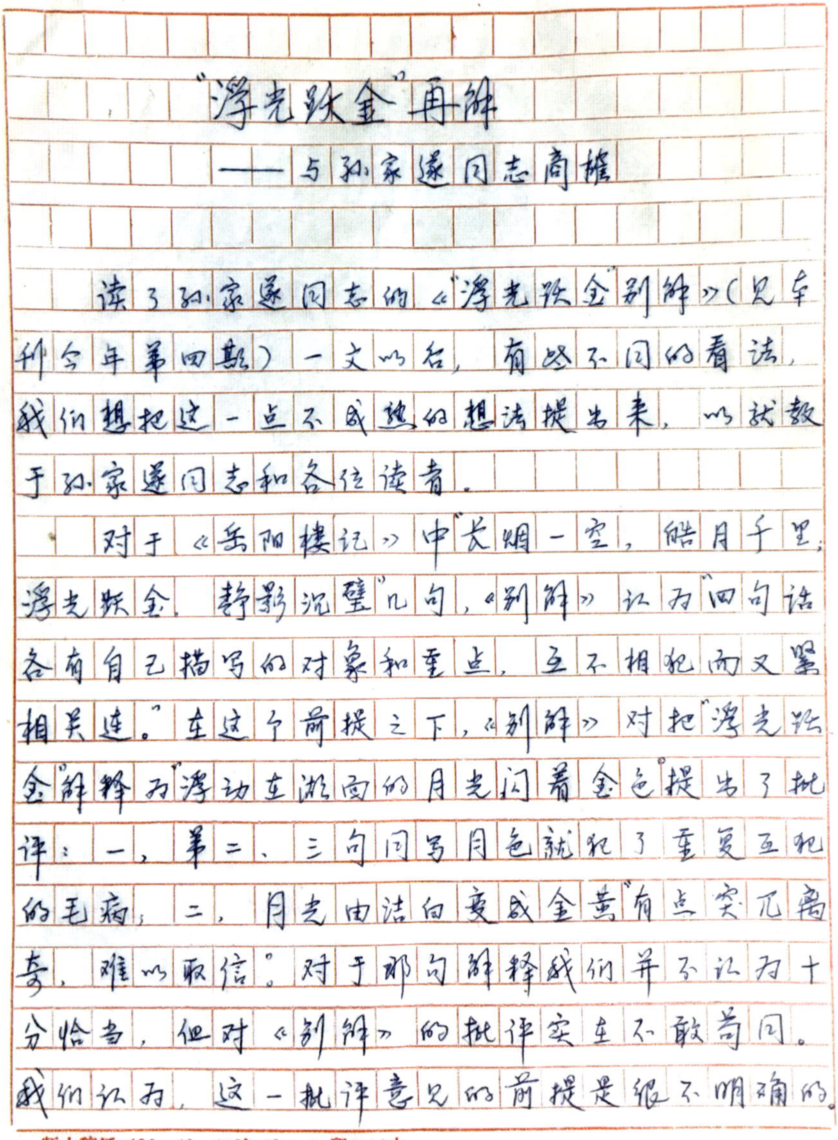

"浮光跃金"再解

——与孙家遂同志商榷

读了孙家遂同志的《浮光跃金别解》（见本刊今年第四期）一文以后，有些不同的看法，我们想把这一点不成熟的想法提出来，以就教于孙家遂同志和各位读者。

对于《岳阳楼记》中"长烟一空，皓月千里，浮光跃金，静影沉璧"几句，《别解》认为"四句话各有自己描写的对象和重点，互不相犯而又紧相关连。"在这个前提之下，《别解》对把"浮光跃金"解释为"浮动在湖面的月光闪着金色"提出了批评：一，第二、三句同写月色就犯了重复互犯的毛病；二，月光由洁白变成金黄"有点突兀离奇，难以取信"。对于那句解释我们并不认为十分恰当，但对《别解》的批评实在不敢苟同。我们认为，这一批评意见的前提是很不明确的。

师大稿纸（20×18＝360）79.1.7.印2800本

《"浮光跃金"再解》首页，孟保青誊录

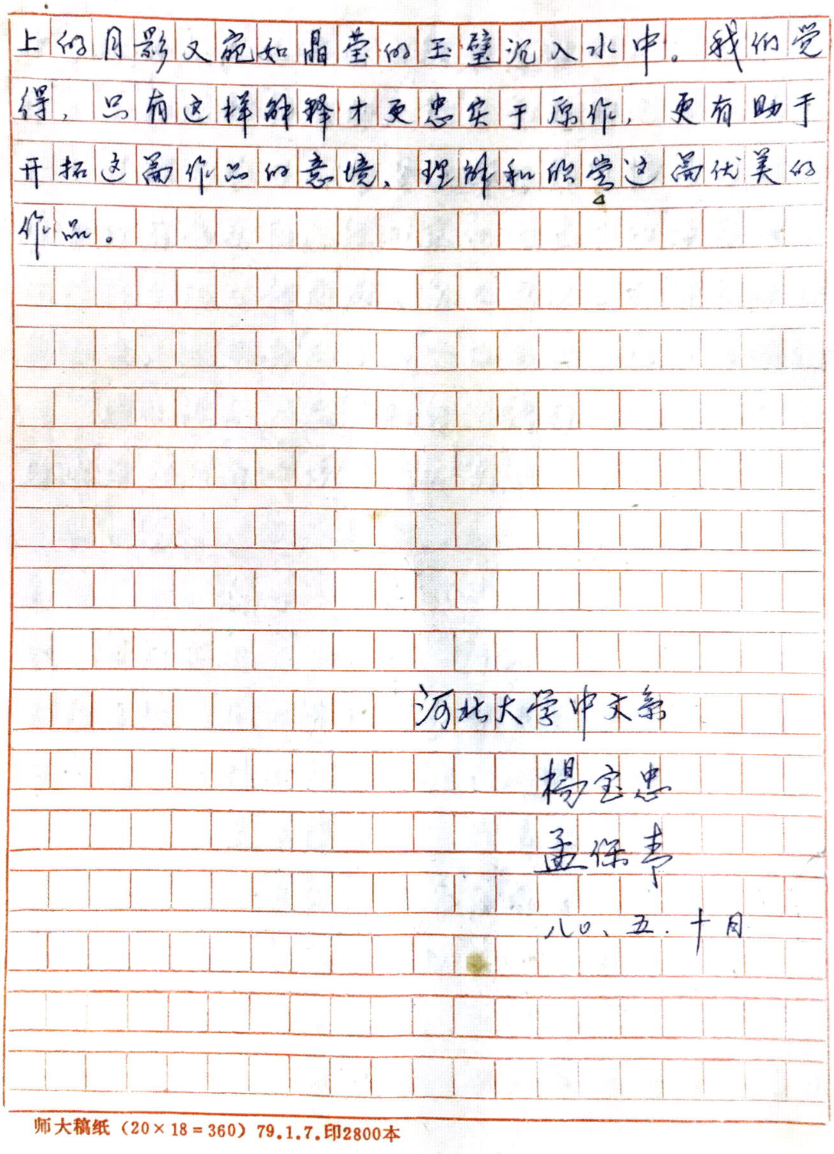
上的月影又宛如晶莹的玉璧沉入水中。我们觉得，只有这样解释才更忠实于原作，更有助于开拓这篇作品的意境，理解和欣赏这篇优美的作品。

河北大学中文系

杨宝忠

孟保青

八〇、五.十日

师大稿纸（20×18=360）79.1.7.印2800本

《“浮光跃金”再解》末页

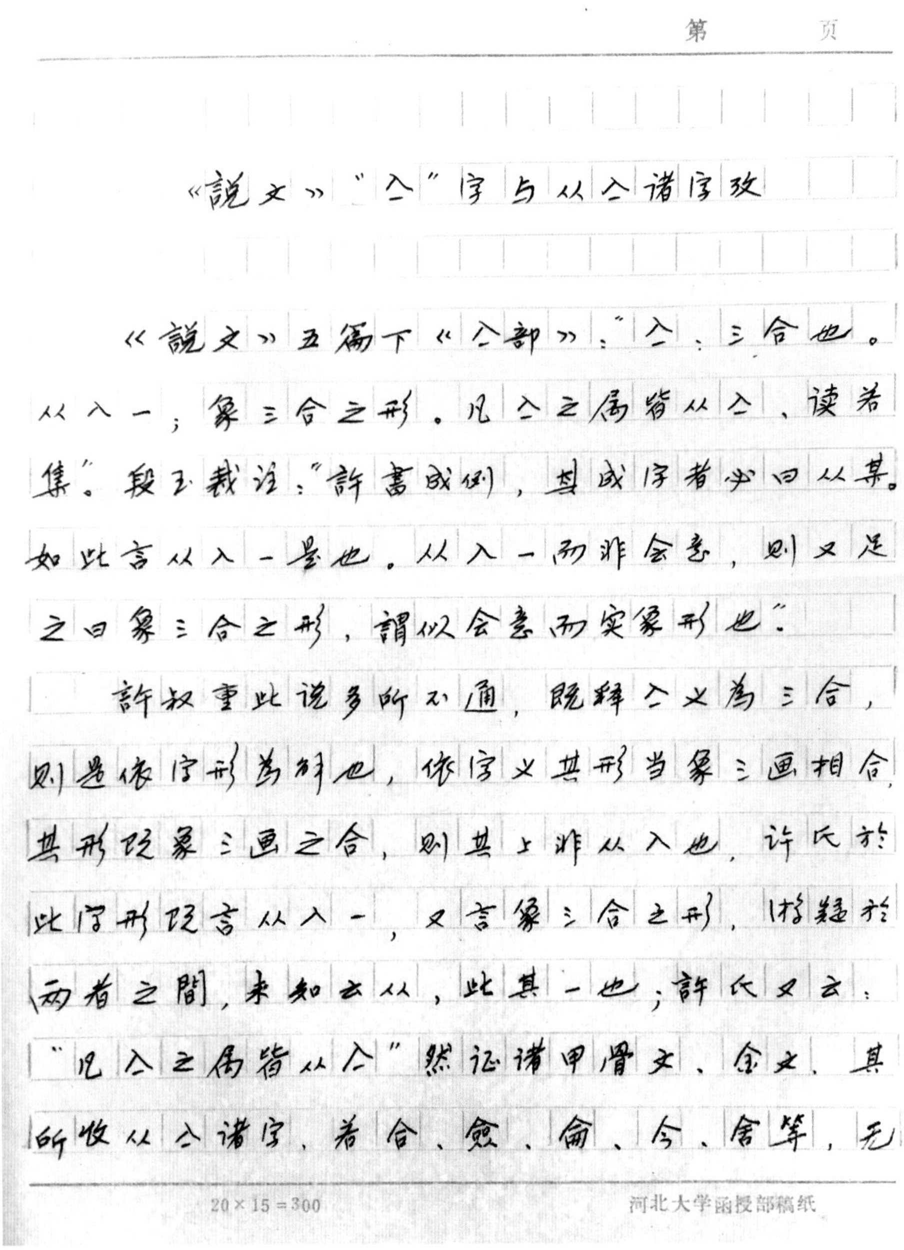

《説文》"亼"字与从亼诸字考

《説文》五篇下《亼部》："亼，三合也。从入一，象三合之形。凡亼之属皆从亼。读若集。"段玉裁注："許書通例，其成字者必曰从某。如此言从入一是也。从入一而非会意，则又足之曰象三合之形，謂似会意而实象形也。"

許叔重此说多所不通，既释亼义為三合，则是依字形為解也，依字义其形当象三画相合，其形既象三画之合，则其上非从入也，許氏於此字形既言从入一，又言象三合之形，游疑於两者之間，未知云从，此其一也；許氏又云："凡亼之属皆从亼"然证诸甲骨文、金文，其所收从亼诸字，若合、僉、侖、今、舍等，无

作者手稿

传世字书与出土文字研究中心资助出版

初耕集

杨宝忠 著

河北大学出版社·保定

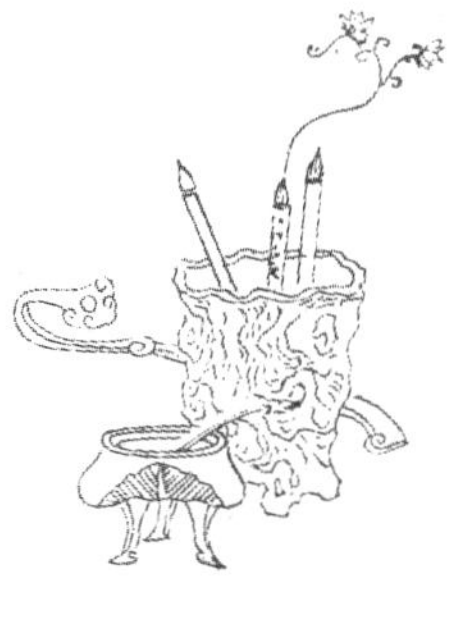

出 版 人：耿金龙
责任编辑：韩立霞
装帧设计：王占梅
责任校对：刘文娜
责任印制：靳云飞

CHU GENG JI

图书在版编目（CIP）数据

初耕集 / 杨宝忠著 . -- 保定 : 河北大学出版社，2019.2

ISBN 978-7-5666-1451-3

Ⅰ . ①初… Ⅱ . ①杨… Ⅲ . ①汉字- 文集 Ⅳ . ① H12-53

中国版本图书馆 CIP 数据核字 (2019) 第 007742 号

出版发行：河北大学出版社

地址：河北省保定市七一东路 2666 号　邮编：071000

电话：0312-5073033　0312-5073029

邮箱：hbdxcbs818@163.com　网址：www.hbdxcbs.com

经　　销：全国新华书店
印　　刷：保定市北方胶印有限公司
幅面尺寸：170 mm × 240 mm
印　　张：18
字　　数：240 千字
插　　页：4
版　　次：2019 年 2 月第 1 版
印　　次：2019 年 2 月第 1 次印刷
书　　号：ISBN 978-7-5666-1451-3
定　　价：130.00 元

凡　　例

一、本集所收论文 18 篇，大致依写作时间先后排序。

二、本集以规范汉字录入，酌用繁体。所用繁体包括《通用规范汉字表》以外字形、需要分析或考释的字形、改为简体影响理解的字体。

三、为客观反映作者当年学习的实际情况，收入本集中的论文，除文中出现的个别错字改为正字、“二简字”改为规范字外，不做内容上的改动。

四、本集中用到的《辞海》（语词分册）是上海辞书出版社 1979 年版本，《辞源》是商务印书馆 1983 年修订本，《现代汉语词典》是商务印书馆 1983 年版本。

目　录

“浮光跃金”再解

读了孙家遂同志的《“浮光跃金”别解》（以下简称《别解》）一文以后，有些不同的看法，我们想把这一点不成熟的想法提出来，以就教于孙家遂同志和各位读者。

对于《岳阳楼记》中“长烟一空，皓月千里，浮光跃金，静影沉璧”几句，《别解》认为“四句话各有自己的描写的对象和重点，互不相犯而又紧相关连”。在这个前提之下，《别解》对把“浮光跃金”解释为“浮动在湖面的月光闪着金色”提出了批评：一，第二、三句写月色就犯了重复互犯的毛病；二，月光由洁白变成金黄“有点突兀离奇，难以取信”。对于那句解释我们并不认为十分恰当，但对《别解》的批评实在不敢苟同。我们认为，这一批评意见的前提是很不明确的。这四句的确是各有侧重而又紧相关连的，但怎样侧重和关连呢？对这个关系到对具体词语解释的问题，《别解》没有说明。很明显，这四句话应该分为两个层次：前两句描写天上的夜景，后两句描写湖面上的月光。一天一地，一上一下，各有侧重，同时两个层次中的每一句又各有侧重。比如“浮光跃金，静影沉璧”这两句就是一写风吹时浮动在湖面的月光，一写浪静时映在水中的月影，两句又总的构成了月夜湖面的景色。因此，第二句和第三句不能直接构成一个层次，而是分别同一、四句组合起来构成一组完整的画面。这样，即使是同写月色也不能算是重复互犯。况且，假如我们仔细体味一下这两句话，就不难发现，“皓月千里”主要是写月，其主语是“月”，而“浮光跃金”主要是写月光，其主语是“光”，可见两句并不相同，根本谈不上重复互犯。再者，我们认为《别解》对月光颜色的批评也是不正确的。看来《别解》承认月光有色彩的变化，关键在于《别解》对“皓月”的“皓”字做了不够准确的理解。在这里，“皓”字重在描述月的明亮，而不是重在洁白，最近出版的《古代汉语常用字字典》就把这个“皓”字解释为“明”。可见第二句是先写月之亮，三、四句接写月之色，并且写出了月光的变化多姿，动静结合，色调美雅，合乎情理，顺应自然，这是原作的本意，丝毫不使人感到突兀离奇。

由于《别解》对作品做了不够准确的理解，因而也就得不出一个圆满的结论，于是便求助于古人，拉出《庄子》的一句话，当作“跃金”的出处。但遗憾的是《庄子》文中的“金踊跃曰”，与本文的“跃金”在意思上没有明显的联系。《庄子》所提到的“金”是泛指铜铁一类金属，而本文的“金”是特指贵金属“金”，这里面有着质的差别。在这个错误的前提下，《别解》指出：“‘跃金’实际是指跳跃出来的一滴金属溶液，与颜色并不相干。”这更令人莫名其妙了，“浮光跃金”这句话本身是描写光的，而光之所以能被人看到，就在于它有一定的色彩和亮度，没有色彩的光（如激光）是不能被肉眼所发现的。所以我们描写光，无外乎写其亮与色。然而范仲淹笔下的“浮光”却被解释成了既与亮度没关系又与颜色不相干的“金属溶液”，这可实在有点“突兀离奇，难以取信”了。

我们认为，“浮光跃金，静影沉璧”描写了月光映照在湖面的情景。从写作手法上来看，两句字字相对，极为工整。这也可以说是《岳阳楼记》的一个特色，类似句子在作品中随手可拾，如“衔远山，吞长江”“阴风怒号，浊浪排空”“日星隐耀，山岳潜形”“居庙堂之高则忧其民，处江湖之远则忧其君”，等等。这里“浮光跃金”的“金”与“静影沉璧”

的“璧”相对，是指金子，如果讲成“金属溶液”便失对了，显得有些牵强迂曲。我们说这两句话的意思是：当风吹浪动时，洒在起伏不定的波涛上的月光就像一块块闪烁的金子跃出水面；风平浪静时，映在平静安谧的湖面上的月影又宛如晶莹的玉璧沉入水中。我们觉得，只有这样解释才更忠实于原作，更有助于开拓这篇作品的意境，更能理解和欣赏这篇优美的作品。

1980.5.10

《〈论积贮疏〉文言虚词解》读后

读了王梦华同志的《〈论积贮疏〉文言虚词解》一文以后，很受教益。但觉得王梦华同志对《论积贮疏》中个别虚词的解释，尚可商榷。我们想在这里提出来以就教于王梦华同志与各位读者。

1. 民不足而可治者，自古及今，未之尝闻。

王说："者"是特别代词，与动词"可治"结合在一起构成名词性词语，指代"……的事"。"可治者"即"可使国家实现大治的事"。

按："者"字在这里不是和"可治"相结合而是与"民不足而可治"结合在一起构城一个名词性词语，"者"字指代"民不足而可治"这件事。"仓廪实而知礼节"是正面立论，"民不足而可治者，自古及今，未之尝闻"是从反面议论，进一步指出"积贮"的重要性。这句话的意思是"人民不富庶却可以治理的事，从古到今，还没有听说过"。"而"字在古汉语中，一般不连接名词或名词性词组，从这一点说，也不能把"者"字看成是和"可治"相结合，构成一个名词性词语。

2. 生之有时而用之亡度。

王说："而"是假设连词，译为"如果"。

按："生之有时而用之亡度，则物力必屈"的意思是"生产这些东西有时间的限制，用这些东西却没有限度，那么（社会上的）财富一定会匮乏"。"而"字在句中是转折连词，可以译为"却""可是"，没有假设的语气，中学课本注正是把"而"字看成转折连词。下文的"生之者甚少而用之者甚众"与此句结构相同，王梦华同志把彼处的"而"字说成转折连词，却把此处的"而"字讲成假设连词，前后矛盾。"而"字做假设连词用，一般用在主语和谓语之间。如《左传·襄公三十年》"子产而死，谁其嗣之"，"而"用在主语"子产"和谓语"死"中间，可译为"如果""假设"。"生之有时""用之亡度"是并列的两个分句，"而"字用在其中表示的分句在语义上是逆转的，不能译为"假设连词"。

3. 岁恶不入，请卖爵子[①]。

王说："请"是表敬副词，难以译出。

按："请"字作为表敬副词，多用于双方对话中，表示敬意或客气。说话的一方用"请"字表示向对方请求或与对方商量做某一件事。而"请卖爵子"是说"如果岁恶不入，那么朝廷就要卖官，百姓就要卖子"，卖官和卖子并不是作者与皇帝商量要做的事，所以，不能把"请"字看成"表敬副词"。"请"字在这里可看成是能愿动词，译为"愿""情愿"。"请"字有"愿"义，见新版《辞海》"请"字条下第三义项。

4. 安有为天下阽危者若是，而上不惊者？

王说：上"者"，语气助词，表停顿。

按：王力《古代汉语》及中学课本都据《贾子新书》指出上"者"字是衍文。"安有为天下阽危若是而上不惊者"是一个语气非常强烈的反问

---

① "请卖爵子"谓民请卖爵、民请卖子。详见拙著《古代汉语词语考证·释"请卖爵子"》，河北大学出版社，1997年。

句，十四字应一气读出。如果其中加上一个表停顿的“者”字，语气就显得软弱无力，从这一点上考虑，上“者”字也不应有。王梦华同志为它做解，似可不必。

5. 兵旱相乘，天下大屈。

王说：“相”：情态副词，递相，指战争和灾荒相继出现。

按：“递相”在时间上有先后。如果把“兵旱相乘”中的“相”理解为递相，那么就是说：兵灾过去接着是旱灾，旱灾过去又接着是兵灾。旱灾刚过，兵灾又来，这是可以理解的，但是兵灾过去就是旱灾，这就不一定；因为旱灾并不以人的意志为转移，也不受时间的限制。而更多的是兵灾、旱灾一齐来，这样，给国家带来的灾难更深重，而“积贮”更为必要。所以“相”字在这里应看成是“交相”“交互”。“兵旱相乘”中的“相”与“饥寒交迫”中的“交”用法相同，意义也相同。《汉语成语小词典》把“饥寒交迫”中的“交”解成“一齐”“同时”，此处的“相”字也可以理解为“一齐”“同时”。这样，似乎更符合作者的原意。

1980.5.29

《中学文言教材古今同形异义词举例》读后

读完瀚森同志发表在《语文学习》第 4 期上的《中学文言教材古今同形异义词举例》（以下简称《举例》）一文以后，有一些不成熟的看法，现在把它写在下面，以就教于瀚森同志与各位读者。

一、发

1.《举例》说：今有“出发”等义，古义“射箭”。

古代汉语中，“发”也有“出发”之义，如白居易《长恨歌》：“六军不发无奈何，宛转蛾眉马前死。”因此，当说“今有‘出发’之义，古今同”。

2.《举例》又说，亦可解为“调集”，如《西门豹治邺》：“西门豹即发民凿十二渠。”

“发”字在这里应解为“派遣”。如《国策·齐策一》“王何不发将而击之”中“发”字义与此处“发”字正同，见《辞海》“发”字下第十三义项。“发”字由发矢引申为发出、派出、派遣。《举例》释为“调集”，不确。

二、比

3.《举例》说：今义“比较”，古义“靠近”。

古代汉语中，“比”也有“比较”之义，如《周礼·天官·内宰》：“比其大小，与其粗良，而赏罚之。”（见《辞海》“比”字下第一义项）因此，当说“今义‘比较’，古同”。

三、报

4.《举例》说：今有“报告”等义。

古代汉语中“报”也有“报告”之义，如《史记·吴王传》：“无文书，口报曰：……”因此，当说“今义‘报告’，古同”。

四、间

5.《举例》说：“……亦可作‘引起争端’解，如挑拨离间。”

“挑拨离间”是“搬弄是非，使合者分离，亲近者疏远”的意思，讲成“引起争端”不确。

五、穷

6.《举例》说：今义“贫困”，古无此义。

古代汉语中“穷”也有“贫困”的意思。如《淮南子·主术训》：“［国］无三年之畜（蓄），谓之穷乏。”（见《辞海》“穷”字下第二义项）

六、良

7.《举例》说：今义“优秀”，古同。

“良”位于优、可之间，义为“良好”“优良”。今考试评分有时用“优、良、可、不及格”标志成绩高低。优指优秀，良指良好，二者不同。

《举例》释为“优秀”，不确。

七、奉

8.《举例》说：今有“接受”义，古义“双手恭捧”。

现代汉语中作为“接受”一义的“奉”字是古汉语词义的沿用，保留在一些成语和熟语里。如“奉命”等，带有客气和敬义，而更多的地方是用“接受”一词，而不再用“奉”。《举例》把“接受”一义解成现代汉语中特有的意义，未免本末倒置。

八、幸

9.《举例》说：今义多为“幸福”。

古代汉语中，“幸”也有“幸福”之义。如《左传·成公二年》：“请收合余烬，背城借一，敝邑之幸，亦云从也。”《汉书·高帝纪》：“愿大王以幸天下。”颜师古注：“福喜之事，皆称为幸。”而现代汉语里，“幸”字不能独立运用，它只能和“而”“亏”“福”等字组成“幸而”“幸亏”“幸福”等双音节词。如“他们多幸福啊”，绝对不能说“他们多幸啊”。

九、适

10.《举例》说：古义“到”，如《石钟山记》：“余自齐安舟行适临汝。”

“适”字在这里应释为“往”“到……去”，高中课本（试用本）“适临汝”正解释为“到临汝去”。“适”是“正在去，还没有到达”，而“到”有“到达”的意思，二者不同。《举例》把“适”解作“到”，不确。

11.另外：“适”字在古代汉语中还可用作副词表示“刚才”之义，如《中山狼传》：“适为虞人逐，其来甚速，幸先生救我。”现代汉语中用“刚才”表达这一意思，一般不再用“适”字。

十、顾

12.《举例》说：古特指“回头看”（《语文学习》后引号误倒）。如《西门豹治邺》：“西门豹顾曰：‘巫妪、三老不来还，奈之何？’”

在这一例句中，“顾”没有“看”的意思，而只是“回头”之义。《康熙字典》“顾”字下说：“回首曰顾。”《举例》讲作“回头看”，不确。

十一、疾

13.《举例》说：……亦可作“妒忌”解，如《孙膑》：“膑至，庞涓恐其贤于己，疾之。”

“疾”作为“妒忌”解，是用的“嫉”的假借义。“嫉”是“妒忌”的本字，屈原《离骚》：“羌内恕己以量人兮，各兴心而嫉妒。”王逸注：“害贤为嫉，害色为妒。”

十二、素

14.《举例》说：今义与“荤”相对，古无此义。

颜师古《匡谬正俗》卷三说：“案素食谓但食菜果糗饵之属，无酒肉也……今俗谓桑门斋食为素食，盖古之遗语焉。”由此看来，“素”作为与“荤”相对之义古已有之。今“吃素”之“素”义当是古词义的沿用。

十三、略

15.《举例》说：古用作副词时，又可意为“几乎”“接近于”。

“又可意为……”于义不通。“意为”是“意思是……”的意思，“可”不能修饰名词。此句话当说“意为……”，或者说“又可译为……”。

十四、假

16.《举例》说：今义为“虚伪”，古义为“借”，或“凭借”。

古代汉语中“假”也有“虚伪”的意思。如《史记·淮阴侯传》：“大丈夫定诸侯，即为真王耳，何以假为?”（见《辞源》“假”字下第一义项）因此又称不是亲生儿子为“假子”。如《汉书·王尊传》：“美阳女子告假子不孝。”是“假”字“虚伪”之义，古已有之。

十五、第

17.《举例》说：今为序数词。

“第”字本身并不是序数词，它只能作为词头和基数构成序数词，如第一、第二……

18.《举例》又说：亦可用作副词，意为“只管去做”。如《孙膑》：“君第重射，臣能令君胜。”

“只管去做”是动词性词组，不是副词。“第”字作为副词只有“只管”之义。杨树达称之为命令副词，他说：“第，但也，第、但一声之转。”（“但”作为副词，也是“只管”“尽管”的意思）并在《词诠》里举了上面这一例句。“只管去做”要么把“去做”括起来，要么去掉；否则，“第”是不能译为“只管去做”的。

十六、趋

19.《举例》说：今义“趋向”，古义“快跑”，如《触詟说赵太后》（标题应作《触龙言说赵太后》或《触龙说赵太后》）：“入而徐趋。”

“趋”在这里是小步快走的意思，表示恭敬。试想在朝廷之上，大臣在太后面前“快跑”，成何体统?

十七、骑

20.《举例》说：……“一骑”即“一人一马”之总称，如《卖炭翁》：“翩翩两骑来是谁?”

“谁”字是用来问人的疑问代词，不能问“马”。在这句话里，“两骑”就是“两个骑马的人”，而不是“两人两马”之总称。

十八、趣

21.《举例》说：古有“催促”义，如《西门豹治邺》：“巫妪何久也，弟子趣之。”

“趣”作为“催促”之义，应当读 cù。

（下缺）

现代汉语的“合叙”

《语文学习》1980 年第 10 期登载了吴金华同志写的《古文中的“合叙”》一文，读后很受启发。但对该文中的一些观点，我们却不敢苟同。如吴金华的文章说：“上述的‘合叙’，是古文中特有的语言现象。”“‘合叙’作为一种表达法终因极易造成歧解而被逐步淘汰，时至今日，在现代汉语中如果出现类似‘合叙’的句子，则一般被认为是病句。”我们以为这样的结论是错误的。“合叙”作为一种语言现象，不但古文中有，今文中也有，它在现代汉语中不是被逐步淘汰，而是有了进一步发展。为了说明这一点，请先看下面的例句：

1. 王籍名句：“蝉噪林逾静，鸟鸣山更幽。”

以鸟语蝉鸣写山林静谧幽深，似不伦不类，但细细品味，却倍感亲切。

——1980 年 11 月 30 日《光明日报》

2. 奴隶社会和封建社会的法律，明确规定奴隶主和奴隶、封建主和农民的权利是不平等的。

——1979 年 7 月 24 日《人民日报》

例 1 中的“以鸟语蝉鸣写山林静谧幽深”显然是合叙了王籍的诗句“蝉噪林逾静，鸟鸣山更幽”，这是一个合叙，不必细说。例 2 也是“合叙”，它是“奴隶社会的法律明确规定奴隶主和奴隶的权利是不平等的，封建社会的法律明确规定封建主和农民的权利是不平等的”这两句话的合叙，以上两个例句表达的意思是很清楚的，我们不能认定它们为病句，因此我们说现代汉语中是有合叙这一语言现象的，它在语言的发展史中并没有被淘汰。

“合叙”在中学课本中也是大量存在的。为了结合中学语文教学，我们想以中学课本中出现的“合叙”为例句，来进一步证实现代汉语中确有合叙。

一、两组前后对应关系的合叙

3.“当时心里像压上一块石头，点着一把火，又沉重又焦急。”

——《挥手之间》

其中“像压上一块石头”和“沉重”、“（像）点着一把火”和“焦急”分别对应。它是“当时心里像压上一块石头沉重，像点着一把火焦急”的合叙。

4. 井冈山的毛竹，你是革命的竹子，你不仅曾经为革命建立功勋，而且现在和将来仍然为社会主义、共产主义大厦继续献出一切。

——《井冈翠竹》

其中“现在”和“社会主义”对应，“将来”和“共产主义”对应。

5. 它在大笑，它又在号叫……它笑那些乌云，它因为欢乐而号叫。

——《海燕》

其中“它在大笑”和“它笑那些乌云”、“它又在号叫”和“它因为欢乐而号叫”分别对应。

6. 这些同志的轻视工农兵、脱离群众和国民党的轻视工农兵、脱离群众是不同的。

——《我们的文艺是为什么人的》

其中“轻视工农兵”和“轻视工农兵”、“脱离群众”和“脱离群众”分别对应。

7. 在雷锋的历史上，虽没有上甘岭冲天的火光，也没有云周西村惊人的风雪，但我们完全可以说，他同黄继光、刘胡兰同样伟大。

——《路标》

其中“上甘岭冲天的火光”和“黄继光”、“云周西村惊人的风雪”和“刘胡兰”分别对应。

8. 许多人常以为自己写的、讲的人家都看得很懂，听得很懂，其实完全不是那么一回事。

——《反对党八股》

其中“写的”和“看得很懂”、“讲的”和“听得很懂”分别对应。

9. 射箭要看靶子，弹琴要看听众，写文章做演说倒可以不看读者、不看听众吗？

——《反对党八股》

其中“写文章”与“读者”、“做演说”与“听众”分别对应。

10. 只有坚持实践是检验真理的唯一标准，才能够使伪科学、伪理论现出原形，从而捍卫真正的科学和理论。

——《实践是检验真理的唯一标准》

其中“伪科学”与“真正的科学”、“伪理论”与“（真正的）理论”分别对应。

11. 牡丹本来是太行山的一种荒山小树，水仙本来是我国东南沼泽地带的一种野生植物，经过千百代人的加工培养，竟使得它们变成了“国色天香”和“凌波仙子”。

——《花城》

其中“牡丹”与“国色天香”、“水仙”与“凌波仙子”分别对应。

12. 我现在还痛感有周密研究中国事情和国际事情的必要，这是和我自己对于中国事情和国际事情还只是一知半解这种事实相关联的。

——《农村调查序言》

其中“中国事情”和“中国事情”、“国际事情”和“国际事情”分别对应。

13. 那仿佛不是用羊毛、棉花纺线，而是从毛卷里或者棉条里往外抽线。

——《记一辆纺车》

其中“羊毛”和“毛卷”、“棉花”和“棉条”分别对应。

14. 水库和运河像闪亮的镜子和一条条衣带一样，布满山谷和原野。

——《土地》

其中“水库”和“镜子”和“山谷”、“运河”和“衣带”和“原野”分别对应。此条上中下三处对应，若分叙就成了“水库像闪亮的镜子一样布满山谷；运河像一条条衣带一样布满原野”。与上述诸例稍异，但还是两组，故归入一类。

15. 要做到这样，当然要懂得一点逻辑和文法，因为不合逻辑就不通，不合文法也不通。

——《关于文风问题》

其中“要懂得一点逻辑”和“不合逻辑就不通”、“（要懂得一点）文法”和“不合文法也不通”分别对应。

16. 革命历史博物馆和人民大会堂肃立在它的东西两侧。

——《毛主席永远和我们在一起》

其中“革命历史博物馆”和“东侧”、“人民大会堂”和“西侧”分别对应。

17. 想买热水瓶的简直不敢问一声价，说不定要一块、块半吧？如果不管三七二十一买了回去，别的不说，几个白头发的老太公老太婆就要一阵阵地骂：这样的年时，你们贪安逸，花了一块、块半买这些东西来用，永世不得翻身是应该的……

——《多收了三五斗》

其中“一块”和“一块”、“块半”和“块半”分别对应。

18. 为什么要打要杀，而且又不敢光明正大的来打来杀？

——《最后一次讲演》

其中“要打”和“来打”、“要杀”和“来杀”分别对应。

19. 军委为了加强领导，充实力量，派遣刘伯承、聂荣臻两位同志分别担任先遣司令和政委。

——《大渡河畔英雄多》

其中“刘伯承”和“先遣司令”、“聂荣臻”和“政委”分别对应。

20. 抗大的革命和进步，是因为它的职员教员和课程是革命的、进步的。

——《被敌人反对是好事而不是坏事》

其中“革命”和“革命”、“进步”和“进步”分别对应。

21. 简直是一幅青绿山水画。

——《荔枝蜜》

其中“青”和“山”、“绿”和“水”分别对应。

22. 它没有“耳朵”和“嘴巴”，不会听话和答话。

——《机器人》

其中“耳朵”和“听话”、“嘴巴”和“答话”分别对应。

两组前后对应的合叙在中学语文课本中出现次数最多。现代汉语中的合叙以此类为主。

二、三组前后对应关系的合叙

23. 小碑座的四周，雕刻着以牡丹花、荷花、菊花等组成的八个大花圈，这些花朵象征着品质高贵、纯洁和坚忍。

——《人民英雄永垂不朽》

其中“这些花朵”指代上句的“牡丹花、荷花、菊花”。“牡丹花”和“品质高贵”、“荷花”和“纯洁”、“菊花”和“坚忍”构成三组对应关系的合叙。

24. 他研究了自然、研究了历史、研究了无产阶级革命，创造了辩证唯物论、历史唯物论和无产阶级革命的理论。

——《学习》

其中“研究自然”与“创造辩证唯物论”、“研究历史”和“（创造）历史唯物论”、“研究无产阶级革命”与“（创造）无产阶级革命理论”分别对应。

25. 红的像火，粉的像霞，白的像雪，花里带着甜味，闭了眼，树上仿佛已经满是桃儿、杏儿、梨儿。

——《春》

其中“红的像火”和“桃儿”、“粉的像霞”和“杏儿”、“白的像雪”和“梨儿”分别对应。

26. 在我国发现的中国猿人、马坝人及山顶洞人分别属于猿人、古人及新人阶段。

——《人类的出现》

其中“中国猿人”和“猿人”、“马坝人”和“古人”、“山顶洞人”和“新人”分别对应。

三、前后词语不是一对一的合叙

27. 那里面临大海，背靠大山，而且早已成立了工农民主政府，地形和群众条件都很好。

——《奔向海陆丰》

其中“面临大海，背靠大山”和“地形”、“早已成立了工农民主政府”和“群众条件”分别对应。前者是二对一，后者是一对一。此类合叙和上面两类合叙都不同，上面提到的两类合叙都是一对一的，较易发现其对应关系；而在此类合叙中，要想发现对应关系，必须十分注意，认真分析，从意念上找出它们的对应关系。

28. 共产党员如果真想做宣传，就要看对象，就要想一想自己的文章、演说、谈话、写字是给什么人看的，给什么人听的。

——《反对党八股》

其中“文章”“写字”和“看”、“演说”“谈话”和“听”分别对应，它们都是前二后一的对应，但前后次序有颠倒。

29. 渴了你可以先喝一盆马奶，饿了有烤羊排，有酸奶疙瘩，有酥油饼，你可以一如哈萨克牧民那样豪情地狂饮大嚼。

——《天山景物记》

其中“马奶”与“狂饮”对应，“烤羊排”“酸奶疙瘩”“酥油饼”与“大嚼”对应。

30. 小洋团团的腿臂可以转动，要他坐就坐，要他站就站，要他举手就举手。

——《多收了三五斗》

其中“腿（可以转动）”和“要他坐就坐，要他站就站”相对应，“臂可以转动”和“要他举手就举手”对应。

四、前后词语顺序不对应的合叙

《古文中的“合叙”》一文说：“《汉书·魏豹传》‘齐楚遣项它、田巴将兵随市救魏’……是‘齐国遣田巴随市救魏、楚国遣项它随市救魏’的合叙，而在合叙时，国名和人名的两组对应关系又颠倒了前后次序，这在古文中确是颇有趣味的语言现象。”文中提到的“颇有趣味的语言现象”，中学课本里也有。如：

31. 穿的虽是长衫，可是又脏又破，似乎十多年没有补，也没有洗。

——《孔乙己》

其中“脏”和“没有洗”、“破”和“没有补”分别对应，但前后次序颠倒了。

32. 住的是洋式的公司房子，吃的是鱼肉荤腥。

——《包身工》

其中“鱼”和“腥”、“肉”和“荤”分别对应。

33. 李毛驴又悲又喜，被杜善人牵去的毛驴又回来了，这使他欢喜，但因这毛驴他想起了夭折的孩子、走道的媳妇，心里涌起了悲哀。

——《分马》

其中“悲”和“……心里涌起了悲哀”相对应，“喜”和“……这使他欢喜”相对应。

上面举的例 28 也可归入此类。

诚如吴金华同志所言“合叙作为一种表达法……极易造成歧解”。那么，为什么“合叙”这一语言现象没有随着语言的发展变化而消失呢？我们不妨把“合叙”和“分叙”加以比较，从中或许能找出一些原因来。如例 11：

合叙：牡丹本来是太行山的一种荒山小树，水仙本来是我国东南沼泽地带的一种野生植物，经过千百代人的加工培养，竟使得它们变成了“国色天香”和“凌波仙子”。

分叙：牡丹本来是太行山的一种荒山小树，经过千百代人的加工培养，竟使得它们变成了“国色天香”。水仙本来是我国东南沼泽地带的一种野生植物，经过千百代人的加工培养，竟使得它们变成了“凌波仙子”。

通过比较，我们可以发现分叙中两次出现了“经过千百代人的加工培养，竟使得……”，这样，就使得文意平淡、啰唆而又重复。如采用合叙，这种重复就可以避免，从而使文章做到简练。这便是合叙的一大优点。另外，合叙可以变短句为长句。在文章中，合叙用得好，使长短句式交错运用，可以造成一种起伏跌宕的气势。另一方面，它还可以调节音节，使得句子内部结构匀称、整齐，等等。现代汉语中的合叙吸收了古汉语中合叙的优点，并努力使合叙的歧义现象消除，其方法可以初步总结为三条。一、合叙中前后词语的对应关系是易于理解的。（古汉语中的合叙也有这一特点）如例 4、例 7。二、前后对应的两部分用相同的词语为标志。如例 6、例 12。三、采用一些表限制的状语强调前后对应的关系。如例 19、例 26。这样，古汉语中的合叙“极易造成歧解”的缺点就被逐步克服了。因此，我们说现代汉语中的合叙是古汉语中合叙的发展，它作为一种修辞手段，在表达文义方面更趋于准确、明了。

回过头来我们再看《古文中的“合叙”》在文章开始举的例句，它说：“今天，如果有人把‘小王唱歌，小李伴奏’合并写为‘小王、小李唱歌、伴奏’那就成了彻头彻尾的病句。”我们说这句话的毛病在于我们对小王、小李不理解，这一点是不能构成合叙的关键。不仅现代汉语，就连古代汉语中也不会出现像“小王、小李唱歌、伴奏”的合叙。“夫种、蠡无一罪，身死亡”所以能成为合叙，是因为文种和范蠡这两个人在《汉书》的作者所处的那个时代是广为人知的。另外，“唱歌”和“伴奏”这两个词的结构又有区别，前者是动宾结构，后者是偏正结构。如果我们先知道了小王、小李的职业，再把“伴奏”换成一个动宾词组，那么它们就可以组成一个健康的句子，如“小提琴教师彭鼎新多次参加了演奏，声乐教师郭淑珍多次参加了演唱”（这两句话和“小王唱歌”的结构基本相同），曾经合并叙写为“小提琴教师彭鼎新、声乐教师郭淑珍……都多次参加了演奏与演唱”，出现于 1978 年 8 月 3 日的《光明日报》上，我们就不能说它是一个“彻头彻尾的病句”。

以上我们从修辞角度对现代汉语中的合叙做了一点粗略的分析。《中国语文》1980 第 4 期登载了《试论“分系式”》一文，文章对古今合叙（该文称“分系式”）从语法角度做了较为细致的分析，对于我们进一步理解“合叙”这一语言现象是有帮助的，有兴趣的同志不妨一阅。

《国殇》新解

高中语文课本第一册选用了《楚辞·九歌》中的《国殇》一诗，并对其中难懂的词语做了简单的注释。据我们了解，教师按照课本的注释对学生进行讲授时，有些地方很难讲清楚。比如说，既然已经短兵相接了，怎么下文又说“矢交坠”呢？又如“左骖殪兮右刃伤”，驾车的四马只剩两匹了，怎么下文又说“絷四马”呢？等等。对于这些问题，我们有一些尚不成熟的想法，为了促进中学语文教学，我们愿意把它提出来，同大家进行讨论。

【题解】

课本注：国殇，指为国战死的将士。殇，夭折。

按：“殇”有二义：《说文》说：“殇，不成人也。人年十九至十六死为长殇，十五至十二死为中殇，十一至八岁死为下殇。”可见未成人（不满二十岁）而死者叫“殇”，此课本注“殇”为“夭折”所本。又《小尔雅》说：“无主之鬼谓之殇。”我们知道《国殇》一诗是为了祭祀为国而战死的将士（一说专为祭祀在丹阳战役中阵亡的楚将屈匄），这些阵亡的将士不可能都是未成年人，我们不能想象任何一个国家的军队是由童子军组成的，因而，“国殇”的“殇”就不应该解释为“夭折”；从作品的具体内容来看，诗中描写了在一场激战之后，为国战死在沙场上的将士的尸骨抛落在荒野而得不到安葬，成了无主之鬼。因此，“殇”字应取《小尔雅》的解释。“国殇”就是指为国战死而得不到安葬的人。

【操吴戈兮被犀甲，车错毂兮短兵接】

课本注：吴戈：吴地制造的戈，以锋利著称，这里用来指最锐利的戈。戈，平头戟。下文“秦弓”也是这样的用法，指最强劲的弓。被犀甲，穿着犀牛皮制的铠甲。被：穿着。错毂：轮毂交错。这里是说双方战车相迫混战。

按：为了便于说明问题，我们先看“车错毂兮短兵接”。根据下文“矢交坠兮士争先”来看，“车错毂”不能解为“双方战车相迫混战”，“短兵接”也不应解为短兵相接打交手仗。因为矢是长兵器，双方必须保持一定的距离才能拈弓放箭。既然已经短兵相接，那么也就不可能有弓矢对射的机会了。枚乘的《菟园赋》中有这样一句话：“接轸相属，方轮错毂”，这是用来形容车辆之多的，对我们理解“车错毂”不无裨益。“接轸相属”是从纵的方面说的，意思是车一辆紧接一辆；“方轮错毂”是从横的方面说的，是说车一辆紧并一辆。两相对照可以看出，“车错毂”实际上就是指车毂因挨得太近而互相摩击，借以描写战车之多。我们再来看“短兵接”。短兵，泛指短兵器，除刀剑以外，还包括戈矛等。《尚书·牧誓》注说：“戈，短兵也。”《史记·匈奴列传》：“其长兵则弓矢，短兵则刀鋋。”《说文》：“鋋，小矛也。”“接”在这里有“连接”的意思（见《增韵》），今天说“接二连三”，“接”也是“连”。“短兵接”在这里是说刀枪林立，前后相连，形容士兵众多，阵容严整。

“操吴戈”，王逸《楚辞章句》说：“或曰操吾科。”《太平御览》卷三百五十六引作“吴科”。当以作“吴科”为是。吴科（或吾科）即《尔雅·释器》所说的“吴魁”。《释名》说：“盾大而平者曰吴魁。”“科”“魁”二字古音相近，显见“吴科”即是大楯。“科或作戈，当是后人不解吴科之义而妄改。”[①] 把“吴戈”讲作“吴科”（吴魁）也避免了后一句中“短兵”的重复。“犀甲”，即坚固的铠甲，不必特指犀牛皮甲，“犀”在当时已有“坚”义，如《韩非子·奸劫弑臣》：“讬于犀车良马之上，则可以陆犯阪阻之患。”俞樾说：“犀车良马即坚车良马。”《集韵》说：“犀，兵器坚也。”

以上两句的意思是：敌人的士兵手执大盾，身披坚甲，多得一个挨一个，刀戈相接，敌人的战车也密得车毂相擦、碰撞，显示了阵容的强大。

【旌蔽日兮敌若云，矢交坠兮士争先】

课本注：旌，一种旗，旗杆头上缀有羽毛。矢交坠，箭交互落（在对方阵地）。

按：《说文》说：“旌，析羽注旄首，所以进士卒。”由此看来这种旗帜是用以指挥的（见《辞海》），但作战时，这样的指挥旗不可能很多，当然就更做不到“蔽日”了。因此，此处的“旌”字应释为旗帜的总名。如《仪礼·乡射礼》：“旌各以其物。”郑玄注：“旌，总名也。”就是说旌是旗之总名，诗中“旌”字取此义，更为恰当。

对“士争先”的解释，历来分歧很大，有人把士争先看成是自己一方的将士奋勇杀向敌阵[②]；也有人把“士”字看成“并两国之战士言”[③]。从下文看，“凌余阵兮躐余行”是说敌人冲进了我军的行列，若把“士”看成是自己一方的战士，则嫌与下句不连贯。我们比较倾向于后一种意见。这样讲不仅于上下文更通畅，而且还有历史背景的依据。屈原时楚国的主要敌人是秦国，楚国所进行的战争也多是与秦国的战争，我们不妨把《国殇》所描写的战争看作是秦楚间的一场大战。秦国是当时军事力量最强大的国家。《史记·张仪列传》有这样的记载：“张仪……谓楚王曰：‘秦地

① 见郭沫若《屈原赋今译》。

② 见谭介甫《屈赋新编》、姜亮夫《屈原赋校注》。

③ 见蒋骥《山带阁注楚辞》。

半天下，兵敌四国，被险带河，四塞以为固。虎贲之士百万余，车千乘，骑万匹，积粟如丘山，法令既明，士卒安难乐死……’”《战国策·楚策》中也有同样的记载。张仪的话虽带有说客的夸张，但我们仍可以看到当时秦国确实是兵多士勇。这与《国殇》前二句对秦军的描写是相吻合的。因此，我们以为“士争先”不仅是说我方将士奋勇杀敌，而且也说敌人士兵争先向我方杀来。

以上两句的意思是：旌旗遮蔽日光，敌兵多如云集，弓矢对射，将士争先，一场搏斗开始了。

【凌余阵兮躐余行，左骖殪兮右刃伤】

课本注：驾车的马，左边的死了，右边的也被砍伤了。

按：作品的开头就交代了敌人之多和战斗之激烈。在这样的恶战中，敌我双方纷纷射箭，并且，遮天蔽日的敌人冲进了我方阵地。我们可以想到，经过箭射刀砍，自己一方的驾车战马肯定是死伤严重的。这里面可能有左骖死掉、右骖受伤的，也可能有右骖死掉、左骖被砍伤的；同时，也可能有两服（驾车四马中，中间两匹叫服）死伤的，绝不会都是死左骖、伤右骖。以前曾有人指出：“右刃伤”当作“右服伤”①，因为“服”的古体只作“艮”，而“刃”字又写作“刄”，与“艮”字形近而误。我们认为作“服”字解较好，“左骖殪兮右服伤”互文见义，意思是左骖有死伤，右骖也有死伤，左服有死伤，右服也有死伤，也就是说驾车的战马死伤很多。而下文的“霾两轮兮絷四马”是就战马没有受伤的战车而言的。

以上两句的意思是：敌人终于冲进了我方的阵地，践踏着我军的行列。我军人马死伤严重。

【霾两轮兮絷四马，援玉枹兮击鸣鼓】

课本注：霾，埋，这里是陷没的意思。絷，绊。援玉枹，拿起鼓槌。

---

① 见陆侃如、高亨、黄孝纾合编的《楚辞选》。

枹，鼓槌。玉，形容枹好如玉，不是真的用玉做枹。鸣鼓，响鼓，鸣是形容词。

按：霾当是“薶”字之误，“薶”是古文“埋”字，一本正作“埋”。对“薶两轮兮絷四马”的解释有很大争议。一种意见认为这句是说“骖死伤，车不得行，两轮如埋，两服如絷”[①]；另一种意见则认为是“更埋车两轮，绊四马，终不反顾，示必死也”[②]。我们同意后一种解释。为了更好地解释“霾轮”“絷马”，在此，我们不妨摘录《孙子兵法·九地篇》中的一段话，或许对我们解释“霾轮”“絷马”有些裨益。“投入无所往者，诸刿之勇也。故善用兵者，譬如率然。率然者，常山之蛇也。击其首则尾至，击其尾则首至，击其中则首尾俱至。敢问兵可使如率然乎？曰：可。夫吴人与越人相恶也，当其同舟而济，遇风，其相救也，如左右手。是故方马埋轮，未足恃也。”这段话是说，把士兵置于死地，他们就会有专诸、曹刿那样的勇猛，像常山之蛇那样首尾相顾，像同舟遇难那样互相救援。因此，方马埋轮是不足以依赖的。对最后几句话，曹操注曰：“方，缚马也。埋轮，示不动也。”杜牧注曰：“缚马埋轮，使为方陈（阵），使为不动。……”由此可以看出，“方马埋轮”是在孙子之前就已有的一种车战之术，与“霾轮”“絷马”是一回事。当强大的敌人冲来时，较弱的一方就往往采用这种战术，通过埋轮缚马，用战车组成一个坚固的阵地，以抵御对方强有力的冲锋，使自己一方的战士团结一心，拼命奋战，阵脚也就不至溃乱。这当然是一种迫不得已的办法，虽然还达不到孙子认为的那种置之死地而后生的程度，却也充分表现了战士们有决一死战的勇气和意志。了解了孙子这段话的意思，再回过头来看“霾两轮兮絷四马”就不难理解了。面对众多的敌人，我军寡不敌众，伤亡惨重，在这关键时刻，剩下的将士“霾两轮兮絷四马，援玉枹兮击鸣鼓”，与敌人血战到底，终不退却。我们以

① 见王夫之《楚辞通释》及马茂元《楚辞选》。

② 见王逸《楚辞章句》。

为诗人在此正是用“霾轮”“絷马”这一具体的战术动作来描绘舍身为国的战士们与敌人死战到底的壮烈场面，表现他们视死如归的坚强意志，歌颂他们为国献身的崇高精神。王夫之的说法有明显的漏洞：诗中明说“絷四马”，而王却讲成“两服如絷”，于数字不符，并且这种说法也难以表现战死将士的那种威武不屈、为国献身的崇高精神。而王逸去战国未远，对“霾轮絷马”的含义有清楚的了解，所以他的注释很值得我们重视，并且这种说法更助于我们理解这篇作品的思想意义。

以上两句的意思是：埋住战车的轮子，缚住驾车的战马，挥动玉枹，擂起响亮的战鼓，与敌人进行最后的决战。

【天时怼兮威灵怒，严杀尽兮弃原野】

课本注：天时句，意思是天怨神怒。天时，指天象。怼：怨。威灵：指鬼神。严杀句：残酷的杀戮之下，人死尽了，尸体遗弃在原野。严：严酷。

按：“怼”一作“坠”，谭介甫采取了“坠”字的说法。说“天时坠”即“日暮也”，而姜亮夫说：“天时坠，犹言天命倾坠也。”我们以为这两种说法以及课本的注释都还没有弄清楚“天时怼兮威灵怒”的意思。为了帮助理解这句话，我们想引用李陵《答苏武书》上的一段文字：“匈奴既败，举国兴师，更练精兵，强逾十万。单于临阵，亲自合围。客主之形既不相如，步马之势又甚悬绝，疲兵再战，一以当千。然犹扶乘创痛，决命争首，死伤积野。余不满百，而皆扶病不任干戈。然（李）陵振臂一呼，创病皆起，举刃指虏，胡马奔走，兵尽矢穷，人无尺铁，犹复徒首奋呼，争为先登。当此时也，天地为陵震怒，战士为陵饮血。单于谓陵不可复得，便欲引还……”这段文字所叙述的战斗之严酷，与《国殇》中所描写的场面极为相似；其中“天地为陵震怒”与“天时怼兮威灵怒”意思也相同。由此可以看出，“天时怼兮威灵怒”是说天地鬼神为我军将士“霾两轮兮絷四马，援玉枹兮击鸣鼓”的誓与敌人血战到底的英雄气概所感动，从而对敌人也产生了无比的怨恨和愤怒。本来没有感情的天地鬼神，诗人都把它们拟人化，这就充分表现了我军将士同仇敌忾、为国牺牲的崇高精神。

以上两句的意思是：天地鬼神为英勇的将士的誓与敌人血战到底的气概而对敌人产生怨怒。恶战过后，阵亡将士的尸体抛落在荒野上。

【出不入兮往不反，平原忽兮路超远】

课本注：反：同返。忽：渺茫无边。超远：遥远。

按：此二句与下接的二句，过去的解释都以为是写将士战死以后的事情。最近有人指出，“出不入”是“表达了壮士出征就抱定以身许国，不胜不入国门的誓死决心”①。这种解释很有见地，可惜没有再深入一步。我们以为“出不入兮往不反”以下四句都是写将士奔赴战场时的情景。《周处别传》曰：“处仰天叹曰：‘古者将受令，凿凶门以出，盖有进无退。’”② 其中“有进无退”即“出不入兮往不反”之义，并且这句与荆轲著名的《易水歌》“风萧萧兮易水寒，壮士一去兮不复还”亦有异曲同工之妙。

“忽”字当注为“远”。如《楚辞·怀沙》：“修路幽蔽，道远忽兮。”《荀子·赋》：“忽兮其远之极也。”《文选·头陀寺碑文》：“东望平皋，千里超忽。”“忽”字均当“远”讲。扬雄《方言》说：“伆，邈离也。楚谓之越，或谓之远，吴越曰伆。”忽与伆声同，故有“远”义。“平原忽”与“路超远”是写的同一个意思，与“出不入兮往不反”的句式相同。

以上两句的意思是：将士们出征时就抱定了一去不返的决心，奔赴了远离国都的战场。

【带长剑兮挟秦弓，首身离兮心不惩】

课本注：首身分离剑弓依然在手，斗志依然不屈。惩，惩创，伤损。

按：“带长剑兮挟秦弓”是写将士出征时的装备，也就是说将士们做

① 见孙新《〈国殇〉新探》，载《语文学习》1980年第10期。

② 见李善《文选·潘岳·关中诗》注引。

好了出征的准备。“带”是指佩戴，在此用如动词，即“腰挎”之义。如果是战死后武器仍握在手中，那就不应该说“带”而说持、握之类了。从下文看，到“身既死兮神以灵”才说到战死之后。如果此四句既言死后，则有犯复之嫌。

陆侃如等人把“惩”字解释为“恐惧”是比较恰当的。这句是说明知出难返，首身离，但将士对此毫无畏惧。王夫之《楚辞通释》说：“当带剑挟弓之日，豫知身首分离而不为之惩止，其誓死之志久矣。”我们以为此说颇得原作之旨。

以上两句的意思是：出征的将士腰挎长剑，挟带秦弓，明知出战凶多吉少也无所畏惧。

【诚既勇兮又以武，终刚强兮不可凌】

课本注：以：句中助词。武：武力强大。

按：“以”字当释为“有”。这种用法古多有之。如《战国策·楚策》：“今楚国虽小，绝长续短，犹以数千里，岂特百里哉?”又如《楚辞·九辩》：“岂不郁陶而思君兮？君之门以九重。”① 再者，“武”字注为“武力强大”也不准确。《左传·僖公三十年》：“以乱易整，不武。”这个“武”与“又以武”的“武”义同，即勇武善战的意思。

以上两句的意思是：将士既勇敢又善战，而且意志刚强，不可凌辱。

【身既死兮神以灵，子魂魄兮为鬼雄】

课本注：神以灵：精神永不泯灭。子：这里是对为国战死的将士的敬称。鬼雄：鬼的雄杰。

按：“以”字与“又以武”的“以”同，应释为“有”。

“子魂魄”一作“子魂毅”，又作“魂魄毅”。王逸《楚辞章句》说：“言国殇既死之后，精神强壮。魂魄武毅，长为百鬼之雄杰也。”可见王逸

① 见裴学海《古书虚字集释》。

所见的本子有“毅”字。《文选·鲍照·出自北门行》注引亦作“魂魄毅兮为鬼雄”。我们认为当以作“魂魄毅”为胜。“毅”，威武果敢的意思。

以上两句的意思是：这些为国捐躯的将士虽然死了，但精神永存。他们的灵魂威武果敢，实为鬼中雄杰。

释“会”

“京中有善口技者。会宾客大宴。”（初中语文课本第二册《口技》）

课本注：“会，适逢，正赶上。”

按：把“会”字解作“适逢”“正赶上”，有几点不通：一、既然是宴会，有宾客就一定要有主人，若依课本所说，“会宾客大宴”只是“适逢”宾客们宴饮，宴会有宾无主，此于理不通；二、众宾团坐，于礼当有主人相陪，只让宾客集在一起听口技表演，主人却不知去向，此于礼不通；三、假如认为是省略了办宴的主人，那么，下文提到“满坐宾客无不伸颈，侧目，微笑，默叹”“宾客无不变色离席”，只言宾客惊讶赞叹，而不言主人有何反应（既然是“适逢”，那么主人事先也不清楚口技者的表演技巧如何），此于情不通；四、既是宾客宴饮，若非主人相邀，则口技者不得擅自进入客厅，若是主人特意相邀，则有不当言“适逢”“正赶上”，此于文义不通。综观《口技》一文，我们认为口技表演者应当就是邀请宾客大宴的主人，席间无以为乐，主人于是即兴表演了一段精彩的口技，以此博得宾客的赞叹。“会宾客大宴”中的“会”字，应释作“聚集”。《广雅·释诂三》：“会，聚也。”“会宾客大宴”是说“善口技者召集宾客大宴”，“善口技者”既是表演口技的人，又是宴会的主人。这样理解，上面提到的四点疑问就不存在了。

另：古人常用“……有……者”的句型，引出下句的主语，如《韩非子·外储说左上》：“郑人有欲买履者，先自度其足而置之其坐。”用“郑人有欲买履者”引出下句的主语“欲买履者”。古人使用这一句型，目的并不在于说明某地存在某种人，而是要用这一句型引出下句的主语。一般情况下，这一句型表达的意思还没完结，“者”字之下应标逗号。课本于“京中有善口技者”下标句号，不确。

《管子》斠补

牧民第一

不明鬼神，则陋民不悟。

猪饲彦博说："悟音与神不协，义亦难通，疑当作信。"是也。本篇为韵文，此处不得失韵。神、信为韵，二字同属上古真部。

又张佩纶引《楚辞·自悲》王逸注，训此陋字为小，非是。此陋字当训为浅陋，《荀子·修身篇》"少见曰陋"，即其义。《墨子·非儒篇》："盛为声乐，以淫遇民。""遇"通"愚"，同音假借也。《晏子外篇》"以淫愚其民"，毕云"当为愚民"，是其证。又《庄子·盗跖篇》："盗跖大怒曰：'丘来前，夫可规以利而可谏以言者，皆愚陋恒民之谓耳。'"陋民、遇（愚）民、愚陋恒民，文虽异而义相同也。

不蔽恶则行自全，不从枉则邪事不生。

张文虎说："全疑作正。"非是。"行自全"之"行"当读去声，品行也。"全"谓完美无缺，"不蔽恶则行自全"意为不隐蔽邪恶则品性自会完美也。《论衡·自纪篇》："苟有全完之行，不宜为人所缺。""全完之行"，即此处全行也。是原文自通，不需破字（此段非韵文）。高诱《吕览》注：

“全人，全德之人，无亏阙也。”此“行全”即品性无缺也。

形势第二

渊深而不涸，则沈玉极矣。

尹知章注：“极，至也。山不崩，洲不涸……”注中“洲”字误。《说文·水部》：“洲，水渚也。”《尔雅·释水》：“水中可居曰洲。”皆非此处之义。“洲不涸”当依正文作“渊不涸”。“山不崩，渊不涸”皆约举正文。此处作“洲”，形近而误也。

怠倦者不及，无广者疑神。神者在内，不及者在门。

张文虎说：“无，譕之叚字。上文云：譕臣者，可以远举。”戴望《校正》云：“据后解云：‘故无广于理者，其成若神，则张说是。”张、戴校是也。“譕”与“谟”通。又尹注云：“无得以己及不及疑神不神。”此注大非。疑字当读为拟，二字古通。《史记·苏秦列传》：“［苏秦］行过雒阳，车骑辎重，诸侯各发使送之甚众，疑于王者。”《索隐》：“疑作拟读。”是也。“拟”，比也，若也。后《形势解》云：“故事不广于理者，其成若神。”是“疑”作“拟”读之明证。

又“神者”，上疑脱一“疑”字，“疑神者在内”承上“无广者疑神”而言，“不及者在门”承上“怠倦者不及”而言，“疑神者在内”与“不及者在门”相对，脱一“疑”字，失之对矣。此处殆为不明疑拟通用者妄删。《兵法篇》：“尽而不意，故不能疑神。”下“不”字为后人不明“疑”字之训妄增，与此误同也。

譕臣者可以举远。

王氏引之云：“‘譕臣’当作‘谟臣’。”是也。“以”字宋本作“与”

字者，是也。观尹注：“可与图国之远也。”是尹知章所见“以”字作“与”也。后《形势解》正作“譕臣者，可与举远”。

生栋覆屋，怨怒不及。

俞樾说：“‘生’当读为‘笙’。《方言》云：‘笙，细也。自关而西，秦晋之间，凡细皃谓之笙。’”俞说误也。此“生栋”当指新伐尚未干燥之木。《韩非子·外储说左上》：“虞庆为屋，谓匠人曰：‘屋太尊。’匠人对曰：‘此新屋也，涂濡而椽生。夫濡涂重而生椽挠，以挠椽任重涂，此宜卑。’虞庆曰：‘不然，更日久则涂干而椽燥，涂干则轻，椽燥则直，以直椽任轻涂，此益尊。’匠人诎，为之而屋坏。一曰虞庆将为屋，匠人曰：‘材生而涂濡。夫材生则挠，涂濡则重。以挠任重，今虽成，久必坏。’虞庆曰：‘材干则直，涂干则轻。今诚得干，日以轻直，虽久必不坏。’匠人诎，作之成。有间，屋果坏。”此段文字即从生栋覆屋繁衍而成。其中，“生”字无一处作“笙”者，而“生”字与“燥”“干”对言。又《淮南子·人间训》亦载此事，彼文虞庆作高阳魋，“生”字凡两见，无一作“笙”或“细”或“细”一类词者，其中“生”与“枯”对言。由此二文，我们可以断定“生栋”为新伐未干燥之木。今乡间盖房，尚不以湿木为之，缘其潮湿易曲也。

乌鸟之狡，虽善不亲。

王引之云：“‘乌鸟之狡’，当作‘乌集之佼’。‘佼’与‘交’同。后解云：‘与人佼，多诈伪无情实，偷取一切，谓之乌集之佼。’是其证。”王说是也。“乌集”乃古之常语。如《史记·邹阳列传》：“故秦信左右而杀，周用乌集而王。”《集解》引《汉书音义》曰：“太公望涂觏卒遇，共成王功，若乌鸟之暴集也。”又《淮阴侯列传》：“异姓并起，英俊乌集。”《文选·曹冏·六代论》：“故汉祖奋三尺之剑，驱乌集之众，五年之中，成帝业。”李善注引曾子曰：“乌合之众，初虽相欢，后必相咋也。”此并为“乌鸟”当作“乌集”之旁证也。尹注“言乌鸟之性多猜”，是唐时已误也。

权修第三

民众而兵弱者，民无取也。

洪氏颐煊云：“‘取’当作‘耻’，谓民无愧耻，虽众而弱。《北堂书钞》二十七引下文‘则民无取’、《文选·射雉赋》注引下文‘民无取’皆作‘耻’。”洪说是也。《文选·任昉·奏弹曹景宗》注引“取”字亦作“耻”，此又一证也。《文选·马汧督诔》注引此亦作“耻”字。

将立朝廷者，则爵服不可不贵也。爵服加于不义，则民贱其爵服。

《文选·左思·招隐诗》注引此文，“民”字作“人”，当是避唐讳。“贱”下无“其”字，句末有“矣”字，余同。

立政第四

国有德义未明于朝而处尊位者，则良臣不进；有功力未见于国而有重禄者，则劳臣不劝。

《文选·羊祜·让开府表》注引此文无“力”字，余同。

凡上贤不过等，使能不兼官。尹注：“谓上贤，虽材用绝伦无得过其劳级。”

注文“劳级”不辞。“劳”疑“等”字之误，“等级”即正文中“等”字之义也。

山泽不救于火，草木不植成。

孙星衍说：“‘救’当作‘儆’，下文修火宪敬山泽其证也。敬与儆通。”孙说非是。下文“敬山泽”之“敬”乃“养”字之误。古文“养”字写作𢼊，“敬”字写作[illegible]，形近而误也。《荀子·王制篇》作“修火宪养山泽”是其明证。孙氏论据不成立。其实“救”字本不误。许维遹引《说文》《周礼·司救》注训“救”为“止”、为“禁”，是也。庾信《哀江南赋》：“弊草不能救盐池之咸，阿胶不能止黄河之浊。”“救”“止”互文，“救”亦“禁、止”之义也。此谓山泽不禁于火，则草木不能生殖繁茂也。原文自通。

宫室有度，六畜人徒有数，舟车陈器有禁，修生则有轩冕服位谷禄田宅之分，死则有棺椁绞衾圹垄之度。

原书于“禁”字下断句，非是。“修”字应连上读“舟车陈器有禁修”，谓舟车器物的修治要有一定节制。“舟舆饰，台榭广”，就会造成国家财力上的穷乏（见权修篇）。“生则有轩冕服位谷禄田宅之分”与“死则有棺椁绞衾圹垄之度”相对为文，“修”字若连下读则失对矣。

乘马第五

地者，政之本也。尹注：“从政地生。”

“从政地生”不通。“从政”二字误倒。下文“朝者，义之理也”注“义因朝起”，明此本作“政从地生”也。地为政之本，故尹注“政从地生”。“政从地生”与“义因朝起”注例正同。

上不加勉，而民自尽竭，俗之所期也。

“竭”字疑为“尽”之旁注而误衍入正文者。尹注云：“君既尽心于俗，所以能期于心也。”注中并无涉及“竭”字，是尹见本尚无“竭”字也。又《鹖冠子·天则篇》同此文，无“竭”字。此其确证。

地者，政之本也，是故地可以正政也。地不平均和调，则政不可正也。

尹注：“‘地不平均和调’则地力或几于息，故不可不正也。”注中“地不均平和调”即复举正文，正文“平均”二字当乙。《御览》三十六《地部》引正作“均平”。

天地莫之能增益也，然则可以正政者，地也，故不可不正也。

上文云：“日夜之易，阴阳之化也，然则阴阳正矣。虽不正，有余不可损，不足不可益也。”此只言天时，并不涉及地。“天地莫之能损益也”中的“地”字无属。又下文“正地者，其实必正”承“故不可不正也”而言，“故”下当脱一“地”字，否则“正地”二字无属。疑“天”下“地”字原在“故”字之下而窜入上文，致使上下文义皆不通也。郭沫若谓：“‘天’下‘地’字乃‘也’字之误。”许维遹谓：“‘故不可不正也’中，‘也’字为‘地’字之残。”皆失之偏也。

七法第六

奸吏伤官法，奸民伤俗教，贼盗伤国众。

“贼盗”二字误倒。尹注：“盗贼之人，常欲损败于物也。”是尹见本尚不倒也。又下文“刑法不审则盗贼胜”，正作“盗贼”，并其证也。“盗贼”与上“奸吏”“奸民”结构一律，若作“贼盗”，则不对矣。

若夫曲制时举，不失天时，毋旷地利，其数多少，其要必出于计数。

丁士涵云：“此言数之多少，必出于计。‘计’下不当有‘数’字。”丁说未必是。“计数”之“数”当训为“术”。《商君书·算地》：“故为国之数，务在垦草；用兵之道，务在壹赏。”其中“数”字亦为“术”之义。然则“计数”即计策与谋术也。尹注：“必计数多少之要。”是尹见本有

"数"字也。又《孙子兵法·形篇》杜牧注引《管子》曰："天时地利，其数多少，其要必出于计数。""计"下亦有"数"字。由此可见，"数"字并非衍文也。

故凡攻伐之为道也，计必先定于内，然后兵出乎境。

"凡攻伐之为道也"，《孙子兵法·形篇》杜牧注引作"凡攻伐之道"，无"为"字、"也"字。余同。

计未定于内而兵出乎境，是则战之自胜，攻之自毁也。

丁氏云："《参患篇》作'则战之自败'，此'胜'字误，当作'败'。'是'字衍文。"丁说是也。杜牧《孙子兵法·虚实篇》注引此作"计未定而出兵，则战而自悔也"，亦无"是"字，足证丁说。彼处"悔"字当是"毁"之声误。《参患篇》作"攻之自毁"。

不明于敌人之情，不可约也。

上文曰"不明于敌人之政"，下文云"不明于敌人之将""不明于敌人之士"都属敌情之范围，此处若作"情"字，则与上下文重复。杜牧注《孙子》引此作"不明敌人之积"。作"积"者是也。"积"谓"积蓄"。

不明于敌人之将，不先军也；不明于敌人之士，不先陈也。

杜牧引此两"先"上皆有"见"字，两"也"字、两"于"字无。余同。

是故以众击寡，以治击乱，以富击贫，以能击不能，以教卒练士击驱众白徒，故十战十胜，百战百胜。

杜引此文"故"上无"是"字。"治"字作"理"，避唐讳也。"教卒练士”作“教士练卒”，“故”下有“能”字，无“十战十胜”四字。余同。

故兵也者，审于地图。

杜牧《孙子兵法·军争篇》注引此作：“凡兵主者，必先审知地图。”不知所据何本。

幼官第八

春行冬政，肃；行秋政，雷；行夏政，阉。

丁云：“‘雷’乃‘霜’字误。《四时篇》作‘春行冬政则雕；行秋政则霜；行夏政则欲’。”作“雷”者或不误。后《幼官图》作“雷”，与此同。《淮南子》作“行夏令泄”，《四时篇》作“行夏政欲”，此处作“行夏政阉”，未知谁是。

夏行春政，风；行冬政，落，重则雨雹；行秋政，水。

《四时篇》作“夏行春政则风，行秋政则水，行冬政则落”。《淮南子·时则训》作“夏行春令，风；行秋令，芜；行冬令，格”。“格”“落”二字通。当以“落”为正字，凋落也。

秋行夏政，叶；行春政，华；行冬政，耗。

《淮南子·时则训》作“秋行夏令，华；行春令，荣；行冬令，耗”。俞樾据此以为“叶”字为“荣”字之误。丁云“叶”当为“水”，丁说近是。《四时篇》作“水”，《淮南·时则》载此事多与《管子》不合，只可参考，不足为据。“华”即“荣”也。“行春政，华”，《四时篇》“华”作“荣”。若依俞氏改“叶”为“荣”，则是行夏政与行春政无别，断无此理。又丁氏引《四时篇》“春行秋政则荣”当作“秋行春政则荣”，见该篇。

冬行秋政，雾；行夏政，雷；行春政，烝泄。

“烝”字疑涉注文“烝泄”而衍，《四时篇》作“行春政则泄”。《淮南子·时则训》作“行春令，泄”，均无“烝”字，是其证。“行夏政，雷”，《淮南》作“行夏政，旱”。

久会（诸侯），大命焉出。

后《幼官图》“大命”作“大令”。尹注“谓上九会既出大令……”亦作“令”字，此“命”字误。

理名实，胜之；急时分，胜之。

尹注“理名实胜之”为“整理名实不谬妄，可以胜得”，注中“胜得”转写误倒，当作“得胜”。尹在“急时分胜之”及下文“事察伐胜之”“行备具胜之”注中均作“可以得胜”，是其证也。

因能利备，则求必得；执务明本，则士不偷。

“利”疑为“制”字之误。古文“制”写作“利”，与“利”形最近，故古书多误。《商君书·吏法篇》“因事而制礼”、《淮南子·泛论篇》“因时变而制礼乐”与此“因能利备”结构正同。“因能利备”谓依据己之能力制定防备措施也。若“备具无常”则“无应方”也。尹注：“因彼所能所利而以备之，则所求必得。”大误。

论百工之锐器，器成，角试否臧。

“角试”，比试也。“否”音“匹”，恶也。《庄子·渔父篇》：“不择其善否。”“臧”，善也。“角试否臧”谓比试其器械善恶工苦也。

必明其一，必明其将，必明其政，必明其士，则以治击乱，以成击败。

杜牧《孙子兵法・形篇》注引《管子・七法篇》“不明敌人之政，不能加也；不明敌人之积，不能约也；不明敌人之将，不见先军；不明敌人之士，不见先阵”，与此文义相辅相成。彼举四事为：政、将、士、积，此四项为：政、将、士、一。“一”字无义，疑为“积”字之声误（《七法篇》四事为：政、将、士、情，“情”字亦误，说见上）。尹注“一”谓“号令不二”，望文生义，不通之甚。

审于动静之务，则功得而无害；著于取与之分，则得地而不执。

“得地”二字疑倒。“地得而不执”与“功得而无害”句式一律，若作“得地”，则失对矣。后《幼官图》亦倒。

幼官图第九

骄君使疲民，则危国。

“危国”二字当乙。《幼官篇》作“国危”，是其证。

五辅第十

衣冻寒，食饥渴，匡贫窭，振罢露。尹注：“疾惫裸露者，有以振救之。”

注中“疾”字乃“疲”字之误。“疲惫”释正文“罢”字。古书“疲”字多以“罢”为之。“振”同“赈”。

民知义矣，而未知礼，然后饰八经以道之礼。

“饰”与“饬”同，《穀梁传・襄公二十五年》：“古者大国过小邑，小邑必饰城而请罪。”范宁注：“饰城者，修守备。”是“饰”“饬”通用之例。下文“是故圣王饬此八礼”字正作“饬”。

天时不祥，则有水旱；地道不宜，则有饥馑；人道不顺，则有祸乱。

“时”字亦当作“道”，“天道不祥，地道不宜，人道不顺”，句式一律。下文“审时以举事”承此天祥地宜人顺而言，尹注：“时则天祥地宜人顺之时也。”故此“天”不得独言“时”也。古文“道”字写作“衜”，右边残缺便成为“眥”，“眥”与“旹”形近，“旹”，古“时”也；“天时”又为俗语，故误作“时”也。

修饥馑，救灾害。

俞樾云：“‘修’乃‘备’字之误。‘备’俗作‘俻’，‘俻’误作‘脩’，又误作‘修’耳。”俞说甚是。上文“纤啬省用以备饥馑”，字正作“备”，是其证。

逐奸人，诘诈伪，去谗慝，则奸人止。

上文作“逐奸民，诘诈伪”，此处两“人”字亦当作“民”，避唐讳改也。

今工以巧矣，而民不足于备用者，其悦在玩好。

“以”同“已”。尹注：“君悦玩好，则民务未作，故备用不足。”注中“未作”乃“末作”之误。“末作”谓工玩好之类也。

关几而不征，市鄽而不赋。

“几”字或作“讥”，二字古通用。《小匡篇》作“使关市几而不征，壥而不税”，《霸行篇》作“讥”，《荀子·王制篇》作“几”，《孟子·公孙丑上》作“讥”，《韩诗外传》卷三同。是二字古通用之例。《周礼·地官·司察》：“国凶札则无关门之征犹几。”注：“犹几谓无租税，犹苛察，不令奸人出入。”《礼记·王制》：“关执禁以讥，禁异服，识异言。”注：

"讥，呵察也。"然则"关讥而不征"谓"关口只对来往行人盘查而不征税也"。"鄽"字古字本作"廛"，《小匡篇》作"壥"，《孟子·公孙丑上》作"廛"，鄽、廛、壥、廛形异字同。唯《霸形篇》作"书"，误，说见下。

宙合第十一

天地万物之橐，宙合有橐天地。

"之"，是也。"有"，读为"又"。此言天地包容万物，而万物又被宙合所包容也。

不正其区区，鸟飞准绳。

《淮南子·道应训》："此所谓筦子枭飞而维绳者。"高诱注："言为士者，上下无常，进退无恒，不可绳也。以喻飞枭从下绳维之而欲翱翔，则不可也。"《淮南》所引《管子》当即此"鸟飞准绳"。"鸟""枭"、"准""维"皆形近易讹，疑《淮南》所引为是。"枭"，《说文》云："不孝鸟也。""维"，《诗·小雅》："挚之维之。"《毛传》："系也。"今《宙合解》亦作"鸟飞准绳"，且云："此言大人之义也。夫鸟之飞也，必还山集谷，不还山则困，不集谷则死。山与谷之处也，不必正直，而还山集谷，曲则曲矣，而名绳焉。以为鸟起于北，意南而至于南，意北而至于北，苟大意得，不以小缺为伤。"此段文字解为"鸟飞准绳"正合。今《管子》一书，多后人增改，此解当是"枭飞维绳"误为"鸟飞准绳"后所作。

夫鸟之飞也，必还山集谷。

《文选·陶潜·杂诗》注引此，"也"字在"谷"字下，余同。

枢言第十二

能为天下生而不死者二，立而不立者四。

“立而不立”四字，于义不通。“生而不死者二”是指上文提到的“城郭险阻蓄藏（宝）”和“圣智（器）”，“不立者四”是指下文“喜、怒、恶、欲”。下文云：“喜也者，怒也者，恶也者，欲也者，天下之败也。”据此，上“立”字当作“亡”，形近而误也。“亡而不立”与“生而不死”相对为文。丁士涵说下“立”字为“亡”字之误，甚乖文义。（参见《集解》郭沫若说）

八观第十三

闾闬不可以毋阖。

下文云：“闾闬无阖，外内交通，则男女无别。”即复举此句而申说，字作“无”。此“毋”字亦当作“无”。《文选・蜀都赋》注引正作“无”，是其证也。

国地大而野不辟者，君好货而臣好利者也；辟地广而民不足者，上赋重流其藏者也。

“利”下“者”字，“藏”下“者”字并涉“野不辟者”“民不足者”而衍。此处与上文句式一律。上文“国地小而食地浅也”“国地大而食地博也”均无“者”，是其证。刘师培说“流”上当有“而”字，亦据上文句式而校也。

粟行于三百里，则国毋一年之积；粟行于四百里，则国毋二年之积；粟行于五百里，则众有饥色。

《孙子兵法・作战篇》杜牧注引此文，两“毋”字皆作“无”，“行”下“于”字均无。

稼亡三之一，而非有故盖积也，则道有损瘠也。

王念孙云："'损瘠'之'损'为'捐'字之误。'瘠'通'胔'。"是也。然此句中"盖积"亦不辞，"盖"疑为"蓄"字之误，连上意为年成减去三分之一，如果往常没有蓄积，道路上便会出现被捐弃的饿死之骨。

荐草多衍，则六畜易繁也。

"衍"字疑衍，盖原书多出一字，校者于其多出之字下注一"衍"字，后书经修订重印时，其多出之字删而"衍"字误入正文。"荐草多"承上文"夫山泽广大则草木易多"而言，"多"下无"衍"字，下文"荐草虽多"亦无"衍"字，是其证也。

豪桀材人不务竭能，则内治不别矣。

"人"古本作"臣"，作"臣"者是也。上文"治行为上，爵列为下，则豪桀材臣不务竭能"正作"臣"。"桀"与"杰"通。《诗·卫风·伯兮》："邦之桀兮。"

入州里，观习俗，听民之所以化其上者，而治乱之国可知也。

此复举上文，"者"字衍。上文无"者"字。

置法出令，临众用民，计其威严宽惠，行于其民与不行于其民，可知也。

以上下七观例之，"惠"字下当脱"而"字。"而"，则也，属下读。下文"治法出令，临众用民，计威严宽惠，而行于其民不行于其民，可知也"，正有"而"字，是其证。又下文复举此，"不"字上脱一"与"字。

法制第十四

三者于藏官则为法，施于国则成俗。

"于藏"二字传抄误倒。"藏于官"与"施于国"相对为文，此不得做"于藏官"，且"于藏官"三字不辞。尹注："'藏于官'谓下不得擅其用。"注中"藏于官"即复举正文，是尹见本尚不倒也。

君壹置则仪，则百官守其法；上明陈其制，则下皆会其度矣。

"置则仪"当为"置其仪"，"则"字涉下"则"字而误。"壹制其仪"与"明陈其制"句式正同。下文"君之置其仪也不一，则下之倍法而立私理者必多矣"，即承此而申说，正作"置其仪"，是其证也。

《泰誓》曰："纣有臣亿万人，亦有亿万之心；武王有臣三千而一心。"

此所引在《古文尚书·泰誓上篇》。原文是："受有臣亿万，惟亿万心；予有臣三千，惟一心。"

故莫取超等踰官、渔利苏功以取顺于其君。

王念孙说"故"字衍文，是也。"取"字当作"敢"，形近而误，"莫敢超等踰官"与上文"莫敢诡俗异礼""莫敢布恢缓行"句式一律。王念孙引此正作"敢"，尚不误也。

重令第十五

如此则巧佞之人将以此成私为交，比周之人将以此阿党取与，贪利之人将以此收货聚财。

"阿党"与"取与"义同，"与"字当读为"党羽"之"羽"。《管子》书"与"字多此用法。"取与"二字当连上读，"巧佞之人""比周之人""贪利之人"相对。戴注校正本在"党"字下断句，非是。

故令一出，示民邪途五衢。

陶鸿庆云："五衢承上巧佞之人以下五者而言，尹注云'谓上之五死'者，非。"陶说是也。尹注："死之则五衢寒，生之则五衢开。"注中"寒"字当为"塞"，形近而误也。"死""生"相对，"塞""开"相对。

法法第十六

国毋怪严，毋杂俗，毋异礼。

丁士涵云："'严'当为'服'字之误，怪服与杂俗异礼对文。下文云：'变易风俗，诡服殊说。''诡服'与'怪服'同。"丁说未允。"严"字无由讹为"服"字。疑"严"字本作"装"，避汉讳而改也。《楚辞·国殇》："严杀尽兮弃原野。"《后汉书·陈纪传》："不复办严，即时之郡。"此汉避"庄"音而改"壮"、"装"为"严"之例也。"怪装"即下文"诡服"也。

倨傲易令，错仪画制，作议者尽诛。

"作议"二字疑为衍文。下文云："况其（原作"主"，说见下）倨傲易令，错画仪制，变易风俗，诡服殊说犹立。"并无"作议"二字。尹注："'易令'谓'变令'，'错仪'谓别置之仪，'画制'谓更画制。凡此，尽以法诛之。"注中并不释"作仪"二字，是唐时尚无此二字也。

故曰："私议立则主道卑矣。况主倨傲易令，错仪画制，变易风俗，诡服殊说犹立。"

戴望云："'犹'疑'独'字之误。"非也。此句"犹"字不误，"主"字误。上文言："国毋怪严，毋杂俗，毋异礼。士无私议，倨傲易令，错仪画制者尽诛。"是"倨傲易令"就下而言也，此处作"主"甚乖文义。"主"当是"其"字之误。尹注云："立私说尚能卑主，况其倨傲易风俗而犹有立之者乎？"尹见本正作"其"字，此其明证也。

先王制轩冕，所以著贵贱。

王念孙据下文及《群书治要》《艺文类聚·封爵部》《御览·封建部》《文选·羽猎赋》注校"所以"当为"足以"，是也。《文选·褚渊碑文》《张景阳·七命》李注引此文均作"先王制轩冕足以著贵贱"，与王校同。又《文选·羽猎赋》引此"著"字作"章"。《谢玄晖·休沐重还道中诗》注引此脱"足"字，余同。

蹈白刃，受矢石，入水火，以听上令。上令尽行，禁尽止，引而使之，民不敢转其力。

"上"字涉前"上"字而衍。"令尽行""禁尽止"相对为文，上文"禁必欲止，令不欲行"，下文"令而不行谓之障，禁而不止谓之逆"均不及"上"字，是此"上"为衍文之证。

大匡第十八

管仲曰："夷吾之为君臣也，将承君命，奉社稷，以持宗庙，岂死一纠哉?"

此与上文召忽曰"百岁之后，吾君卜（当作"下"，见俞说）世，犯吾君命而废君所立夺我纠也，虽得天下，吾不生也"相对，"夷吾之为君臣也"之"君"即"百岁之后，吾君下世"之"君"，亦即桓公之父齐僖公。尹注"言已立君臣之义"固非，而陈奂谓"为君臣"当为"为人臣"之误，亦有所不察。"君臣"二字并非并列关系，而是偏正结构。全句谓：我夷吾为君之臣，将要承受僖公之命，事奉国家社稷，用以保全宗庙，怎么能为一公子纠而死呢？是原文自通，不须改字也。

鲁桓公夫人文姜，齐女也。公将如齐，与夫人皆行。申俞谏曰："不可。"

此事见《左传·桓公八年》，“俞”字《左传》作“繻”，二字音近通用。

若不得也，是君与寡人贼比也。

《小匡篇》及《左传·庄公九年》疏引《小匡篇》，“寡人”均作“寡君”，是也。诸侯自称寡人，此为齐之使者鲍叔之语，不得称寡人。《小匡篇》云：“公曰：‘施伯，鲁之谋臣也。彼知吾将用之，必不吾予也。’鲍叔曰：‘君诏使者曰：寡君有不令之臣在君之国，愿请之，以戮群臣。’”是使者在外国称自己国君当为寡君也。此“人”字与上文“鲁未及致政，而齐之使至，曰：夷吾与召忽也，寡人之贼也，今在鲁，寡人愿生得之”中两“人”字均当作“君”。

中匡第十九

道血气以求长年。

“道”读作“导”。《文选·叹逝赋》《文选·琴赋》注引此“道”字均作“导”，二字古通；“以”字作“而”，余同。

粟尽则有生，货散则有聚。

两“有”字均读为“又”。

小匡第廿

公曰：“施伯，鲁之谋臣也。彼知吾将用之，必不吾予也。”

《左传·庄公九年》疏引此“施”字上有“夫”字，“予”作“与”，无句末“也”字。

敝邑寡君，愿生得之。

《左传》疏引此无“敝邑”二字。

士农工商四民者，国之石民也。

戴望校云：“《文选·陆士衡·挽歌诗》注、扬子云《剧秦美新》注引作‘国之正民’，《嵇叔夜·绝交诗》注、《陈孔璋·檄吴将校文》注、《白帖》八十三引俱作‘石民’。”今查《文选·剧秦美新》注引亦作“石民”，作“正民”者，只有《挽歌诗》注引（《文选·籍田赋》注引“石”亦误作“正”）。“正”当是误字。孙星衍据《挽歌诗》注欲改“石”为“正”字，非也；孙诒让读“石”为“硕”，训“大”；刘师培疑“石”为“定”字或“右”字之误；任林圃引《汉书·匈奴列传》注训“石”为“坚固如石”。今按：诸说皆非。“石”当为“庶”之借字。“石”“庶”均属古音铎部，故可通假。“跖蹻”，《慎子》逸文写作“蹠蹻”，“跖”可写作“蹠”，与“庶”写作“石”，道理一也。《史记·货殖列传》“庶民农工商贾”与此“士农工商四民者，国之石民”义正同。

于子之乡，有拳勇股肱之力筋骨秀出于众者。

《文选·阳给事诔》注引此作“子之乡有拳勇秀出者”。

是故农之子常为农。

以上下文“夫是故士之子常为士”“夫是故工之子常为工”“夫是故商之子常为商”例之，此“是”字上当脱一“夫”字。

寡人有污行，不幸而好色，而姑姊有不嫁者。

孙星衍校云：“《意林》《白帖》九十三引‘姊’下有‘妹’字。《荀子》曰：‘齐桓内行则姑姊妹之不嫁者七人。’”案：有“妹”者是也，此脱。《新语·无为》：“齐桓公好妇人之色，妻姑姊妹而国中多淫于骨肉。”

盖即本此，亦有“妹”字，是其证也。

霸形第廿二

今彼鸿鹄，有时而南，有时而北。

戴望校云：“《艺文类聚》引无‘鹄’字，《御览》有。”案：有“鹄”字者是也。《文选·嵇康·幽愤诗》注引有“鹄”字，“今彼”二字作“夫”。

关讥而不征，市书而不赋。

戴望校引刘氏曰：“‘书’乃‘廛’字之误。”是也。此乃常语。《礼·王制篇》《孟子·公孙丑上》及本书《五辅篇》《小匡篇》均作“廛（壥）”字。

于是伐钟磬之县，併歌舞之乐。

“併”读作“屏”，弃也。《荀子·强国篇》：“併己之私欲必以道。夫公道通义之可以相兼容者，是胜人之道也。”章诗同注：“併”读作“屏”，弃。是其例也。

令其人有丧雌雄，居室如鸟鼠同穴。

《山海经·西山经》：“又西二百里，曰鸟鼠同穴之山。”郭璞注曰：“今在陇西首阳县西南。山有鸟鼠同穴，鸟名曰鵌，鼠名曰鼵。鼵如人家鼠而短尾，鵌似燕而黄色，穿地入数尺，鼠在内鸟在外而共处。孔氏《尚书》传曰：‘共为雌雄。’张氏《地理记》云：‘不为牝牡也。’”与此“有丧雌雄”相同。

使水不得东流，东山之西，水深灭垝。

尹注：“垝，败墙也。”败墙高低无标准，不能说明水之深浅。此“垝”字当读作“危”，屋脊也。《史记·魏世家》：“痤因上屋骑危。”裴骃集解：“危，栋上也。”此即“垝”字之义。“灭”，没也。

霸言第廿三

其人如耕者而非耕也。

上文“其君如明而非明也，其将如贤而非贤也”，依例此句当作“其人如耕而非耕也”，不得有“者”字。尹注：“三守，为明、贤、耕。”其言“耕”而不言“耕者”，是尹见本无“者”字也。《正字通》：“凡致力不怠谓之耕。”后人不明此训而“耕”下妄加“者”字，非也。

夫上夹而下苴。

王念孙云：“夹”当依尹注改为“狭”字。非也。“夹”即“狭”省。《后汉书·东夷传》：“其地东西夹，南北长。”句中“夹”即“狭”也，是“夹”“狭”通用之证。尹注中多用本字注正文异体字。如正文“埊”注中作“地”等，不得据注而改正文也。

夫先王之伐也，举之必义，用之必暴。

尹注：“其用师必加于暴乱。”非也。暴，疾也。《诗·邶风》：“终风且暴。”郑注：“暴，疾也。”即其义。“用之必暴”即“兵贵神速”之义。《兵法篇》：“众若时雨，寡若飘风。”郭沫若校“众”为“骤”字之误，“寡”为“暴”字之误，甚是。“用之必暴”与“暴若飘风”意义正同。

问篇第廿四

问兵官之吏，国之豪士，其急难足以先后者几何人？

“官之”二字当乙转。“兵之官吏”与“国之豪士”相对为文，句式一律。尹注："官吏国豪，有急难可令之先后者，当知其数。"注中"官吏"连读，是尹见本尚未转倒也（参见许维通说）。

戒篇第廿六

静无定生，圣也。

"无"字于义无取。戴望校注引作"静然定生"，是也。"然"，乃也。"生"读作"性"，郭沫若说"圣也"二字是"注文窜入正文者"，是也。上文"是故圣人齐滋味而时动静……"，"圣人"二字统领下文，此处不得另有"圣也"二字。

是故身在草茅之中而无慑意，南面听天下而无骄色。

尹注："道德为量，何惧之有？""神气倘来，何骄之有？"注中"惧"字当依正文作"慑"。《说文》："慑，失意也。""慑意"与"骄色"义正相对。

心不动，使四肢耳目而万物情。

刘绩云："'情'，一作'得'。""万物情""万物得"于义皆晦涩，疑本作"万物得情也"，一脱"情"字，一脱"得"字。寻尹注："万物莫不得其情也。"似尹见本作"万物得情"。

今夫鸿鹄，春北而秋南，而不失其时。

《文选·应玚·侍五官中郎将章台集诗》注引此作："夫鸿鹄，春北而秋南，不失时者也。"又《嵇康·幽愤诗》注引此省作："鸿鹄秋南而不失时。""今"字疑涉下文"今孤之不得意于天下"而衍。既言"春北而秋南"，则非一时，不得言"今"也。

今孤之不得意于天下，非皆二子之忧也。

戴望云："《御览》'非皆'作'皆非'，似互倒。"案："皆"字疑为"当"字之误。《四称篇》："仲父不当尽告我昔者有道之君乎?"又"不当尽语我昔者无道之君乎?""非当"即"不当"也。尹注："二子不能为羽翼，所以当忧。"是尹见本作"当"字也。

北伐山戎，出冬葱与戎叔，布之天下。

戴望校："《御览·百谷部五》引作'桓公伐山戎，得戎菽以布天下'。"案：《列子·力命篇》张注引此作："齐桓公北伐山戎，得冬葱及茙菽布之天下。"亦作"得"字，此"出"字当误。"戎叔"即"茙菽"之省。《尔雅》："茙菽谓之荏菽。"郑玄云："即大豆也。"

对曰："妾人闻之，君外舍而不鼎馈，非有内忧，必有外患。"

《文选·长门赋》注引此作："妇对桓公曰：'妾人闻之，非有内忧，必有外患。'"

参患第廿八

凡人主者，猛毅则伐，懦弱则杀。

戴望校正云："张云此'杀'字当音所界反，尹注失音，则与诸杀字混。望案：此'杀'字当读为'弑'，言'懦弱则见弑也'。"戴说是也。下文云："懦弱者何也? 重诛杀人之谓懦弱……重诛者失有罪……上失有罪则行邪者不变……行邪者不变则群臣朋党……群臣朋党则宜有内乱。""有内乱"即指篡位弑君也。明此"杀"字读"弑"也。"伐""杀"谓被伐、被弑也。张读所界反，是训"杀"为"减"，非也。

制分第廿九

故凡用兵者，攻坚则轫，乘瑕则神。

《校正》引孙说：“‘轫’当为‘韧’字。依《说文》训柔而固也。”案：孙说非也，“轫”字不误。《后汉书·申屠刚传》：“光武尝欲出游，刚谏不听，遂以头轫乘舆轮。”注云：“以头止车轮也。”《说文》云：“轫，碍车也。”徐注：“止轮之转，其物名轫。”“轫”字作为阻碍车前进之物，作为动词用则训“阻”也。“攻坚则轫，乘瑕则神”意思为攻其坚固则易受阻，击其瑕隙则用兵如神也。二句相对为文，原文自通，不需改字。

攻坚则瑕者坚，乘瑕则坚者瑕。

尹注云：“所攻虽坚，能令脆者，则以士卒坚强故也；所乘虽脆，却为坚者，则以士卒脆弱故也。”此说大误。此两句承上“攻坚则轫，乘瑕则神”而言，意思为：如攻敌之坚固者，敌之瑕隙亦为坚固；若击敌之瑕隙，其虽坚固，亦易击也。此大意讲用兵者要见机行事，乘虚而入。下文举屠牛坦解牛之例，就是为说明乘瑕之理也（陶鸿庆说略同）。

故天道不行，屈不足从，人事荒乱，以十破百。器备不行，以半击倍。

尹注“天道不行”句云：“用兵者必顺天道，若及天道之不行，必屈竭而不足。”注“人事荒乱”句云：“敌国之人事既荒且乱，故十可破百。”上下两句皆不及“从”字，此字当为衍文。又玩尹注“屈不足”似为“屈而不足”，“天道不行”与“人事荒乱”“器备不行”均为可乘之瑕。或说“从”字属上读，或说属下读，皆非。

君臣下第卅一

是故明君饰食饮吊伤之礼。

“饰”读为“饬”。“食饮”当作“饮食”。尹注：“饮食，谓享燕。”可证。

小称第卅二

去恶充以求美名，又可得乎？

俞樾训“充”为“实”，谓“恶实”与“美名”对言，是也。姚永概云：“‘去’是‘弆’之缺字。”非也。“去”乃“弆”之本字。先秦两汉古书，凡“弆”藏字皆写作“去”。《左传·襄公二十八年》：“御者知之，则去其肉而以其洎馈。”释文：“去，起吕切，藏也。”又《昭公十九年》释文引裴松之注《魏志》云：“古人谓藏为去。”是其证也。详见《论衡》部分。

葬以杨门之扇。

丁云：“《吕览》作‘盖以杨门之扇，三月不葬’。尹注云：‘谓用门扇以掩葬也。’疑所见本亦是‘盖’字。故以‘掩’释‘盖’也。”案：丁说是也。《史记·齐太公世家》正义引颜师古云亦为“盖以杨门之扇”，此又一证也。

侈靡第卅五

珠者阴之阳也，故胜火；玉者阴之阴也，故胜水。

王念孙云：“‘阴之阴’当作‘阳之阴’……《大戴礼·劝学篇》作：‘玉者，阳之阴。’《淮南·地形篇》：‘水圆折者有珠，方折者有玉。’高注曰：‘圆折者，阳也，珠，阴中之阳。方折者，阴也，玉，阳中之阴。’皆其证。《太平御览·珍宝部三》引此，正作‘阳中之阴’。”案：王校是也。《淮南子·说山训》：“玉在山而草木润，渊生珠而岸不枯。”高注：“玉，阳中之阴也，故能润泽草木；珠，阴中之阳也，有光明，故岸不枯。”亦作“阳中之阴”。此又一证也。

吾欲优患除害，将小能察大，为之奈何?

李哲明云：“‘优’当为‘攘’字之误。”是也。但训“攘”为“安”，尚属未确。《说文》：“攘，推也。”《辞海》：“攘，排除。”“攘患”“除害”互文见义。或说“患”为“善”字之误，非是。

不谨于附近，而欲求远者，兵不信。

尹注：“欲来远者，必谨于附近，然后远者来，信也。”是正文“求远者”之“求”乃“来”字之误也。“来”字读为《论语·季氏》“远人不服则修文德以来之”之“来”。猪饲博彦云：“‘兵’字衍。”是也。注中无“兵”字。此句意为：不用心于安抚近者而想使远者来服，其必不信也。

心术上第卅六

心之在体，君之位也。尹注：“心之在体，当身之中。凡身之运，为皆心之所使，故象君位。”

注中“为皆心之所使”于义不通，“为皆”二字传写误倒，当乙。

人之可杀，以其恶死也；其可不利，以其好利也。

“可”“何”古通用。此两“可”字均当读为“何”。此乃一问一答句式，意为：人何以被杀?以其恶死也；何以不得利?以其好利也。陶鸿庆云：“‘不利’中‘不’字衍。”未明“可”“何”通假之义也。上文云“求之者不得”，与此“好利故不得利”意思正同，依陶校则文义相乖矣。且下文云："君子不怵乎好，不迫乎恶（"怵"字一误作"休"，此依下解改）。"亦为"君子不被好恶所利诱驱迫也。"下解云："人迫于恶则失其好，怵于好则忘其恶。"此言人应恬淡无为，有所好恶则适得其反。是甚证。

故曰心术者，无为而制窍者也，故曰君。

王念孙、张文虎皆谓首"故曰"二字涉上文而衍，极是。此句释上文"心之在体，君之位也"。"心"下"术"字涉篇名而衍。"无为"对"心"而言，与"心术"无涉。且上文"心之在体，君之位也"亦不及"术"字，此句谓"心"为"九窍"之君，绝非"心术"也。尹注："心无嗜欲之为，故能制于九窍。"细玩注文，亦无及"术"字，此其证也。

心术下第卅七

凡物载名而来，圣人因而财之。

"财"读为"裁"。《荀子・非十二子》："一天下，财万物。"杨注："'财'与'裁'同。"是其例也。下文"圣人裁物，不为物使"，正用本字。

凡在有司执制者之利，非道也。

何如璋云："'利'为'则'字之误。"郭沫若说"利"当是"则"字，皆非。此"利"乃"刑"字之误。此句承上文"治也者心也，安也者心也。治心在于中，治言出于口，治事加于民，故功作而民从，则百牲治矣。所以操者非刑也"而言。治民之术非刑，故有司执制者操刑则非道也。尹注："有司执制，常弃本而逐末，滞于刑政，非道也。"是尹见本正作"刑"也。下文云："货者，爱之末也。刑者，恶之末也。"尹注："爱恶以为心本也，故货刑为末也。（注中"为心"二字误倒）"此即尹注

“常弃本（心也）逐末（刑也），滞于刑政”之本。然此句作“凡在有司执制者之刑，非道也”尚晦涩。尹注：“弃本逐末，滞于刑政。”明“之”尚非原文，但不知何字所误也。

金心之形，明于日月，察于父每。

“每”乃“母”字之误。尹注中作“父母”，是唐时尚不误也。《内业篇》正作“父母”。

极变者，所以应物也。慕选而不乱，极变而不烦。

两“极”字均当读作“亟”，音气。《荀子·赋》：“出入甚极，莫知其门。”杨注：“‘极’读为‘亟’。”是二字古通用之例也。尹训“极”为“穷”，非也。

是故内聚以为原泉之不竭，表里遂通。泉之不涸，四支坚固。

尹注于“竭”字下断句，“表里遂通”属下为义，大非。王念孙校：“‘原’上脱‘泉’字，‘通’为‘达’字之误。‘达’‘竭’为韵，‘涸’‘固’为韵。”是也。然“是故内聚以为原泉”尚游离于韵外，疑此下尚脱“浩然和平以为气渊”八字。“渊”“原”为韵。“泉之不涸”之“泉”字乃“渊”字之误。唐时避李渊讳，故古籍“泉”“渊”二字多混。“泉之不涸，表里遂达”承“内聚以为泉原”而言；“渊之不涸，四支（肢）坚固”承“浩然和平以为气渊”而言。《内业篇》作：“内藏以为泉原，浩然和平以为气渊。渊之不涸，四体乃固；泉之不竭，九窍遂通（达）。”是其证也。

口无虚习也，手无虚指也，物至而命之。

上文言：“故口为声也，耳为听也，目有视也，手有指也。”此处“虚习”之“习”疑为“声”之残。

圣人之道，若存若亡，援而用之，殁世不亡。

戴望云："下'亡'字当'忘'。古字通。"忠按：《文选·头陀寺碑文》引此作"圣人之道，若存若亡，援而用之，没代不忘"。

水地第卅九

夫水淖弱以清，而好洒人之恶，仁也。

《文选·运命论》李善注引此"弱"作"溺"，无"而"字。

人皆赴高，己独赴下，卑也。卑也者，道之室，王者之器也。

《文选·海赋》注引此作："夫人皆赴高，水独赴下，卑也。而水以为都居也。"疑此"人"字上脱一"夫"字。

龙生于水，被五色而游，故神，欲小则化如蚕蠋，欲大则藏于天下。

戴望校云："《御览·鳞介部一》《事类赋注》廿八引作：'欲大则函天地。'陈先生云：'疑古本作函于天地。'"案：戴望、陈（奂）校是也。《文选·西京赋》李善注引此作："龙被五色，欲小则为蚕蠋，欲大则函天地也。"亦作"函天地"，此其又一证也。

涸川之精者生于蟡，蟡者，一头而两身，其形若虵，其长八尺，以其名呼之，可以取鱼鳖，此涸川之精也。

前人校此，聚讼纷纭。王念孙云："'于'字衍文。上文'生蟡与庆忌'，生下无'于'字。据下文云'此涸川水之精也'，则有'水'字者是。上文尹注亦云：'涸川水有时而绝。'"俞樾云："上文'涸泽数百岁，谷之不徙、水之不绝者，生庆忌。'此则当有'生'字。若涸川水之精者即是蟡矣，何得更言生乎？疑《管子》原文本作'涸川之水生蟡'，因涉上文'此涸泽之精也'而误'水'为'精'耳。"忠按：王云"于"字衍，是也；云“川”下脱“水”字，则非。下文“此涸川水之精也”中“水”乃衍文。上文言“此涸泽之精也”，此云“此涸川之精也”，文正相对。篆文川水形极近，疑一本作“川”，一本作“水”（郭璞所见本作“水”），后人据作“水”字者，于“川”旁注明或作“水”字。后人不查，并入正文，遂衍一字也。尹注“谓涸川水有时而绝”是与涸泽相对，“涸泽数百岁，谷之不徙，水之不绝”。据此，尹注“涸川之水有时而绝”，安知尹见本便是“涸川水之精者”也。俞云“若涸川水之精者即是蟡矣，何得更言生乎”，甚是，但删“精者”二字则非，“者”当是“名”字之误，二字形近。“生”乃涉上文“生庆忌”而衍。此句当为“涸川之精名蟡”。“其形若虵”，王念孙云：“‘形’乃‘状’字之误。”可从。“虵”即“蛇”字。“鳖”字《山海经·北山经》注作“龟”。郭注引《管子》原文如下：“涸水之精名曰蟡，一头而两身。其状如蛇，长八尺，以其名呼之，可使取鱼龟。”疑郭璞所见为古本。《山海经·北山经》：“有蛇一首两身，名曰肥遗。见则其国大旱。”与“蟡”形状同，殆即一物。

是以圣人之治于世也，不人告也，不户说也。

洪兴祖注《楚辞·离骚》引此，“世”下无“也”字。

四时第卌

五政曰无杀麑夭。

《淮南子·主术训》：“不取麛夭。”高诱注：“鹿子曰麛，麋子曰夭。”“夭”即“麇”之省。

《四时篇》记载春夏秋冬行何政一节，错乱颇多，现图录于左，加以辩说。

东方、星、春、甲乙。

东方曰星，其时曰春，其气曰风，风生木与骨。其德喜嬴而发出节时［注一］。其事号令修除神位，谨祷弊梗［注二］。宗正阳，治堤防，耕芸树艺，正津梁，修沟渎，甃屋行水，解怨赦罪，通四方。然则柔风甘雨乃至，百姓乃寿，百虫乃蕃，此谓星德。星掌发，发为风［注三］。春行冬政则雕［注四］，行秋政则霜，行夏政则欲。是故春三月以甲乙之日发五政：一政曰论幼孤，舍有罪；二政曰赋爵列，授禄位；三政曰冻解修沟渎，复亡人；四政曰端险阻，修封疆，正仟伯；五政曰无杀麑夭，毋绝华萼［注五］。五政苟时，春雨乃来。

南方、日、夏、丙丁

南方曰日，其时曰夏，其气曰阳，阳生火与气。其德施舍修乐，其事号令赏赐赋爵，受禄顺乡，谨修神祀，量功赏贤，以助阳气［注六］。大暑乃至，时雨乃降，五谷百果乃登，此谓日德［注七］。日掌赏，赏为暑［注八］。夏行春政则风，行秋政则水，行冬政则落。是故夏三月以丙丁之日发五政：一政曰求有功发劳力者而举之；二政曰开久坟发故屋辟故窌以假贷；三政曰令禁扇去笠，毋扱免漏田庐［注九］；四政曰求有德赐布施于民者而赏之；五政曰令禁罝设禽兽，毋杀飞鸟。五政苟时，夏雨乃至。

中央、土

中央曰土，土德实辅四时入出，以风雨节土益力。土生皮肌肤，其德和平用均，中正无私，实辅四时。春嬴育，夏养长，秋聚收，冬闭藏［注十］。此谓岁德。岁掌和，和为雨［注十一］。

西方、辰、秋、庚辛

西方曰辰，其时曰秋，其气曰阴，阴生金与甲。其德忧哀静正严顺，居不敢淫佚。其事号令毋使民淫暴，顺旅聚收，量民资以畜聚。畜彼群干［注十二］，聚彼群材，百物乃收。使民毋怠，所恶必察［注十三］，所欲必得，义信则克［注十四］，此谓辰德。辰掌收，收为阴。秋行春政则荣，行夏政则水，行冬政则耗。是故秋三月以庚辛之日发五政：一政曰禁博塞，圉小辩，译斗踞［注十五］；二政曰毋见五兵之刃；三政曰慎旅农趣聚收；四政曰补缺塞坼；五政曰修墙垣，固门闾［注十六］。五政苟时，五谷皆入［注十七］。

北方、月、冬、壬癸

北方曰月，其时曰冬，其气曰寒，寒生水与血。其德淳越，温怒周密。其事号令修禁徙民，令静止，地乃不泄。断刑致罚，无赦有罪，以符阴气，大寒乃至，甲兵乃强，四方乃备，此谓月德。月掌罚，罚为寒。冬行春政则泄，行夏政则雷，行秋政则旱，是故冬三月以壬癸之日发五政：一政曰论孤独，恤长老；二政曰善顺阴，修神祀，赋爵禄，授备位；三政曰效会计，毋发山川之藏；四政曰捕奸遁得盗贼者有赏；五政曰禁迁徙，止流民，圉分异。五政苟时，冬事不过，所求必得，所恶必伏。

注一：王念孙云："'其德喜嬴而发出节时，其事号令'，'时'字绝句。"是也。尹注以"时"属下为义，非也。

注二："谨祷弊梗"，"弊梗"即"币更"也。《左传·襄公九年》："祈以币更，宾以特牲。"《周官·女祝》"更"作"梗"。"币更"谓以币祷祀神灵也。

注三："星掌发，发为风"原作"星者，掌发为风"，以"日掌赏，赏为暑""岁掌和，和为雨""辰掌收，收为阴""月掌罚，罚为寒"例之，删"者"字，重"发"字。

注四："春行冬政则雕"，此上原有"是故"二字，以"夏行春政则风""秋行春政则荣""冬行春政则泄"例之，删。

注五："毋绝华萼"，原误作"毋蹇华绝芋"，依洪校改正。

注六："以助阳气"，原作"以动阳气"，据王校及尹注改"动"为"助"。

注七："此谓日德"，此句下原有"中央曰土，土德实辅四时入出，以风雨节土益力。土生皮肌肤，其德和平用均，中正无私，实辅四时。春嬴育，夏养长，秋聚收，冬闭藏。大寒乃极，国家乃昌，四方乃服。此谓岁德”一段，下面是“日掌赏，赏为暑”，以东、西、北三方之文例之，“此谓日德”下应紧接“日掌收……”，且上下文均言南方日德，此处不得搀入“中央曰土”一段。《淮南子·天文训》以五星五方五行相配，“中央”在东南后、西北前，据此，“中央曰土”当接“南方”一段结尾处，即“五政苟时，夏雨乃至”下。又“大寒乃极，国家乃昌，四方乃服”乃北方一节文误衍于此。依丁校删。

注八：“日掌赏，赏为暑”下原有“岁掌和，和为雨”六字，六字当在“日掌赏”之上，紧接“此谓岁德”。此乃中央之文，辨见上。

注九：“漏田庐”，此上原有“除急”二字，依俞校及尹注删。

注十：“冬闭藏”下原有“大寒乃极，国家乃昌，四方乃服”十二字，乃北方一节文误衍于此，据丁校及上下文义而删。

注十一：“岁掌和，和为雨”六字原在“日掌赏，赏为暑”之下，辨见注七、八。

注十二：“畜彼群干”，“畜”原作“赏”，据丁校改。

注十三：“所恶必察，所欲必得”，“恶”下“必”字原作“其”，据俞校改。

注十四：“义信则克”，“义”原作“我”，依吴校改。

注十五：“译斗跽”原作“斗译跽”，据俞校及尹注乙正。

注十六：“固门闾”，“固”原作“周”，依孙校改。

注十七：“中央”一节脱误尚多，如：东西南北配以星辰日月生木金火水，而中央却以五行之土相配，疑“土”字乃“岁”字之误。“中央”末云“此谓岁德。岁掌和，和为雨”，足证“土德”之“土”为“岁”字之误，“中央曰土”亦应作“中央曰岁”。又如东南西北分别配以甲乙丙丁庚辛壬癸，而独缺中央之“戊己”，《淮南子·天文训》以戊己配中央，是知此处有脱文也。

其德淳越，温怒周密。

何如璋云：“‘温’与‘蕴’通，谓藏也。”郭沫若说“怒”字当依古本作“恕”，并说“愠怒”或“蕴怒”何能称为德。忠按：何、郭两说皆非。此篇以四时配德政，冬政主刑罚，其气肃杀，其德不当为“温恕”，否则与肃杀之气不合。“温”字当依王引之说读为“愠”，“怒”字不误，“愠怒”正配冬政。秋政其德尚且忧哀静正严顺，冬政何能温恕也？“德”字在古代汉语中是中性词，故有善德，也有恶德，不得据一“德”字便以为“温怒”当作“温恕”也。下文云“断刑致罚，无赦有罪，以符阴气，大寒乃至，甲兵乃强，五谷乃熟，国家乃昌，四方乃备，此谓月德”，是月以闭藏罚罪为德，其德安可为“温恕”也？

五行第卌一

奢（苍字误）龙辩乎东方，故使为土师。

“土”字古本作“工”，俞樾说当依古本，是也。“工师”即尹注之“司空”，金甲文里“空”字皆作“工”。此处以五方配官，并参以五行。冬属北方水，北方水阴，其政主刑罚，故冬官名李（治狱之官）。秋属西方金，西方肃杀，金主杀伐，故秋官名司马。夏属南方火，南方阳，火主生万物，故夏官名司徒（主徒众务农）。春属东方木，其政主耕耘树艺，正津梁，修沟渎。《国语·周语》：“乃命其旅曰徇，农师一之，农正二之，后稷三之，司空四之，司徒五之。”韦昭注“司空”曰：“司空主道路沟洫。”又“司空除坛于籍”注：“司空掌地也。”由此看来，司空所司与春政所行相合，明春官为司空也。“司空”“司工”“工师”相同，是正文“土师”当依古本作“工师”。郭沫若说“土师”当为“士师”，即大士、太史之职，与东方木不合，其说非是。

正静不争，动作不貳。

王念孙云："'貳'当为'貣'。'貣'音他得反，'不貣'，不差也。"忠按："貳"字或不误。古书"貳""貣"音近义同，故诸书多通用。《尔雅·释诂》："貳，疑也。"《诗·曹风·鸤鸠》毛传："忒，疑也。""忒"同"貣"，此"貳""貣"义同之证也。《韩非·有度篇》："威不贷错。"《管子·明法篇》作"威不两错"，"貳""两"义同，"贷"即"貣"之借字，是"貣""貳"义同又一证也。另外，凡同诸书，一作"貳"，一作"貣"者，不可一概以为"貳"为"貣"字之误，相反，这些亦可用作"貳""貣"通用之例。王念孙以"貳"为"貣"字之误，是因为"貣"从弋声，于古音属之部；"貳"从弍声，于古音属脂部，而此处又押之部韵，故"貳"为"貣"字之误。其实古音之脂通押之例实为不少，故有人主张之、脂不分。"貳"字押之部韵，除王念孙提到的以为是错字的几例外，尚有《韩诗外传》卷三等。既然"貳""貣"音近义通，诸书凡遇"貳"字，凡可用本义讲通者，便不当因韵改为"貣"；凡本义不通者，可看作"貣"字的借字。此"动静不貳"便是借为"貣"字者也。

大明之祖，可以代天下。

张佩纶说"下"字疑衍。郭沫若说"下"字当属下为句。两说皆不可从。此处为韵文。上文"大周之先，可以奋信"，"先""信"为韵；此处"祖"与"下"为韵。若去掉"下"字，或"下"字属下为文，则失韵矣。疑此"代"字为"伐"字之误。尹注："有大明之德，可以为物祖。如此则可以代天下无道，取其位而君之也。"尹注中"代"字亦当是"伐"字之误。若作"代"字，则"取其位"三字犯复。"代""伐"二字形极近，易讹。

九变第四十四

不然则地形险阻，易守而难攻也。

《文选·西京赋》注引《管子》："地形险阻，易守难攻。"疑即此句也。

任法第四十五

圣君任法而不任智，任数而不任说。

《文选·晋纪总论》注引此，两"而"字皆无。

凡为主而不得用其法，不适其意，顾臣而行，离法而听贵臣，此所谓贵而威之。

"凡为主"三字统领全句，"离法"是对主而言。下文"主离法而听之""主因离法而听之"，是其证也。尹知章注云"贵臣虽有离法，亦听从之"，是把"离法"主语认为是贵臣也，非是。

皆虚其匈以听于上。

"匈"即"胸"字之省。《内业篇》："平正擅匈，论治在心。""心""匈"互文，是其证也。尹注"匈"为"恐惧皃"，非是。

明法第卌六

令求不出谓之灭，出而道留谓之拥。

丁士涵云："'求'字衍。"是也。据下文"下情求（衍）不上通谓之塞，下情上而道止谓之侵"，"下情不上通"与"下情上（通）"相对为文，则此处"出而道留"上当脱一"令"字，后解正作"令出而道（"道"字原脱）留谓之壅"。此处脱"令"字，明矣。"拥"读作"壅"。

故夫灭侵塞拥之所生，从法之不立也。

陶鸿庆据《任法篇》“存亡治乱之所从生”句式以为此“从”字当在“生”字之上，非也。《任法》之所以作“存亡治乱之所从生”，是因为上文已有“法者，不可恒也”一句。“所从生”即谓“从法而生”。此句上无所承，若把“从”置于“生”字上，原文就成了倒装句，即“法之不立，灭侵塞拥之所从生也”，大可不必，因为原文自通。“从”者，由也。此谓灭侵塞拥之所生由法不立也。后《明法解》亦作“从法之不立也”。

大臣务相贵而不任国，小臣持禄养交不以官为事。

戴望据后解说“国”下脱一“也”字，《集校》因而补“也”字，恐非。此处“大臣”与“小臣”对言，“小臣”句下无“也”字，“国”下若增“也”字，则语气不顺。《韩非子·有度篇》作“大臣务相尊而不务尊君，小臣奉禄养交不以官为事”，无“也”字，足证此处不当有“也”；后解有“也”字，乃衍文也。

故能匿而不可蔽，败而不可饰也。

王念孙云：“‘匿’字衍，后解及尹注均无‘匿’字。”忠按：“匿”字疑为“者”字之误。“匿”中“若”字与“者”形近，此原文当作“故能者不可蔽，而败者不可饰也”，与下文“誉者不能进，而诽者不能退也”句式相同。“败”下脱“者”字，且“而败”传写误倒。后人失察，遂钩“能”下“者”字，又据“败而不可饰也”于“能”下加“而”字，“者”字被钩画成为“匿”，因误为“匿”也。后《明法解》作“能不可蔽而败不可饰也”，“而败”二字不倒，且“不可蔽”上无“而”字，近于原文，只脱“者”字耳。《韩非子·有度篇》作“能者不可蔽，败者不可饰”，即本于此，是《管子》原文当作“能者不可蔽，败者不可饰”之证也。

正世第卌七

居人者不可以不察也。

“以”字疑涉上文“夫民不心服体从，则不可以礼义之文教也”而衍。上文“此二者不可不察也”“故治民之齐不可不察也”均无“以”字，是其证。

治国第卌八

民贫则危乡轻家，危乡轻家则敢陵上犯禁。

此与上文“民富则安乡重家，安乡重家则敬上畏罪”相对。“陵”上“敢”字衍。《艺文类聚》五十二引作“民贫则危乡，危乡则轻家，轻家则陵上犯禁”，正无“敢”字，是其证也。“则”“敢”形近，“敢”即“则”字之误而衍入正文者也。

凡农者，月不足而岁有余者也。而上征暴急无时，则民倍贷以给上之征矣。耕耨者有时，而泽不必足，则民倍贷以取庸矣。秋籴以五而春粜以束，是又倍贷也。故以上之征而倍取于民者四：关市之租，府库之征，粟十一，厮舆之事。此四时亦当一倍贷矣。夫以一民养四主，故逃徙者刑而上不能止者，粟少而民无积也。

此段文字错乱甚多，诸家校正或得或失，未能究其源，反其真。今酌取诸家，杂以拙见，试说如下：“是又倍贷也”，“也”字当依上下文作“矣”；“故以上之征而倍取于民者四”，“倍”字涉上下文诸“倍”字衍。此句上所举倍贷者仅三，与“四”字不合；且下文“关市”以下“亦当一倍贷”与上下文游离。此当依丁士涵说，置“故以上之征而取于民者四”于“夫以一民养四主”之上。“关市”以下“亦当一倍贷”合上文“上征暴急无时”“耕耨者有时而泽不必足”“秋籴以五，春粜以束”三倍贷正为四也。“此四时亦当一倍贷矣”，句中“时”字当为“者”字之误。古文“时”字作“旹”，与“者”形近易讹。《晏子春秋·内谏上》：“古时尧舜支解人，从何躯始。”《群书治要》《太平御览·人事部》引均作“时”，《韩诗外传》卷八作“者”，此其误例也。“四者”即上文“关市之租、府库之征、粟什一、厮舆之事”也。“时”作“者”字甚明。陶鸿庆说“此四时”三字有误，但不知“时”乃“者”字之误，惜哉。“粟什一”，张佩纶说当作“什一之粟”，与上下文句式一律，可从。张佩纶说“故逃徙者刑而不能止者”中，上“者”字衍，非也。“者”乃“有”字之误，形近也。古本、刘本、朱本“刑”上有“有”字，尹注“谓有刑罚”亦有“有”字，是其证也。“耕耨者有时”中，“者”即“有”字之误而衍者，此谓耕种有时，非谓种田之人有时也。“耕耨有时”与“上征暴急无时”相对，亦可证“者”字不当有。此段原文当为：“凡农者，月不足而岁有余者也。而上征暴急无时，则民倍贷以给上之征矣；耕耨有时而泽不必足，则民倍贷以取庸矣；秋籴以五，春粜以束，是又倍贷也；关市之租，府库之征，什一之粟，厮舆之事，此四者亦当一倍贷矣。故以上之征而取于民者四，夫以一民养四主，故逃徙有刑而上不能止者，粟少而民无积也。”

驱众移民至于杀之，而民不恶也。

王念孙云：“当依《治要》作‘至于杀之而不怨也……’上文‘安乡重家’即指民而言，无庸更加‘民’字。”王说是也。《任法篇》“其杀戮人者，不怨也”，亦可证此“恶”为“怨”之误。

入粟多则国富，国富则安乡重家。

两“国”字皆当作“民”，此与下文“粟少则人贫，人贫则轻家”相对，且上文云“民富则易治也，民富则安乡重家”，并其证也。

粟少则人贫，人贫则轻家，轻家则易去，易去则上令不能必行。

两“人”字均当依上文作“民”，此乃唐人避君讳而改者，上文诸“人”字皆复为“民”，而此两“人”字失复也。《治要》正作“民”。又此与上文“入粟多则国富”句相对为文，“轻家”上当脱“危乡”二字，古书重言皆用两短横以志之，此句原本作：“粟少则民=贫=则危=乡=轻=家=危乡轻家则易=去=则上令不能必行。”“危乡”二字脱，遂使“民贫则危乡轻家，危乡轻家则易去”变为“民贫则轻家，轻家则易去”矣。本篇开始作“民贫则危乡轻家，危乡轻家则陵上犯禁”，与“民富则安乡重家，安乡重家则敬上畏罪”相对，明此脱两“危乡”也。《治要》作“粟少则民贫，民贫则轻家易去，轻家易去则上令不能必行”，是脱“危乡”二字及重文符号，而“易”上“则”字又脱也。

内业第卌九

万物以生，万物以成，命之曰道。

此句《文选·辨命论》注引，全同。

我心治官乃治我心安官乃安

此读当如下：我心治，官乃治；我心安，官乃安。三字为句。下文“治之者心也”“安之者心也”即承此而言。原书标读四字为句，大非。“官”，五官也，对“心”而言。

气意得而天下服，心意定而天下听。

张佩纶云：“两‘意’字当为‘壹’。”是也。“气壹”“心壹”当作“壹气”“壹心”，上文“一言得而天下服，一言定而天下听”即其句例。

能止乎？能已乎？

"已"当作"已"，形近而误，"已"亦训"止"。"能止乎能已乎"与上文"能专乎能一乎"句式一律。《心术下篇》作"能已乎"，《庄子·庚桑楚》"能抱一乎？能勿失乎？能无卜筮而知凶吉乎？能止乎？能已乎？能舍诸人而求己乎"亦作"能已乎"，是其证也。尹注"谓正而求诸己也"，非。

忿怒之失度，乃为之图。

丁士涵说"忿"字为"喜"字之误，是也。下文"节其五欲，去其二凶"即承此而言，"二凶"指喜失度、怒失度也。若作"忿"字，"忿"亦"怒"也，安得称为"二"耶？尹于"去其二凶"下注云"喜怒过度，皆能为害，故曰二凶"，而于"忿怒之失度"句下注为"若忿怒过度则当图而去之"，此两处皆尹所注，不得有异，注中作"忿"者，必"喜"字之误，尹见正文"忿"字必作"喜"也。又《七臣七主》"喜怒无度"亦喜怒连文，此又其证也。

封禅第五十

管仲曰：古者封泰山禅梁父者，七十二家。

以下文"十有二""十有五"例之，此"七十二"当作"七十有二"。《一切经音义》二十二引此作"七十有二家"，《文选·剧秦美新》注作"昔封泰山禅梁甫（同父）者七十有二家"，又《司马相如·封禅文》注引作"封泰山禅梁父者，七十二家，而夷吾所记者，十有二焉"，亦脱"有"字。

小问第五十一

祝曰：除君苛疾。

"苛"通"疴"，《礼记·内则》"疾痛苛痒"郑玄注："苛，疥也。"

《小匡篇》:“逐堂巫而苛疾起。”《内业篇》:“能守一而去万苛。”“苛”皆用作“疴”也。尹注读“苛”如字，释为烦苛，非也。

祝凫已疵献胙。

此当作“祝凫疵已献胙”，“疵已”传写误倒。尹注：“‘祝’，祝史；‘凫疵’，其名也。”是尹见本正作“祝凫疵”也。戴望云：“尹注云：祝，祝史，凫疵，其名也，则正文当作‘祝凫祝疵’，故以‘祝，祝史’总释两祝字也。今作‘已’者，祝之坏字耳。”张佩纶说“已”为“史”之坏字。恐失之细察也。此言“祝凫疵已献胙”，下文言“桓公不说，瞑目而视祝凫已疵，祝凫已疵授酒而祭之曰”“桓公怒，将诛之而未也”均言“凫疵”为二人。且尹注“凫疵，其名也”，正足以说明祝史之名为凫疵。此处“疵已”误倒，遂成为“祝凫已疵”；下文相承，均衍“已”字。

“意者君乘驳马而洀桓，迎日而驰乎?”公曰：“然。”管仲对曰：“此驳象也。驳食虎豹，故虎疑焉。”

袁珂注《山海经》引此“乘驳马”作“乘骏马”，不知所据何本。作“骏”者是也。“骏”“驳”形近，故讹为“驳”。此若作“乘驳马”，则下文“此驳象也”犯复。既已言乘驳马，何须又言象驳马也。《山海经·海外北经》:“北海内有兽，其状如马，名曰騊駼，有兽焉，其名曰驳，状似白马，锯牙，食虎豹。”此即《管子》所本。

桓公北伐孤竹，未至卑耳之溪十里。

戴望校云：“《水经·濡水注》引《管子》:‘桓公二十年，征孤竹。’‘桓公’下脱‘二十年’三字。”戴注未必是。《管子》一书记事多不记年。《文选·吴都赋》刘逵注引作“桓公北征孤竹”，亦无“二十年”三字。

见人长尺而人物具焉，冠，右袪衣，走马前疾。

《文选·吴都赋》刘注引此作“见人长尺而人物具焉，冠而右袪衣，走马”。

登山之神有俞儿者，长尺而人物具焉。

戴校云：“《水经·濡水注》引‘登’作‘岂’，‘俞’（原误作“命”）作‘偷’。《御览·休徵部》一引‘登’作‘升’。”忠按：刘逵《吴都赋》注引此作“登山之神有俞儿者，长尺，人物具焉”。李善《颜延年·车驾幸京口诗》注、《任彦升·百辟劝进今上笺》注引此与刘引相同。《水经注》“登”作“岂”，乃字之误也。“俞”“偷”古字通。

霸王之君兴，而登山神见。

“神”上当脱“之”字。上文“登山之神有俞儿者”，有“之”字。刘逵注《吴都赋》，李善注《颜延年诗》《任彦升笺》并有“之”字，此其证也。

且走马前疾道也。

刘逵注《吴都赋》、李善注《颜诗》引此均无“疾”字，“道”作“导”。李注《任彦升笺》作“且走马前走导也”，衍一“走”字，然亦无“疾”字。此疑“疾”字涉上文“走马前疾”而衍。“道”读为“导”。

右袪衣，示从右方涉也。

刘逵引此无“示”字。

有赞水者曰：“从左方涉，其深及冠。”

刘注引无“曰”字，与《水经·濡水注》合。无“曰”字则“赞水”

为河流名，非尹注所谓“赞引渡水者也”。

桓公曰：“然。夫日之役者，有执席食以视上者，必彼是也。”

“役”，仆役也。“者”“之”二字传写误倒。“役之有执席食以视上者”连读，“役”下不当再有“者”字。下文“日者，臣视二君之在台上也”，“日者”连言，以此知“者”字原在“日”字下也。“日者”乃古之常语，犹“往日”也。“视上”当依王念孙校及尹注作“上视”，又“必彼”二字传写误倒。《论衡》：“当东郭牙至，管仲曰：此必是已。”已至曰此，未至曰彼。此处未至，故曰“彼必是也”。

少焉，东郭邮至，桓公令傧者延而上，与之分级而上。

戴望校云：“《北堂书钞》百十四引‘邮’作‘牙’，《吕览》同。《说苑·权谋篇》作‘垂’。”忠按：《论衡·知实篇》《韩诗外传》卷四并作“牙”。俞樾云：“‘牙’当作𠂹，即古文‘垂’也。”近是。王念孙云：“‘分级而上’当作‘分级而立’。”是也。“延而上”《论衡·知实篇》作“延而上之”，疑此脱“之”字。

七臣七主第五十二

惠王丰赏厚赐以竭藏。

“王”当作“主”，形近而误也。“惠主”和上文“申主”、下文“侵主、芒主、劳主、振主”为六失主。题标为“七臣七主”，则其当作主，甚明。

此营于物而失其情者也。

“营”读作“𢓨”，二字皆从“荣”省声，故古书多通用。《淮南子·原道训》：“不足以营其精神，乱其志气。”亦借“营”为“𢓨”也。《说文》："奴，惑也。"

故设用无度，国家踣；举事不时，必受其菑。

"设用无度"下四字为句，"国家踣"不当独为三字句。"国"下当脱"亡"字，下文"夫亡国踣家者，无壤土也"，是其证也。

瑶台玉餔不足处，驰车千驷不足乘，材女乐三千人，钟石丝竹之音不绝。

姚永概云"材"字属上为句，"驰车千驷不足乘材"谓"驰马千驷，故乘材不足，言木不给用也"。陈奂云："'材'疑'列'字之误。"忠按：二说均未允。"瑶台""驰车"两句相对，"不足处""不足乘"对纣而言，不足纣之处，不足纣之乘也。若依姚校，则文义支离且失对。另外，在先秦两汉古籍中，未见乘材连言者，以"瑶台""驰车"句例之，"女乐"上亦不必有动词"列"。余疑"材"字为衍文。《国准篇》："昔者，桀之时，女乐三万人。"无"材"字，是其证也。

大风漂屋折树。

戴校："《五行志》注引此，'树'下有'木'字。"忠按："漂屋""折树"相对，不当再有"木"。疑此一本作"树"，一本作"木"，后人于"树"下旁注"或作'木'"，而误入正文也。《淮南子·兵略训》："夫风之疾，至于飞屋折木。"亦不以"树木"连言。"漂"，李善注《长杨赋》"摇荡之也"，即此义。

禁藏第五十三

明王知其然，故必诛而不赦，必赏而不迁者，非喜予而乐其杀也，所以为人致利除害也。

“迁”下“者”字衍。“明王知其然，故必诛而不赦，必赏而不迁”为因果句。若有“者”字，则“故必诛而不赦……不迁者”下属为句，“明王知其然”无属。此处为韵文，“然”“迁”古同属元部韵，“杀”“害”古同属月部韵。若有“者”字，则失韵矣。明“者”字衍。

私之所加，赏虽多，上不为欢。

“上”字于义不通，《集校》引此“上”作“士”。上文“公之所加，罪虽重，下无怨气”与此相对，“上”又疑为“下”字之误。惜无其他版本以比较也。

当今为愚人。

安井衡云：“‘今’乃‘命’字之误。”是也。古书“命令”之“命”与“令”通用，后人不识“命”字训“名”，遂把“命”写为“令”也。“令”“今”形近，传抄又误“令”为“今”。

能移无益之事、无补之费，通币行礼，而党必多，交必亲矣。

“移无益之事、无补之费”之目的，乃为“通币行礼”，“通”上当有“以”字。上文“能节宫室、适车舆以实藏”“能适衣服、去玩好以奉本”与此句式正同，均有“以”字，明此脱。

入国第五十四

六曰问疾。

王引之云：“‘问疾’当为‘问病’，下文曰：‘凡国都皆有掌病，士人（“人”当作“民”）有病者，掌病以上令问之。’又曰：‘掌病行于国中，以问病为事，此之谓问病。’与此前后相应，则作‘问病’明矣。”其说甚是。《史记·管晏列传》正义引《管子》云：“相齐以九惠之教，一曰老，二曰慈，三曰孤，四曰疾，五曰独，六曰病，七曰通，八曰赈，九曰绝也。”虽约举此文，然正作“病”字。此亦可证“疾”字误。

九守第五十五

辐辏并进则明不塞矣。

尹注：“……辐辏并进，不亦宜乎？故曰：‘明不可塞。’”据注，正文“塞”上似脱一“可”字。

修名而督实，据实而定命，名实相生，反相为情。

《文选·晋纪总论》注引此作“循名而案实，案实而定名，名实相为情”。戴望云：“‘修’当作‘循’。”是也。

黄帝立明台之议者，上观于贤也。

以下文“尧有衢室之问者”“舜有告善之旌”“汤有总街之庭”“武王有灵台之复”例之，“黄帝”下“立”字当作“有”。《御览·地部》三十二引作“有”，刘勰《文心雕龙·议对篇》：“昔管仲称轩辕有明台之议，则其未远矣。”是刘所见亦作“有”也。《文选·永明十一年策秀才文》注引此作“立”，无“者”字，是唐时已误作“立”也。裴松之注《魏书》亦作“立”。

尧有衢室之问者，下听于人也；舜有告善之旌，而主不蔽也；禹立谏鼓于朝，以备讯唉；汤有总街之庭，以观人诽也；武王有灵台之复，而贤者进也。

《淮南子·主术训》：“故尧置敢谏之鼓，舜立诽谤之木，汤有司直之人，武王立戒慎之鞀，过若毫厘而既已备也。”与此说异，宜另有所本。

有而勿失，得而勿忘。

戴校："忘"当作"亡"。忠按：裴松之注《魏书》引此，亦作"忘"。

以观人诽也。

《类聚》《魏志》注引此"人"作"民"，"诽"作"非"。

度地第五十七

不如霸国者，国也，以奉天子。

丁士涵云"也"乃"亡"字之误，固非；许维遹训"者"为"也"，亦有可商。此"者"字承上文"不满州者谓之术""不满术者谓之里"而来，故此"者"字不当有异训。"不如霸国者"即"不满霸国者也"，况且依许说，"不如霸国之国也，以奉天子"，于义亦晦涩难通。观尹注"以奉天子"为"霸国率诸侯国以奉天子也"，"国也"二字当有脱误。

水别于他水，入于大水及海者，命曰枝水。

戴校："《水经注·河水注》引此，'别'作'引'，今作'别'者，误。"忠按：《文选·海赋》注引此作："水别于他水，入于大水及海者，命曰枝。""引"亦作"别"。

山之沟一有水，一毋水者，命曰谷水。

《文选·北征赋》注引此作："山水之沟，命曰谷水。"疑李见本为"山沟之水，命曰谷水"。

水之出于他水，沟流于大水及海者，命曰川水。

王念孙云："'出于他水'本作'出于地'，下文'出地而不流者，命曰渊水'正对此'出地而流者'言之，今作'出于他水'者，'地''他'

字相似，又涉上文‘别于他水’而误。《水经注》引此正作‘出于地’。”《文选·运命论》注引此作：“水有大小，出之沟，流于大水及海者，命之曰川。”王校只云“水出于他水”当作“水出于地”，并未及“沟”字。“水出于地水沟，流于大水及海者”与“出地而不流者，命曰渊水”亦不相对。且“地水沟”不辞，据李善注引疑此本作“水出于沟，流于大水及海者，命曰川水”，与下句“出于地而不流者，命曰渊水”相对。《文选·李萧远·运命论》：“通之斯为川焉，塞之斯为渊焉。”殆本于《管子》。

夫水之性，以高走下则疾，至于漂石；而下向高，即留而不行。故高其上领瓴之尺有十分之三里满四十九者，水可走也。

戴校引宋云：“上‘领’字误。校者改为‘瓴’字，而两存其读。”按：其说可从。“故”字乃“欲”字之误，形近也。尹注：“言欲令水上高，必大围瓴瓿，私空其中，使前后相受。”是尹见本正作“欲”也。

有锢病不可作者，疾之。

“锢”读为“痼”，古字通。“痼”亦病也，与下文“锢藏里中”之“锢”不同训。

君令五官之吏与三老、里有司、伍长行里顺之。

“顺”读为“训”，下文“故吏者所以教顺也”“故常以冬日顺三老、里有司、伍长”同。

地员第五十八

其槐其楝，其柞其穀，群木安逐。

“穀”乃五谷之谷，非木也。此字当作“榖”，从木，即“楮”也。

其种雁膳，黑实朱跗黄实。

“黑”下“实”字疑为“茎”字之误。既言黄实，则不应再有黑实。上文“其种大水肠，细水肠，赨茎黄秀”“其种大荔细荔，青茎黄秀”“其种大秬细秬，黑茎青秀”“其种大蕡细蕡，白茎青秀以蔓”等均先言“茎”，以此知“黑实”当作“黑茎”也。

弟子职第五十九

出入恭敬，如见宾客。

《文选·与山巨源绝交书》注引此，“见”作“有”，余同。

危坐乡师，颜色毋怍。

《文选·与山巨源绝交书》《非有先生论》注引此，“乡”并作“向”，“毋”并作“无”，皆通用。

形势解第六十四

故曰渊深而不涸，则沈玉极。

句末脱“矣”字，《形势篇》有“矣”字；上文“故曰山高而不崩，则祈羊至矣”，亦有“矣”字。

正谏死节，臣下之则也。

“正”读为“证”。《说文》：“证，谏也。”“证谏”与上文“教护”“治安”结构相同。

故曰：贵有以行令也。

此举《形势篇》文，“也”字衍，《形势篇》无“也”字；下文“贱有以亡卑”与此相对，亦无“也”字。

贱有以亡卑。

正文“亡”作“忘”，二字古通用。

明主之动静，得理义，号令顺民心。

丁士涵说“动静”当依下文作“动作”，可从。“义”字当属上读，《校正》本属下，误，不通。

乱主之动作，失义理。

“义理”二字当乙转。上文“明主之动作得理义”，后文“先论其理义”“不乱其理义”，均作“理义”。

中情信诚则名誉美矣，修行谨敬则尊显附矣，中无情实则名声恶矣，修行慢易则污辱生矣。

“中无情实”当作“中情无实”，与“中情信诚”相对。若作“中无情实”，则失对矣。

邪气袭内，正色乃衰也。

《形势篇》无句末“也”字。

有道则民归之，无道得民去之。

此承上文“民之从有道也，如饥之先食也，如寒之先衣也，如暑之先阴也”而言，故云“有道则民归之，无道则民去之”。今下“则”字误为“得”，既与上句失对，又于义不通也。“得”“则”声近而误。

故曰：巧者有余而拙者不足也。

《形势篇》无“也”字，《文选·闲居赋》注引亦无“也”字，疑此为衍文。

邪气袭内，正色乃衰。

此句与《形势篇》同。《文选·七发》《长门赋》注引并作“玉色乃衰”。

无度数以治之，则国非其国，民无其民也。

戴云：“元本‘无’作‘非’。”忠按：作“非”者，是也。《明法解》有“国非其国，民非其民”，是其证也。

海不辞水，故能成其大；山不辞土石，故能成其高；明主不厌人，故能成其众；士不厌学，故能成其圣。

元本无“石”字。丁士涵云：“‘山不辞土’与‘海不辞水’对文。《文选》三引，亦皆无‘石’字，《意林》同。”忠按：丁所云《文选》三引无“石”者，见李善注《汉高祖功臣颂》《短歌行》《励志诗》，然而李注《上书秦始皇》引此有“石”字，窃疑此“石”字不必为衍文，下“明主不厌人”既可与“士不厌学”相对，则此处作“山不辞土石”亦无不可。若依丁说则“明主”之“明”亦为衍文也。此形式上不可过分强求。《文选》三引及元本无“石”字者，当属脱文也。

上施厚，则民之报上亦厚。

《文选·赠刘琨诗》注引此，句末有“也”字。

古者武王，天之所助也，故虽地小而民少，犹之为天子也；桀纣，天之所违也，故虽地大民众，犹之困辱而死亡也。

依下句例，“地小而民少”当作“地小民少”，衍一“而”字。

立政九败解第六十五

被求地而予之，非吾所欲也，不予而与战，必不胜也。被以教士，我以毆众，彼以良将，我以无能，其败必覆军杀将。

两“被”字皆当作“彼”，形近而误也。“彼”与“吾”“我”对言，“彼以良将”不误，是其证。

版法解第六十六

事不二则伤人，不用则怨。

此承上文“人心逆则人不用，事失称量则事不工”而言，“人”字当属下读，“事不二则伤”“人不用则怨”相对为文。《校正》标读“人”字属上，非也。

明法解第六十七

贵臣不得蔽贱，近者不得塞远。

戴望据中立本校云：“‘贱’‘远’上皆脱‘其’字，与正文一律。”是也。窃疑“臣”字乃涉上句“群臣”而误。此两句“贵”“贱”、“远”“近”对言，是“臣”乃“者”字之误也。

故《明法》曰：令本不出谓之灭。

戴校：“元本、朱本无‘本’字，是。”忠按：《文选·韦孟讽谏诗》注引《管子》曰“令不行谓之放”，疑即此文，亦无“本”字。

夫舍公法，用私惠。

上文云“夫舍公法而行私惠”“行私惠而赏无功”“行私惠而赏有罪”，均作“行私惠”，此“用”字当为“行”字之误。戴望校引此句，尚作

“行”字。另外戴校引此文“惠”作“意”字，并云“‘意’字为‘惠’字之误”，是此“惠”字亦非戴见原文也。

故《明法》曰：有权衡之称者，不可以欺轻重。

“以欺”二字当倒乙。“不可欺以轻重”与上下文“不可巧以诈伪”“不可差以长短”句式一律。《明法篇》正作“不可欺以轻重”。

毁不誉者，使主废之。

此“誉”字当读为“党与”之“与”。下文“使众誉多”同，与“毁誉”之“誉”不同训，“毁不誉者，使主废之”与上文“誉其党而使主尊之”相对为文。

故《明法》曰：小臣持禄养佼，不以官为事，故官失职。

“职”上脱“其”字，《明法篇》有；上文则“官失其能矣”亦有“其”字，是其证也。

臣乘马第六十八

故春事二十五日之内耳也。

丁士涵云：“‘耳’乃‘毕’字误。”于省吾：“‘耳’本应作‘弭’。”张佩纶云：“‘也’字衍。”忠按：上文云“管子对曰：‘一农之量壤百亩也，春事二十五日之内。’桓公曰：‘何谓春事二十五日之内？’”此句即管子说明春事二十五日而复举上文也。“耳”字不当作“弭”，亦不当作“毕”。张说近是。此盖一本作“耳”，一本作“也”，校者误合之也。春事二十五日之内，上文云：“日至六十日而阳冻释，七十五（“五”字原脱，据俞校补）日而阴冻释，阴冻释而秇（艺）稷，百日不秇稷。”是谓日至七十五日后阴冻乃释，若从阴冻释后播种百谷，至日至百日停止播种，是播种时间仅二十五日也。此“耳”字表限制语气，不误。

事语第七十一

且无委致围，城脆致冲。

古本、刘本、朱本、赵本均作“脆”，宋本作“肥”，张佩纶曰：“‘肥’当作‘峗’，引《说文》训‘崩’。”马元材云：“‘肥’即《山至数篇》‘古者，轻赋税而肥籍敛’之‘肥’，释为‘薄’。”并云赵氏迳改为“脆”，失其义矣。忠按：张、马之说皆非。《说文》：“胞，小耎易断也。”“胞”即“脆”本字也。《霸言篇》“释坚而攻膬”，《说文》：“膬，耎易破也。”“耎易破”，即不坚固之义。《集韵》“脆”与“膬”同，是“脆”亦不坚固也。《文选·汉高祖功臣颂》：“临险必夷，摧刚则脆。”李善注引《吕览》云：“凡兵之用也，攻乱则脆。”并为此“脆”字不误也。《韩非子·喻老篇》：“有方圆则有坚脆，有坚脆则有轻重。”“坚”“脆”对言。又《解老篇》：“凡理者，方圆短长麤靡坚脆之分也。”《荀子·劝学》：“问楛者，勿告也。”杨注引《国语》韦昭注曰：“坚曰功，脆曰楛。”此文言国无积蓄、城池不固则敌人围而攻之也。《轻重丁》：“城脆致冲，无委攻（当作“致”）围。”亦作“脆”，是“脆”字不误也。宋本作“肥”者，乃“胞”字之残也。

海王第七十二

唯官山海为可耳。

“官”读为“管”。《盐铁论·复古篇》：“往者豪强大家得管山海之利，采铁石鼓铸，煮盐。”又《贫富篇》：“食湖池、管山海刍荛者，不能与之争泽。”《史记·平准书》：“浮食奇民欲擅管山海之货，以致富羡，役利细民。”裴骃集解引张晏曰：“若人执仓库之管钥。”又“管”与“徼”义同，《盐铁论·轻重篇》：“非特管仲设九府，徼山海也。”《平准书》：“齐桓公用管仲之谋，通轻重之权，徼山海之业，以朝诸侯，用区区之齐，显成霸名。”

国蓄第七十三

耕田发草。

“发”读为“癹”，《说文》：“发，射发。从弓，癹声。”《广韵》《集韵》：“癹，除草也。字或作葵。”“发”从“癹”得声，故二字通。班固《答宾戏》：“方今大汉洒埽群秽，夷险发荒。”今《文选》作“芟”，此二字通用之证也。

岁适凶，则市籴釜十繦。

《文选·永明九年策秀才文》注引此作“岁凶，籴釜千繦”。孟康《汉书》注曰：“繦，钱贯也。”下文云“万室之都必有万钟之藏，藏繦千万”，以此计之，是千繦一钟也。《左传·昭公三年》：“釜十则钟。”是一钟为十釜也。然则一釜当为百繦也。此平时之价。上文“岁适贵，则什倍而不可得”，是凶岁釜千繦也。此作“十”者，盖“千”字之残误。《轻重乙》：“滕鲁之粟釜百，则使吾国之粟釜千。”

使万室之都必有万钟之藏，藏繦千万；使千室之都必有千钟之藏，藏繦百万。

尹桐阳云：“‘都’字，《汉书·食货志》作‘邑’。”林圃云：“《通典·食货》十二及《册府元龟》五百二引亦作‘邑’。”忠按：《山至数篇》“某县之壤狭若干，则必积委币”下尹注引此两“都”字亦作“邑”。

大臣死于外，分壤而功；列阵系累获虏，分赏而禄。是壤地尽于功赏而税臧殚于继孤也。是特名罗于为君耳，无壤之有？号为百乘之守，而实无尺壤之用，故谓托食之君。

张佩纶说“无壤之有”四字衍。闻一多说“无”当作“何”。忠按：闻一多说得其旨矣。然“无”“何”无由致误。窃谓此“无”字当作“恶”，形近也。“恶壤之有”即“何壤之有”，上文“恶能以为治乎”即其例也。“名罗于为君，恶壤之有”与“号为百乘之守而实无尺壤之用”相反相成，是四字不衍也。张以四字为衍文者，未明“无”为“恶”之误也。裴学海释“无”为“何”，见《虚字集释》卷十，则“无”字不误。

山国轨第七十四

榖为下，币为上，百都百县轨据，榖坐长十倍。

“榖”乃“穀”字之误。《说文》：“榖，楮也，从木，㱿声。”“穀，续也，百谷之总名。从禾，㱿声。”是二字不同也。此上下文均作“穀”，唯此两作“榖”者，形近而误也。

国穀之朝夕在上。

“朝夕”即“潮汐”本字。此由水之涨落引申为谷价高涨与低落也。

山权数第七十五

汤以庄山之金铸币……禹以历山之金铸币。

《盐铁论·力耕》：“昔禹水汤旱，百姓匮乏，或相假以接衣食，禹以历山之金、汤以严山之铜铸币，以赠其民，而天下称仁。”“庄山”作“严山”，盖避汉讳也。

何为失天之权则人地之权亡？

闻一多云：“‘为’字当为‘谓’字。”《管子集校》据之改正文“为”字为“谓”，未免失之轻率。“为”即“谓”也，古书多通用。《淮南子·

诠言训》“动而为之生，死而谓之穷”，“为”“谓”互言，是其证也。

卜者，卜吉凶利害也。民之能此者，皆一马之田，一金之衣。

《文选·宣德皇后令》注引此同。

山至数第七十六

名教通于天下而夺于其下。

此句义不可通。郭沫若谓“夺”字乃“尃”字之误，“尃”，古文“敷”字，于义可通。窃疑此“夺”字乃“奞”字之误。扬雄《方言》：“奞，化也。”此句意为名教通于天下而化于天下也。后人多见“夺”字，少见“奞”字，遂改“奞”为“夺”也。“通于天下”即“敷于天下”也，若改“夺”为“敷”字，义似重复。

地数第七十七

其出水者八千里，受水者八千里。

《山海经·中山经》作“出水之山者八千里，受水者八千里”，此处“出水”下疑脱“之山”二字，否则何处出水不明。

戈矛之所发，刀币之所起也。

《中山经》作“戈矛之所发也，刀铩之所起也”。

封于泰山，禅于梁父，封禅之王，七十二家。

《中山经》“泰”作“太”，无“封禅之王”四字。郭璞注引《管子》作“封禅之主，七十二家也”，句末有“也”字。

汤有七十里之薄，而用有余。

"薄"即"亳"字也，地名。

上有慈石者，下有铜金。

郭璞《山海经·北山经》注引此作"山上有磁石者，下必有铜"。《史记·货殖列传》正义引此作"山有磁石，其下有金也"。

上有赭者，下有铁。

郭注引作"山上有赭者，其下有铁"。《史记·货殖列传》正义引此作"山上有赭，其下有铁"。

葛卢之山发而出水，金从之，蚩尤受而制之以为剑、铠、矛、戟。

《史记·高祖纪》集解引臣瓒曰："管仲云：'割庐山交而出水，金从之出。蚩尤受之作剑戟。'"索隐云："按《管子》云：'葛卢之山发而出金。'今注引'发'作'交'及'割'皆误也。"《汉书·高祖本纪》师古注引臣瓒曰："管仲曰：'割卢山发而出水，金从之出，蚩尤受之以作剑戟。'"是臣瓒所见《管子》作"发而出水"，与今本《管子》同也。裴骃《史记集解》作"交而出水"，乃传写之误也。又依瓒引"金从之"当作"金从之出"，今作"金从之"，义不明。"割"与"葛"古通用。《史记·五帝本纪》索隐引此作"蚩尤受卢山之金而作五兵"当是引此文义，并非原文，且"卢"上又脱"葛"字也。

上有铅者，其下有银。

《史记·货殖列传》正义引此作"山上有铅，其下有丹"。

揆度第七十八

其工之王，水处什之七，陆处什之三，乘天势以隘制天下。

“其”字当为“共”，形近而误。尹注：“帝共工氏，继女娲有天下。”是尹见本“其”作“共”也。“隘”，闻一多读为“搤”，即“扼”字，是也。

此乃财余以满不足之数也。

“财”字读为“裁”，二字古通用，此谓损有余补不足也。《国蓄》：“钧羡不足。”其证也。

善正商任者省有肆。省有肆，则市朝闲；市朝闲，则田野充。

马元材以“省”为“宫禁或官府”。郭沫若、张佩纶均读“有”为“贿”，郭沫若、黄巩把“省”字释为“省察”。忠按：诸说皆非也。窃谓“省”当训“减、缩小”。《左传·僖公廿一年》：“贬食省用。”“省”“贬”互言，“省”亦“贬”也，减也。《淮南子·主术训》：“法省而不繁。”高诱注：“省，约也。”此“有”字当读为“有政”之“有”，为名词词头。“肆”即市肆、市曹也。“闲”，刘熙《释名》云：“闲，简也。事功减省也。”此谓善治商任者，应去末逐本，节制商业，从事商贾之人既已缩减，则市曹之功事减省也。从商者转而务农，故有“田野充”之语。

二年耕而十一年食。

此句文义不足。上文云：“一岁耕五岁食，粟价五倍；一岁耕六岁食，粟价六倍。”疑此八字为旧注之残而衍入正文者。知其然者，上文均言“岁”，而此处独言“年”，用字不同，其证一也；此“二年耕十一年食”者，恰为上文“一岁耕五岁食……一岁耕六岁食”之和，此注者合叙正文，此又一证也。丁士涵云：“‘十一年’当作‘十二年’，下文亦当有‘粟价十二倍’五字，即上文‘一岁耕六岁食，粟价六倍’之倍数也。”其说殊非。正文“一岁耕五岁食……”之语，乃泛言之也，非确指一年生产之粮供五年食用，则粟价五倍，六年食用则粟价六倍也，与二年无涉。且“一岁耕六岁食”即“二岁耕十二岁食也”，何须重言之？许维遹等《集校》不查丁说之失，遂增改正文为丁说，失之远矣。

阴山之礝碈。

《文选·子虚赋》注引此作“阴山碝珉”，“碝珉”二字与“礝碈”同。

饥塞冻饿。

“塞”当为“寒”，形近而误也。此句承上文“一农不耕，民有为之饥者；一女不织，民有为之寒者”而言，其当作“寒”字甚明。《管子集校》无引此语，疑他本皆作“寒”，独此误也。

国准第七十九

黄帝之王，谨逃其爪牙。

下文“烧山林，破增薮，焚沛泽，猛兽众也”即对黄帝而言，“烧山林”以下九字应在“黄帝之王”下先出，否则下文“烧山林……猛兽众也”无所承。《揆度篇》：“至于黄帝之王，谨逃其爪牙，不利其器，烧山林，破增薮，焚沛泽……”是九字对黄帝言之证也。今此九字散见于夏后之下，其散乱几不可收拾，只由下文尚能看出其窜简之些许痕迹，辨见下。

夏后之王烧增薮，焚沛泽，不益民之利。

何如璋云：“‘不’字乃‘以’字之讹。”张佩纶云：“‘益’当作‘隘’，言大辟其利途也。即‘益烈山泽而封之’。”李哲明云：“‘不’字当衍。”忠按：诸家之说皆非也。“烧增薮，焚沛泽”，“烧”字下当脱“山林破”三字。“烧山林，破增薮，焚沛泽”见于《揆度篇》及下文。“山林”

言“烧”，今作“烧增薮”，足见其脱“山林破”三字。补足三字后，“烧山林”以下九字当在黄帝下（见上），今在夏后之下者，错简也。然则“不益民之利”上尚有脱文，下文“烧增薮，焚沛泽，不益民利，逃械器，闭智能者，辅己者也”承此夏后而言，其中“烧增薮，焚沛泽”六字缘此处而衍，“不益民利”下“逃械器，闭智能”六字当是此处“不益民之利”上脱文，因下文复举五帝之事以申明原因，依文次，“不益民之利，逃械器，闭智能者，辅己者也”承夏后之事而言，以此知“不益民之利”上当脱“逃械器，闭智能”六字。

烧增薮，焚沛泽，不益民利，逃械器，闭智能者，辅己者也。

“烧增薮，焚沛泽”六字乃黄帝之事，今残脱而误窜于此，当删，说参见上两条。“民”字下脱一“之”字，此承上文“不益民之利”而言，上有“之”字，是其证。张佩纶云：“‘逃械器’为‘谨逃其爪牙’之坏，尹文‘闭智能’，‘能’字即官能备物之坏文。”其说甚谬。本文分叙五帝，次序昭然。“谨逃其爪牙”乃黄帝之治，“官能备物”为周人之治，岂能杂于夏后之下？何如璋云：“‘逃械器’三句与上文不接，疑有脱误。”此乃一叶障目耳。“逃械器，闭智能”六字即复举夏后之事，此处不误，而上文夏后之下脱此六字也。“不益民［之］利”五字当在“闭智能”下，“逃械器，闭智能”即《老子》“掊斗折衡，绝圣弃智”之类也。

烧山林，破增薮，焚沛泽，猛兽众也。

郭沫若说“焚沛泽”下当补“谨逃其爪牙者”六字，是也。此复举上文黄帝之事，上文有此六字。

诸侯无牛马之牢，不利其器者，曰淫器而壹民心者也。

复述五家之事，此处最为完整，据此可窥文之原貌。“曰”字于义不通，其当为表“禁止”义者之误。姚永概说“曰”字乃“遏”字之残误，于义可通。

以人御人，逃戈刃，高仁义，乘天固以安己者也。

此承上文周人之事而言，“以人”上当依张佩纶校补“官能以备物者”六字。

“桓公问管子：‘国准可得闻乎?’管子对”一节文校后如下：

“黄帝之王，烧山林，破增薮，焚沛泽，谨逃其爪牙；有虞之王，枯泽竭山；夏后之王，逃械器，闭智能，不益民之利；殷人之王，诸侯无牛马之牢，不利其器；周人之王，官能以备物：五家之数殊而用一也。”桓公曰：“然则五家之数，籍何者为善也?”管子对曰：“烧山林，破增薮，焚沛泽，谨逃其爪牙者，猛兽众也（此言黄帝之数）；童山竭泽者，君智不足也（此言有虞之数）；逃械器，闭智能，不益民利者，辅己者也（此言夏后之数）；诸侯无牛马之牢，不利其器者，遏淫器而一民心者也（此言殷人之数）；官能以备物，以人御人，逃戈刃，高仁义，乘天固以安己者也。五家之数殊而用一也。”

时至则为，过则去，王数不可豫致，此五家之国准也。

此句上应“桓公曰：‘五代之王以尽天下之（“之”字原脱）数矣；来世之王者，可得而闻乎?’”之间，与“五家”已不相涉，“五家”二字当作“谓”，衍上文而误也。《国准》开篇言“国准者，视时而立仪”，彼“视时而立仪”，即此之“时至则为，过则去，王数不可豫致也”。“此谓之国准也”即遥应篇头也。《山至数》“谓之通国策”、《山国轨》“谓之国轨”，即其文例也。

轻重甲第八十

城脆致冲，无委攻围。

"攻"当作"致"，形近而误也。"城脆致冲，无委致围"句式一律。《事语篇》作"无委致围，城脆致冲"，是其证也。

王者乘势，圣人乘幼，与物皆宜。

郭沫若说"幼"当作"易"，是也，《山至数篇》"王者乘时，圣人乘易"，正作"易"字。疑此二句为古成语，此作"势"，彼作"时"，音义相近。"与"字读为"举"，二字古通。

寡人欲北举事孤竹离枝。

"孤"上疑脱"于"字，下文"桓公终北举事于孤竹离枝"即承此言，有"于"字，是其证也。"离枝"即《大匡篇》之"令支"也。《史记·齐太公世家》作"离枝"，《盐铁论·伐功篇》作"令支"，"令""离"一声之转，"枝""支"音同，故相通也。

请以令粜之梁、赵、宋、卫、濮阳，彼尽馈食之也，国无盐则肿。

"彼尽馈食之也"语意不足，"也"字当在"国"字下，传写误倒。"馈食之国"即指梁赵宋卫濮阳也，上文云"吾国者，衢处之国，馈食之都"，"国""都"互言，"都"亦指国也，此"馈食之国"连言之证。又《地数篇》"恶食无盐则肿"，肿乃指人，与"国"字无涉，亦可证"也""国"二字误倒也。朱本"国"字正在"也"字上，尹注"本国自无盐，远馈而食"，所见疑亦同朱本。

大夫无得缮冢墓，理宫室。

“理”当为“治”，避唐讳而改也。《地数篇》“大（原误作丈）夫毋得治宫室，毋得立台榭”，正作“治”，是其证也。

十月始正，至于正月，成盐三万六千钟。

《礼记·檀弓》注：“成，犹善也。”然则“成盐”即善盐也；下文“成金”，即善金也。“成”上当脱动词“得”，下文“得成金万一千余斤”即其证也。又“始正”之“正”读为“征”，二字古通用。

安用金而可？

上文“安用此盐而可”，依例此处“金”字上当补“此”字，即指上文“成金万一千余斤”也。

桓公问四因与癸乙，管子、宁戚相与四坐。

猪饲云：“‘问四’二字衍。”张佩纶云：“衍‘四’字。”许维遹说“问四因”三字衍，闻一多与猪饲说同。忠按：许说是也。“相与四坐”不辞，“四”疑“而”字之残。

粟价平四十，则金价四千。

王引之云：“‘平’下脱‘釜’字。”猪饲云：“‘平’为‘釜’字之误。”忠按：猪饲说是也。下文“粟价釜四十”即复举此文，无“平”有“釜”，是其证也。猪饲、王引之均说“则”字为衍文，有所未察也，此“则”字并非衍文，乃下文“粟重则黄金轻”中之“则”字，误窜于此也，说见下。

粟重黄金轻，黄金重而粟轻，两者不衡立。

“粟重”下当有“则”字，今误窜于上文“金价四千”上。“粟重则黄金轻，黄金重则粟轻”相对为文，“而”亦“则”也，《轻重乙》：“粟重而万物轻，粟轻而万物重，两者不衡立。”是其证也。

轻重乙第八十一

边竟诸侯，受君之怨民，与之为善，缺然不朝，是天子塞其涂。孰谷者去，天下之可得而霸？

许维遹云：“‘民’疑当作‘亡’，‘亡’与‘无’同，盖误为‘氓’，因缺其左，故成‘民’字矣。”郭沫若说：“许说误。赵用贤所谓疑有缺文误字者，乃指下句‘天下之可得而霸’言，非谓此也。‘民’字属上为句。”忠按：郭说最是。《山至数篇》“孰谷之人亡，诸侯受而官之，连朋而聚羽……故天子失其权也”，与此文义正同，彼“孰谷之人亡，诸侯受而官之”即此“边竟诸侯受君之怨民也”，彼“连朋而聚羽”即此“与之为善”也，“缺然不朝”即彼文“天子失其权也”，可谓郭说之切证。“竟”字读为“境”，“涂”字与“途”通，“孰”乃“艺”字之误，见《山至数》集校郭沫若说。

又“天下之可得而霸”，猪饲说“之”当作“不”，丁士涵、张佩纶说同。窃疑原文仍不误，“可”字读为“何”，二字古通，说见裴学海《古书虚字集释》。“天下之何得而霸”即“天下不可得而霸也”。

故苟入吾国之粟，因吾国之币。

陶鸿庆云：“‘之粟’上脱‘食吾国’三字。”忠按：陶说是也。然“苟入吾国”下尚脱一“者”字，补之文义始足。《地数篇》“人来（原误作“求”）本者，食吾本粟，因吾本币”，“本”即“邦”也，与此“国”同义，“本”下有“者”字，是其证也。

河埳诸侯，亩钟之国也；碛，山诸侯之国也。

猪饲说："'埣'通'淤'。'皟'，墳土也。'皟'下脱'诸侯'二字。"丁士涵说"皟"为百负之误；何如璋云："'皟'当作'碛'，谓山地，土地砂石也。"张佩纶说"皟当为馈"；郭沫若说"'皟'当在'山诸侯'之下，为'渍'字之误"。忠按：郭说"皟"当在"山诸侯"之下是也，但说"皟"为"渍"字之误，则又失之。"渍"字训沤、训"浸渍"、训"染"、训"兽死"，皆不合此处文义。窃疑此"皟"字不误。《字汇补》："皟，瘠也。"即其义。"皟"字从"责"得声，'责'字从"朿"得声，"瘠"字又写作"膌""㾊"，亦从"朿"得声，是"皟""瘠"二字音同义通也。"瘠"字训"硗埆"，见韦昭《国语·鲁语下》注。"山诸侯瘠之国也"与上句"河淤诸侯亩钟之国也"相对为文，连上句意为：河淤之诸侯国土地肥沃（亩产粟一钟），山诸侯之国则土地瘠薄也。故下文云"山诸侯之国则敛蔬藏菜"，以充饥也。

君有山海之财而民用不足者，皆以其事业交接于上者也。故租籍君之所宜得也；正籍者，君之所强求也。

"交接于上者也"中，"者"字不当有。上文"皆以其事业望君之禄也"即其句例，是不应有"者"字之证。此"者"字本在下句"租籍"之下，误窜于此也。应移归原处。"租籍者，君之所宜得也"，与"正籍者，君之所强求也"句式一律。"正"字读为"征税"之"征"，二字古书通用。

以令至鼓期于泰舟之野，期军士。

王念孙云："下'期'字当依《群书治要》作'朝'，言与军士期于泰舟之野，朝君士也。"其说是也。下文"公乃即坛而立"即承此"朝军士"也。又"以令至鼓"四字于义费解，疑有误。

见其若此其厚，而不死列阵，可以反于乡乎？

“可”亦读为“何”，说见上。

吾欲杀正商贾之利，而益农夫之事。

张佩纶云：“《通典》无‘正’字，盖一本作‘杀’，一本作‘正’，校者据《通典》加‘杀’字耳。‘正商失其事’（见下文），‘正’字衍。”许维遹训“杀”为“甚”，其义为“多”，“正”读为“征税”也。闻一多云：“‘正’为‘任’字之误，‘商’下又衍‘贾’字。”郭沫若云：“‘正’疑为‘巨’字之误。下文两‘正商’同误。”忠按：张佩纶说是也。“杀商贾之利”“益农夫之事”相对为文。“杀”音所界切，降也，削减也。见《广韵》《集韵》。《史记·礼书》索隐云“隆犹厚也，杀犹薄也”。下文令诸侯、大夫、商贾藏粮若干，其藏粮必籴于农，籴粮者众，故谷三倍价，此即削减商贾之事而益农夫之事之术也。《轻重丁篇》“寡人欲杀商贾之民，以益四邻之民”与此句式正同，“杀”“益”相对，足证此“杀”字下“正”字衍，而“杀”字训“削减”也。

轻重丁第八十三

敝邑之君，欲率诸侯而朝先王之朝，观于周室。

下“朝”当作“庙”，涉上“朝”而误也。下文云“请以令使天下诸侯朝先王之庙，观于周室者”正作“庙”字，是其明证也。

管子问于桓公：“敢问齐方于几何里？”

丁士涵说：“‘方’下‘于’字衍。”猪饲说同。许维遹云：“‘方’当为‘囿’字，校者不知‘囿’为‘国’字而改为‘方’，‘于’‘方’二形相近，又讹作‘于’字，变成今本。”郭沫若说：“许说迂曲之至，‘方于’

当读为‘方舆’，其‘舆’字之所以写成‘于’者，因轻重诸篇乃汉人所作，特变言为‘方于’，以显示其高古耳。”忠按：郭、许之说皆迂曲，此当作“管子问于桓公曰：‘敢问齐方几何里?’”脱“曰”字，衍“于”字。下句桓公答管子问曰：“方五百里。”其“方”字正应“方几何里”之言，若改为“国”、改为“方舆”，则桓公答“方五百里”中“方”字无所承也。

君守布则籍于麻，十倍其价，布五十倍其价。

“麻”字当重。“麻十倍其价，布五十倍其价”相对。若不重“麻”字，则“十倍其价”之主词不明，且与下句不对。下文“以国一籍五，君守布万两而后籍麻，麻十倍其价，布五十倍其价（依丁校）”，“麻”字重，是其证也。

轻重戊第八十四

求孤白之皮，二十四月而不得一。

“孤”当作“狐”，形近而误也。上文“狐白”凡五见，皆不作“孤”，且“孤”字义亦无取，明“孤”字误也。又郭沫若云：“‘一’下疑脱一‘裘’字，焉有二年而不得一狐之理?”忠按：郭说非也。且整段言“求狐白之皮”，与“裘”字无涉，“一”下中心词即“狐白之皮”，上文已交代“狐六月一见”，既不常见而又难得，故二十四月不得一狐也。且下文云“齐未亡一金钱”，上已言重价买狐皮，既“未亡一金钱”，则狐当未得也，若得一狐，齐高价买之，便不得言“未亡一金钱”也。此句与上下文义相合，不误。

“石民”新解

《管子·小匡篇》：“士农工商四民者，国之石民也；不可使杂处。杂处则其言哤，其事乱。”

其中“石民”一词，未见典籍，历来对“石民”的解释分歧纷纭，莫衷一是。唐尹知章注云：“四民者国之本，犹柱之石也，故曰石。”孙星衍据《文选·陆士衡·挽歌诗》注及《扬雄·剧秦美新》注谓“石”为“正”字之讹。（按：《文选·剧秦美新》注胡刻本仍作“石”，不作“正”，不知孙所据为何本）。孙诒让读“石”为硕，训“硕”为大；刘师培疑“石”为“定”字或“右”字之误；任林圃则援引《汉书·匈奴列传》注训“石”为“坚固如石”。

按：诸说皆非也。“柱”之石曰础，础虽以石为之，然而石非皆础，且典籍中也未曾见有直呼“础”为石者，以知尹氏之说非也。孙星衍欲改“石”为“正”，所据《文选·挽歌诗》注及《剧秦美新》注作“正”者当是误字，不足据也。《文选·剧秦美新》注（胡刻本）、《嵇叔夜·广绝交诗》注、《陈孔璋·檄吴将校文》注、《王元长·永明十一年策秀才文》注引并作“石民”，《白帖》八十三引亦作“石民”，与今本《管子》同，是其证也。孙诒让、刘师培、任林圃或随文曲解，或破字以通其义，考诸文意，亦皆不确。

“石”字当读为“庶”，“石”“庶”双声，且二字古音同属铎部，故可通用。如盗跖之“跖”，《慎子》逸文写作“蹠”，《孟子·尽心篇上》：“鸡鸣而起孳孳为利者，蹠之徒也。”音义引张云：“蹠与跖同，之石切。”《山海经·北山经》：“发鸠之山其上多柘木。”《说文》：“樜木出发鸠山。”《广韵》以为“柘”“樜”同字。《说文》：“拓，拾也。陈宋语，从手，石声。摭，拓或从庶。”又云：“蔗，藷蔗也，从艸，庶声。”《文选·司马相如·子虚赋》：“诸柘巴苴。”“诸柘”即“藷蔗”也。此并为“石”“庶”相通之证。

“庶”字甲骨文作“”“”，“”即“石”字，甲骨“石”字或作“”，西周金文变形作“”，故盂鼎“庶”字作，从火，石声。《说文》篆体作“”，即“”字之讹变。据于省吾《甲骨文字释林·释庶》考证，“庶”乃“煮”之本字，众庶之庶的本字在甲骨文中作“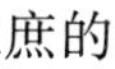”（甲骨文中有、，隶定作）从众，（即庶字）声，后世假借“庶”为“”，久假不归，“庶”行而“”废。由此可知，“庶民”之“庶”，本当作“”，作“庶”者乃省借也。“”字省作“”（庶），与“”（庶）字省作“石”，道理正同。

“庶民”一词，典籍习见，《诗经·大雅·灵台》：“庶民攻之，不日成之。”郑笺以庶民为众民，古之庶民包括士农工商。《穀梁传·成公元年》：“古者有四民：有士民，有商民，有农民，有工民。”《汉书·食货志上》：“士农工商四民有业。”故《管子》云：“士农工商四民者，国之石（庶）民也。”“石民”读作“庶民”，考诸文意及典籍，无有不符。《史记·货殖列传》“庶民农工商贾”，与此文“士农工商四民者，国之石民也”文义正同，尤为“石民”即“庶民”之切证。

《论衡集解》补正

余虽不敏，雅好诸子，其于《论衡》，犹三致意焉。常病其文脱误窜衍，芜秽纷如，竟有不可读者。虽近人刘盼遂费时七年，捃摭前人校语，合诸己见，为之集解以钩沉索隐，匡谬正讹，然是书尚多有鉏铻不可通者。今更为《〈论衡集解〉补正》，以补《集解》之疏漏，正《集解》之谬误。

是文一依朴学之法，重在考据。其体例与《诸子平议》《诸子新笺》相类。

是文写作凡历三载，四易其稿。其间《论衡注释》一书出，我见与《注释》同者十之二三，今一律割舍，以避掠美之嫌。《注释》为《集解》脱校误校补正者，为缩短篇幅计，亦不著录。

余以庸庸之才，费时不及刘氏之半，而校语出其右。且《论衡》古本，一则少焉，余尚未见，惴惴焉，临履之情，耿耿于怀。深知此文尚待修正者甚夥，限于时日，今择其要者，笔之于左，聊充论文之数，不得已也。若吾师肯振其不逮，赐以匡棐，则不胜翘企殷殷之情哉！

岁在辛酉，时维孟冬，自序如右。

《逢遇篇》三条：

或高才洁行，不遇，退在下流；薄能浊操，遇在众上。

忠按："薄"上脱"或"字，下文"故遇或抱洿行，尊于桀之朝；不遇或持洁节，卑于尧之庭"即承此而言，下有"或"字，是其证也。"或……或……"乃古汉语固定句式。《墨子·小取篇》："或也者，不尽然也。"《广韵》："或，不定也。"即其义也。今"薄"上"或"字脱，与上句"或高才洁行"失应。

偶以形佳骨娴，皮媚色称。

忠按：《尔雅·释言》云："称，好也。"注云："物称人意亦为好。"是此文"称"字之义也。《管子·幼官篇》："有天下之称材。"郭沫若云："称材犹好手。"（见《管子集校》）《文选·谢惠连·雪赋》："抽子秘思，骋子妍辞。"李善注引《尔雅》曰："称，好也。"是其例也。此文以"形佳""骨娴""皮媚""色称"为四并列词组，"佳""娴""媚""称"皆美好之义。《幸偶篇》"闳籍孺之辈，无德薄才，以色称媚，不宜爱而受宠"，《定贤篇》"或骨体娴丽，面色称媚"，均"称媚"连言为同义复词。《辞海》"称"字条下无是训，故于此出之。

生不希世准主。

刘盼遂云："准与希同意。《抱朴子内篇·遐览》云：'先从浅识以劝进学者，无所准希阶由也。'是准亦希也。"

忠按：刘说是也。《淮南子·览冥训》："群臣准上意而怀当。"高诱注曰："准，望也。""希"乃"睎"字之省。《文选·寡妇赋》："睎形影无几筵兮，驰精爽于丘墓。"李善注引《说文》曰："睎，望也。"是"睎""准"义同，皆训为"望"。《韵会》云："睎，通作希。"李善《文选注》亦云："睎、希同，古字通。"故"希"字亦可训为"望"。《汉书·董仲舒传》："公孙弘希世用事。"颜师古注："希，观相也。""观相"即"望"也。经传相承以"希"为"睎"，几近取而代之。故后人难辨"希""睎"二字何为本字，何为借字也。刘盼遂云"准与希同意"，而未辨"希""准"何以义同，故于此补之。此外，"不"字当依刘说作"而"，形近而误。

《累害篇》两条：

以涂搏泥，以黑点缯，孰有知之。

忠按："点"犹"染"也。"黑"字乃物之色，与上句"涂"字非类，当为"墨"字，形残致讹也。《初学记》卷二十一引此正作"墨"，而居之于"墨"字条下，明唐时尚不误也。又："有"字读为"又"，二字通。

公伯寮之遡，未尝灭也。

刘盼遂云："'遡'为'愬'误，事见《论语·宪问篇》。《集解》引马注：'愬，谮也。'《偶会篇》：'公伯寮愬子路于季孙。'"

忠按："遡""愬"古字通，不烦改字。《战国策》："卫君跣行告遡于魏。"高诱注："遡，愬同。"即其证也。

《命禄篇》一条：

才力而致富贵，命禄不能奉持，犹器之盈量，手之持重也。器受一升，以一升则平，受之如过一升，则满溢矣；手举一钧，以一钧则平，举之过一钧，则蹶仆矣。

《注释》训"犹器之盈量，手之持重"为"就好比器皿装得过量，手里拿的东西过重一样"。

忠按：《注释》所言非也。《骨相篇》"器之盛物有斗石之量"即此"器之盈量"之义也。"盈"字当训为"盛"。"盈"字训"盛"，本书常见。如《程材篇》："器大者盈物多。"《论死篇》："以囊橐盈粟米。"《龙虚篇》："玉杯所盈，象箸所挟，则必龙肝豹胎。"其字或写作"赢"。《讥日篇》："治木以赢尸。"《别通篇》："柙匮所赢，缣布丝帛也。"他书亦有以"赢"训"盛"者。如《左传·襄公三十一年》："我实不德，而以隶人之垣以赢诸侯。"杜注："赢，受也。"孔颖达正义曰："赢读为盈。盈，满也，故训为受也。""受"即"盛"也，此并其证。又"持重"即"举重"也，非"拿的东西过重"之谓也。果如《注释》所训，则此"器之盈量，手之持重”与下文“器受一升”至“则蹶仆矣”一段文义犯复。

又按“才力而致富贵”，“而”字读为“能”。“而”字训“能”，本书常见，不烦举例。

《命义篇》两条：

天有王梁、造父，人亦有之。

刘盼遂云：“《史记·天官书》及《孟子》等书皆作王良，独此及《荀子·正论篇》作王梁。《率性篇》又云：‘王良造父。’知此王梁仍系误字也。”

忠按：刘说非也。“良”“梁”同属古音来纽阳部字，二字古通用。《荀子·正论篇》作“王梁”与此正同，是二字通用之例。又《潜夫论·志姓氏篇》：“钟离、运掩、菟裘、寻梁、修鱼、白寘、飞廉、密如、东灌、良、时……皆嬴姓也。”彭铎云：“良，程本作‘梁’，盖即将梁。”此亦二字相通之例。故此作“梁”者当仍依其旧，不烦改作。

晏子所遭，可谓大矣。直兵指胸，白刃加颈，蹈死亡之地，当剑戟之锋，执死得生还。命善禄盛，遭逢之祸，不能害也。

吴承仕云：“生还二字不辞。疑‘还’当作‘逌’，古文乃，形近之误也，属下句。”

忠按：“执死得生还”乃分系式。分叙之则为“执得还，死得生”也，其意甚明，“还”字不误。若依吴校，则“执”字无着落，失仲任之旨矣。分系式古书常见，《论衡》一书尤多，吴氏未深察也。

《无形篇》两条：

天性不变者，不可令复变；变者，不可不变。若夫变者之寿，不若不变者。

杨守敬云：“‘不变’上脱一‘令’字。”

忠按：杨说是也。然“令”字当在“变者不可不变”之“不变”上，而不应置于“不若不变者”之中。“变者不可令不变”与上句“不变者不可令复变”文义相对，句式相同。故杨氏校语当在“变者不可不变”之下，而此误置。

人生能行，死则僵仆，死则气减，形消而坏。

孙人和曰：“‘减’字当从元本作‘灭’。”

忠按：孙说是也。《正说篇》：“成帝高其才而不诛，亦惜其文而不灭。”“灭”字《佚文篇》误作“减”，此其误例也。

《率性篇》一条：

然而随侯以药作珠，精耀如真，道士之教至，知巧之意加也。

忠按：高诱《淮南子》注云：“随侯，汉东国姬姓诸侯也。随侯见大蛇伤断，以药傅而涂之，后蛇于夜中衔大珠以报之，因曰随侯之珠，盖明月珠也。”与仲任“随侯以药作珠”之说不同。

又按：“道士之教至”，“教”字于义无取，盖为“数”字之形误，“数”谓“数术”。上文“工良师巧，炼一数至也”，虽衍“一”字，然其文正作“数”，是其证也。

《吉验篇》两条：

前后气验，照察明著。

刘盼遂云：“‘照’当是‘昭’之误。”

忠按：刘说非也。“照察”乃汉人常语。《潜夫论·实边篇》：“夫判国者，必照察远近之情伪。”又《交际篇》：“非明圣之君，孰能照察。”《楚辞·九辨》：“信未达乎从容。”王逸注云：“君不照察其真伪。”《九辨》又云：“彼日月之照明兮。”王注：“三光照察。”《诗·柏舟》郑笺：“衣之不澣，则愦辱无照察。”《东方之日》毛传：“人君明盛，无不照察。”《礼记·哀公问》：“已成而明。”郑玄注：“照察有功。”均“照察”连言，义与此同，明此不误。《论衡·自纪篇》：“烂若天文之照，顺若地理之晓。”“照”“晓”对言，“照”即明也。又《治期篇》：“审一足以见百，明恶足以照善。”《对作篇》：“解释世俗之疑，辩照是非之理。”“照”即“察”

也。《自纪篇》："所居昭察，人莫不知。"又"吏文以昭察为良。"皆作"昭察"。《说文》："照，明也。"与"昭"音义同。

母见其上，若一疋练状，经上天。

忠按："若"上脱"气"字，下文"气与天通"即承此而言。今脱"气"字，致令下文"气与天通"无稽；且此"若一疋练状"为何物亦不明。《御览》十五引此作"气如一疋绢"。"如""若"义同，"练""绢"义同。引此正有"气"字，则此脱"气"字无疑。

又按："经"字《御览》引作"径"，作"径"者是也。"径上天"谓"径直上天"也。

《骨相篇》两条：

传书言黄帝龙颜，颛顼戴午。

孙诒让曰："后《讲瑞篇》及《白虎通义·圣人篇》文并同。卢文弨校《白虎通》改'午'为'干'，云：'《乾凿度》云："泰表戴干。"《宋书·符瑞志》："首戴干戈。"即此。'案：卢说是也。郑注《乾凿度》云：'干，楯也。'明不当作'戴午'，此'午'亦'干'之误。《路史·始皇纪》注引《春秋演孔图》云：'颛顼戴干。'字不误。《初学记·帝王部》引《春秋元命苞》又云：'帝喾戴干。'并可证此及《白虎通》之误。"

吴承仕曰："孙改'午'为'干'是矣。纬书虽多怪迂，然首戴干戈，言不雅训，似未足信，疑戴干当作翿干。'翿'为'鸢'之异文，'干'即'肩'之假字也。"并证之以《晋语》《淮南子》《列女传》《后汉书》诸"鸢肩"之文，及"肩""干"相通、"戴""鸢"形近易讹诸例。原文较长，兹不具录。

忠按：孙说是，吴说非。本书《讲瑞篇》云："戴角之相犹戴午也。颛顼戴午，尧舜必未然。"以"戴角"与"戴午"相譬，知此"戴"字乃顶戴，非"翿"字之误也，"午"字非实物，不可顶戴，"午"必"干"字之误，形极近也，故古书多互讹。若依吴校作"翿肩"，韦昭《晋语》注云："戴肩，肩井斗出。"则于"戴角"不类，不可取譬。足证吴说之非。又"戴干"亦古人常语。《帝王世纪》云："颛顼，黄帝之孙，昌意之子，姬姓也，生于若水，首戴干戈，有圣德，二十登帝位。"（见《初学记》引）《春秋元命苞》云："帝喾戴干。"（见《北堂书钞》及《太平御览》引）王符《潜夫论·五德志篇》云："后嗣帝俈，代颛顼氏。其相戴干，其号高辛。"此外，"戴干"之语尚见《韩非子》诸书，明此"戴"字不误，而"午"当作"干"训为"盾"也。又纬书言帝王圣相多荒诞不羁之语，若"文王四乳""武王望阳""周公背偻""皋陶马口"之类是也。吴氏谓"戴干"言不雅训，乃以常人之相求之也，不知非如此，不足以显其异也。《荀子·非相篇》："且徐偃王之状，目可瞻焉。""焉"借作"颜"（见高亨《诸子新笺》），"颜"即额也，戴干之状，盖犹瞻颜，均指前额突出也。

相工相黥布，当先刑而乃王。

刘盼遂云："'乃'字涉下句'乃封王'而衍。"

忠按：刘说非也。"而乃"即"而后"也。"而乃"连文，乃《论衡》常语。《道虚篇》："凡人禀性，身本自轻，气本自长，百病伤之，故身重气劣也。非本气少身重，得药而乃（刘氏谓二字误倒，"而"借作"能"，亦非）气长身更轻也。"《初禀篇》："岂有天道先至而乃敢斩之哉。"《变动篇》："王良策马，车骑盈野；非车骑盈野而乃王良策马也。"《讲瑞篇》："圣治公平而乃沾下产出也。"《感虚篇》："夫龙之登玄云，古今有之，非益作井而乃登也。"他书亦有"而乃"连文训为"而后"者，如《韩非子·存韩篇》："边鄙残，国固守，鼓铎之声盈于耳，而乃用臣斯之计，晚矣。"（原文无"盈"字，据王先慎校补）"而乃"并为"而后"之义，足证此"乃"字非衍。

《本性篇》两条：

密子贱、漆雕开、公孙尼子之徒，亦论情性。

《注释》改“密”为“宓”。

忠按：“密”“宓”二字古通用，不烦改字。《史记·仲尼弟子传》“宓不齐”，百衲本作“密不齐”，“密不齐”即“密子贱”也。《吕览》：“宓子贱治亶父。”《文选·潘尼·赠河阳诗》注引“宓”作“密”。《淮南子·泰族训》亦作“密子治亶父”。《韩非子·外储说左上》：“宓子贱治单父。”经作“密子”。顾广圻云：“宓、密同字。”《帝王世纪》：“太昊都陈，制嫁娶之礼，取牺牲以充庖厨，故号庖牺氏，是为牺皇，后音谬，故谓之伏牺，或谓之密牺。”“密牺”经传亦作“宓牺”。此并其证也。于省吾《甲骨文字释林》云：“《说文》段注谓‘宓’经典作‘密’，是‘宓’‘密’为古今字。”

羊舌食我初生之时，叔姬视之，及堂，闻其泣声而还，曰：“其声，豺狼之声也。”

俞樾云：“案昭公三年《左传》正义曰：‘《世谱》云：羊舌氏，晋之公族也。羊舌其所食邑名，唯言晋之公族，不知出何公也。’今以此文证之，叔向之母姬姓，然则羊舌氏非晋公族。’”

忠按：《潜夫论·志氏姓篇》：“晋之公族郄氏……凡郄氏之班有冀氏、吕氏、苦成氏、温氏、伯氏、靖侯之孙栾宾及富氏、游氏、贾氏、狐氏、羊舌氏、季夙氏、籍氏，及襄公之孙孙黡，皆晋姬姓也。”是羊舌氏为晋公族，与《左传正义》所引《世谱》相合，而俞樾谓羊舌氏非晋公族，殆非。

《物势篇》两条：

不能相制，不能相使；不相贼害，不成为用。金不贼木，木不成用；火不烁金，金不成器。故诸物相贼相利。

忠按：“故诸物相贼相利”即承“不能相制，不能相使；不能贼害，不成为用”而言，且用以驳难上文“不当令五行之气，反使相贼害也”，与“利”字无涉。“利”乃“制”字之误，此“制”字即上文“不能相制”

之“制”也。古“制”字或作“利”，与“利”字形极近，故古书“制”“利”多互讹。《易·蒙上九》：“利御寇。”卢文弨曰：“利疑制。”《潜夫论·实边篇》：“古之利其民。”彭铎云：“利当为制。”此类例证尚多，不枚举。

东方，木也，其星仓龙。

刘盼遂云：“‘仓’当为‘苍’之讹脱。”

忠按：“仓”为“苍”之省借。“苍”从“仓”得声，故二字通。《龙虚篇》：“天有仓龙、白虎、朱鸟、玄武之象。”亦借“仓”为“苍”，与此相同。《是应篇》：“号其众曰：‘仓光。’”《太平御览》引作“苍兕”，“仓”为“苍”之借，“光”为“兕”之误也。《异虚篇》：“苍颉作书。”《感虚篇》：“仓颉作书。”亦“苍”“仓”通用之证。又《管子·地员篇》：“其水仓，其民强。”《礼记·月令》：“驾仓龙。”《文选·高唐赋》：“王乃乘玉舆，驷仓螭。”《汉书·王莽传上》：“仓龙癸酉，德在中宫。”并为“仓”“苍”相通之证。刘氏谓“仓”为“苍”之讹脱，非是。

《奇怪篇》两条：

《高祖本纪》言：“刘媪尝息大泽之陂，梦与神遇，是时雷电晦冥，太公往视，见蛟龙于上，已而有身，遂生高祖。”

刘盼遂云：“于，疑‘居’之声误。”

忠按：今查《高祖本纪》“见蛟龙于上”作“则见蛟龙于其上”。班固作《汉书》，多本《史记》。《汉书·高帝纪》亦言“则见蛟龙于上”。二书均作“于”，与仲任所见《史记》正同，是“于”字不误之证也。后文作“蛟龙居上者”，乃是王充之语，并非《史记》原文。“于”字训“在”，“在上”亦可言“居上”，故仲任或言“蛟龙居上”或言“蛟龙在上”（见《吉验篇》），并非《史记》本文作“居”作“在”也。

我之帝所，有熊来，帝令我射之，中，熊死。

忠按：“中”下脱一“熊”字，因重文而脱也。“中熊，熊死”与下句

“中罴，罴死”同一句式。又此语本于《史记·赵世家》，《赵世家》正作“中熊，熊死”；又本书《纪妖篇》记此事亦作“中熊，熊死”，明此脱。

《书虚篇》七条：

俗语不实，成为丹青。

刘盼遂云：“‘丹青’二字始见《汉书·王莽传》。《说文》‘青’字解云：‘丹青之信言必然。’”陈监先《〈论衡集解〉的成就和问题》云：“据我所知，扬雄《法言·吾子篇》第二说：‘或谓屈原智乎？曰：如玉如莹，爰变丹青。’《君子篇》第十二说：‘或问圣人之言，炳若丹青，有诸？曰：吁！是何言与？丹青初则炳，久则渝，渝乎哉？’《淮南子·泰族篇》：‘丹青胶漆，不同而皆用。’”（见1961年11月21日《光明日报》）

忠按：《管子·小称篇》：“丹青在山，民知而取之。”《文选·司马相如·子虚赋》：“其土则丹青赭垩。”皆“丹青”连言，亦早于《汉书》。刘氏谓“丹青”二字始见于《汉书》，失之。

生能操行，慎道应天。

《注释》训“慎道”为“谨守先王之道”。

忠按：此处“慎”“应”互文，“慎”当读为“顺”，二字古通。《荀子·仲尼篇》：“主安近之，则慎比而不邪。”王引之云：“慎比即顺比。”又“能耐忍之，则慎行此道也。”杨倞注云：“慎读为顺。”《墨子·天志中》：“子墨子曰：今天下之君子中实则欲遵道利民，本察仁义之本，天之意不可不慎也。”孙诒让云：“慎与顺同，上下文屡言顺天意。”《潜夫论·德化篇》：“慎其心而理其行。”《治要》引“慎”作“顺”。本书《艺增篇》：“美周宣王之德能慎天地。”“慎”字下旧校云：“一作顺。”《刺孟篇》：“顺操修（“修”字原脱，据刘校补）行者。”又云：“慎操修行。”此并为“慎”“顺”相通之证。然则“慎道应天”即“顺道应天”也。《注释》训为“谨守先王之道”，乃不明通假曲为之解也。“生能操行慎道应天”当作一句读，“能”犹“而”也。

实论者谓夫桀纣恶微于亡秦，亡秦过泊于王莽。

刘盼遂云："宋本无'过'字，'泊'作'洎'，是也。"

忠按：刘说甚非。"桀纣恶微于亡秦""亡秦过泊于王莽"二句句式相同。"泊""微"互文见义。"泊"，《说文》云："浅水也。"据此"泊"即"薄"本字。黄侃《论学杂著·说文略说》云："厚薄之字不作'泊'而作'薄'，此出于假借。"本书"泊""薄"二字通用，如《率性篇》："禀气有厚泊。"《本性篇》："其生于阴阳，有渥有泊。"《偶会篇》："坐而死者，必禄衰命泊之人也。"《四讳篇》："少德泊行。"《自纪篇》："官卑而爵泊。"诸"泊"字均为"薄厚"之"薄"本字。至于《逢遇篇》"薄能浊操"作"薄"者，用借字也。秦汉以后，"薄厚"之字皆写作"薄"，其本字反被替代。又"薄""泊"二字古音同属并纽铎部字，故古书多通用。又《感类篇》云："邹伯奇论桀纣恶不如亡秦，亡秦不如王莽。"与此所言义正同，为此文不误之切证。若依宋本改"泊"为"洎"，"洎"，及也，则"亡秦洎于王莽"与《感类篇》"亡秦恶不如王莽"乖背，明宋本误也。又按：此处以"过泊"与上句"恶微"相对为文，"过"即过误也，并非衍文。宋本无者，盖脱，不足从。

桓公妻姑姊七人。

刘盼遂云："'姊'下脱'妹'字，上下文皆作'姑姊妹七人'。"

忠按：刘说是也。《管子·小匡篇》《荀子·仲尼篇》《新语·无为篇》等均作"姑姊妹"，刘氏失引。

夫聂政之时，韩列侯也。列侯之三年，聂政刺韩相侠累。十二年列侯卒，与聂政杀侠累相去十七年，而言聂政刺杀韩王，短书小传，竟虚不可信也。

刘盼遂于"相去十七年"下云："有误。"

俞樾云："案《国策》言聂政刺韩傀，兼中烈侯（忠按："烈侯"当作"哀侯"）。《史记·韩世家》'烈侯三年，聂政杀韩相侠累；烈侯十三年卒，子文侯立；文侯卒，子哀侯立；哀侯六年，韩严弑其君’。是烈侯不见弑，哀侯固见弑也。据《刺客传》又以聂政事在哀侯时，且聂政之刺乃严仲子使之，岂即韩严弑其君者乎？然则《国策》所载，自是当时之实，但误以哀侯为烈侯耳。”

忠按：《韩非子·内储说下》云：“韩廆相韩哀侯，严遂重于君，二人甚相害也。严遂乃令人刺韩廆于韩，韩廆走而君抱之，遂刺韩廆而兼哀侯。”陈奇猷曰：“吴师道注《韩策》改哀侯为烈侯是也，《史记·韩世家》‘烈侯三年……’（与俞樾引同，略）则聂政刺韩廆与哀侯无涉，此哀侯当为烈侯甚明。”陈说是也。今按：据《史记》言“烈侯十三年卒”，此作“十二”，盖“十三”之误也。又“相去十七年”当作“相去十年”，烈侯三年至十三年整十年也，“七”即“十”之驳文。聂政杀韩傀，事在烈侯三年，传书言刺韩廆兼中韩王，“夫聂政之时韩列侯也”，然则兼中韩王乃兼中韩烈侯也。据传书（若《韩非子》《战国策》）所言，烈侯应死于三年，即聂政刺韩傀之时，但据《史记》所言，烈侯十三年卒，是烈侯死不与韩廆同时，兼中烈侯之言非实也。故仲任云“短书小传，竟虚不可信也”。《注释》据《史记》改“十二”为“十三”、删“七”字，甚是。

又按：“列侯”，《史记》作“烈侯”，“列”“烈”二字通。“侠累”《国策》作“韩傀”，《韩非子》作“韩廆”，“累”“傀”“廆”音同通用；作“韩傀”者，以国为姓；作“侠累”者，据《史记·韩世家》索隐引高诱曰：“韩傀，侠侯累也。”故韩傀亦作侠累。又按：陈奇猷校《韩非子》，据《史记·韩世家》谓“哀侯”为“烈侯”之误，证之以《论衡》“传书言聂政为严翁仲刺杀韩王，此虚也，夫聂政之时韩烈侯也”之语，则《韩非子》之“哀侯”当作“烈侯”无疑，惜陈氏失引。

计之日去一人作。

忠按：“作”上脱“之”字，下文“计之日得一人之作”与此相对为文，有“之”字，是其证也。

一始皇之身世，或言死于沙丘，或言死于秦。

忠按：此言“始皇仅一身，而世人或言其死于沙丘，或言死于秦”也。“世”字当属下为句，《集解》“世”字属上读，非是。

《变虚篇》一条：

故君命延二十一岁。

忠按：“命延”二字当乙。上文言“君延命二十一年”，下文“星徙审则延命明（“明”字旧脱，据刘校补），延命明，则景公为善，天佑之也”，均作“延命”，是其证也。《淮南子·道应训》作“故君移年二十一岁”，“移年”即“延命”也，亦其证。

《感虚篇》八条：

使至诚之声能动城土，则其对林木哭，能折草破木乎？向水火而泣，能涌水灭火乎？

忠按：“林”乃“草”字之误，古“草”字作“艸”，与“林”字形近。“折草破木”即承此而言，明“林木”当作“草木”，若作“林”字则“折草”二字无稽。下文“夫草木水火与土无异”，是“林”为“草”误之切证。

今邹衍之叹，不过如一炬尺冰，而皇天巨大，不徒镬水庖厨之丑类也。

忠按：上文云：“夫熯一炬火，爨一镬水，终日不能热也。倚一尺冰，置庖厨中，终夜不能寒也。”此处“一炬尺冰”当作“炬火尺冰”，“炬火”“尺冰”结构一律。《白帖》引此正作“管（同炬）火尺冰”，宜据正。

或言师旷清角之曲，一奏之，有云从西北起；再奏之，大风至，大雨随之。

忠按：“师旷”下当脱“鼓”字。《纪妖篇》记晋平公闻新声之事云：“平公提觞而起，为师旷寿，反坐而问曰：‘乐莫悲于清徵乎？’师旷曰：‘不如清角。’平公曰：‘清角可得闻乎？’师旷曰：‘不可。……’平公曰：

‘寡人老矣，所好者音也，愿遂听之。’师旷不得已而鼓之。”即不得已而鼓清角也。（《韩非子·十过篇》同）。又下文言“或言师旷鼓清角，一奏之，有玄鹤二八自南方来”，均有“鼓”字，是其证也。

图书文章，与仓颉所作字画何以异。

忠按：“字画”当作“字书”。古“画”作“畫”，“书”作“書”，“書”“畫”二字形近而误。上下文皆作“仓颉作书”，无言作画者，《御览》六一八引此作“图书文章与书何异”，虽约举此文，然其字正作“书”，不作“画”，是其明证。

夫云雨出于丘山，降散则为雨矣。

刘盼遂云：“‘云雨’当是‘云气’，下文云‘皆由云气发于丘山’，其证也。”

刘文典云：“‘云’下‘雨’字衍，《御览》二十七及八百三十七引并无‘雨’字。”

忠按：二刘之说皆非也。“云雨出于丘山，降散则为雨矣”乃分系式。“降”字承“雨”而言，“散”字承“云”字而言，“降散”谓“云散雨降”也。若删“雨”字，或改“雨”为“气”，则“降”字无取。下文云：“夫谷之雨，犹复云雨（“雨”原作“布”，据刘校改）之亦从地起。”“云雨之亦从地起”即“云雨出于丘山”也。《祭意篇》：“山出云雨，润万物。”皆“云雨”连言。又《说日篇》：“雨之出山，或谓云载而行，云散水坠，名为雨矣。”言雨出丘山，云载雨而行，云散雨无所载，故降于地下，降于地下，则成为雨矣。《说日篇》“云散水坠”与此“云雨降散”句法虽异而意实无别。《说日篇》又言：“夫云则雨，雨则云矣。”则《说日篇》“雨之出山”与此“云雨出于丘山”其实一也。明此“云雨”非衍误也。

风衰谷集，坠于中国。

忠按：“集”“坠”二字传写误倒。上文言：“人见其从上而坠，则谓之天雨水也。”又言：“不从天上降集于地。”又言：“参于天，集于地。”

“坠”谓降落，“集”谓止也，“风衰谷坠”与“从上而坠”“从天而降”同，“集于中国”与“集于地”同。下文“风衰叶下，集于中国”，“下”亦“坠”也。尤为此“集坠”误倒之佳证。

方今盛夏，雷雨时至，龙多登云，云龙相应，龙乘云雨而行，物类相致，非有为也。

旧校于“云龙相应”“云”字下云：“一有‘风兴’字。”

忠按：此当作“云雨与龙相应。”“兴”即“与”字之误也，二字形最近。后“雨”又误为“风”，校书者不知“风兴”即“雨与”之讹，遂删去也。旧校所见，盖已误而尚未删者。此言“云雨与龙相应”，故下句言“龙乘云雨而行，物类相致，非有为也”。《乱龙篇》：“夫龙与云雨同气，故能感动，以类相从。”与此言“云雨与龙相应”文义正同，作“云雨”而有“与”字，是此当作“云雨与龙相应”之证。《御览》二十二引此正作“云雨与龙相应”，宜据补正。惜刘氏未究。

夫以筯撞钟，以筭击鼓，不能鸣者，所用撞击者小也。

忠按：《御览》七百六引此“不能鸣”上有“钟鼓”二字，是也。此盖涉上“鼓”字而脱。

《福虚篇》一条：

初吞蛭时未死，而腹中热，蛭动作，故腹中疼。

刘盼遂云：“当是‘初吞时，蛭未死’，否则似惠王时未死矣。”

忠按：上文言：“食生物者无有不死，腹中热也。”下文言：“食生物无不死，死无不出。”“食生物者无有不死”与“食生物无不死”谓“食生物者生物无有不死”，“食生物生物无不死”也。此处“初吞蛭时未死”即初吞蛭时蛭未死，与上下文句式相同，是仲任自有此文法，“蛭时”二字不倒也。刘说非。

《祸虚篇》三条：

非蒙恬以不强谏，故致此祸，则巳下蚕室，有非者矣；巳无非，则其非蒙恬，非也。

刘盼遂云："'巳'为'己'之误，'无非'当是'有非'，此正承'己下蚕室，有非者矣'而来。"

忠按：刘氏谓"巳"为"己"之误，是也。谓"无非"当作"有非"，则大误。此文意为司马迁作《史记》以为蒙恬当强谏而不谏，故招致赐死之祸。仲任以子之矛陷子之盾，谓若依司马迁之说，则司马迁之下蚕室，与蒙恬赐死同，蒙恬赐死有不强谏之非，则司马迁下蚕室亦有非也。己若无非而致下蚕室之祸，则蒙恬受死非为不强谏也，而史迁以不强谏非之，则误矣。是原文作"无非"不误也。若改为"有非"，则文义转不通矣。

然以胡军攻取侯者数十人。

忠按：此句不通，"胡"上当依《史记·李将军传》补"击"字。"攻"读为"功"，《史记》正作"功"，用本字也。"功""攻"皆从工得声，二字古通用。《管子·禁藏篇》："农事习则功战巧矣。"《文选·魏都赋》："物背窳而就攻。"张载注："攻者，坚也。"韦昭《国语注》："坚曰功，脆曰苦。""攻"用为"功苦"之"功"。尹知章注《管子》云："功谓坚利。""功"训"坚利"，"攻"借作"功"，故"攻"亦训坚也。《韩非子·初见秦》："有功无功相事也。"《秦策》作："不攻耳无相攻事也。"《论语·为政篇》："攻乎异端。"定县四十号汉墓出土《论语》竹简作："功乎异端。"（见1981年《文物》第8期）本书《定贤篇》："有功强之权，无守平之智。"（《注释》改"功"为"攻"，非）并为"攻""功"相通之证。然则"然以击胡军攻取侯者"谓"以击胡军之功取侯者"也。今脱"击"字，则文义不明。

传书李斯妒同才，幽杀韩非于秦。

忠按："传书"下盖脱一"言"字，否则缺谓语。《感虚篇》："传书言苍颉作书，天雨粟，鬼夜哭。""传书言梁山崩，壅河，三日不流，晋君忧之。""传书言汤遭七年旱，以身祷于桑林，自责以六过，天乃雨。"《书虚篇》："传书言桓公妻姑姊妹七人。"与此行文同，并有"言"字，明此脱也。

《龙虚篇》两条：

龙与人同，独谓能升天者，谓龙神也。

忠按："能"当作"龙"，形近而讹，今"龙"误作"能"，致使文义不明。上文"且世谓龙升天者，必谓龙神"，此即复举之，明当作"独谓龙升天者"也。

慎子曰："蜚龙乘云，腾蛇游雾，云罢雨霁，与螾蚁同矣。"

忠按：此引见《慎子·威德篇》。《慎子》作"故腾蛇游雾，飞龙乘云，云罢雾霁，与蚯蚓同"。《韩非子·难势篇》引《慎子》云："飞龙乘云，腾蛇游雾，云罢雾霁（"霁"《初学记》引作"散"），而龙蛇与螾蚁同矣。"《后汉书·隗嚣传》注引《慎子》作："腾蛇游雾，飞龙乘云，云罢雾除，与蚯蚓同，失其所乘故也。""云罢雨霁"，诸书所引《慎子》"雨"均作"雾"，此独作"雨"者，非据本有异，"雨"乃"雾"字之残也。"云罢雾霁"总承上"蜚龙乘云，腾蛇游雾"而言，与"雨"字无涉，当依《慎子》改"雨"为"雾"。

《雷虚篇》八条：

人为雷所杀，询其身体若燔灼之状也。

吴承仕曰："'询'字疑'诊'之形讹，后文'即询其身'疑亦同此。"

忠按：吴说殆非。《尚书·尧典》："询事考言。""询""考"互文，"询"即考察之义也。下文："以人中雷而死，即询其身，中头则须发烧焦，中身则皮肤灼燌。"《实知篇》："沟有流澌，泽有枯骨，发首陋亡，肌肉腐绝，使人询之，能知其农商老少、若（或也）所犯而坐死乎?"诸"询"字皆为察义，无一作"诊"者，是"询"字本不误也。

世又信之，莫谓不然。

刘盼遂云："'又'当为'人'之误，《御览》十三引正作'世人'。"

忠按：《艺文类聚》（见《唐类函》）引此亦作“世人”，刘氏失检。

今钟鼓无所悬着，雷公之足无所蹈履，安得而为雷？

忠按：“钟”字乃“连”字之误，形近且涉上文多“钟鼓”连文而误也。上文言：“图画之工，图雷之状，累累如连鼓之形；又图一人，若力士之容，谓之雷公，使之左手引连鼓，右手推椎。”“其意以为雷声隆隆者，连鼓相扣击之意也”，仲任以钟鼓取譬，云，“相扣而音鸣者，非鼓即钟也，夫隆隆之声，鼓与钟邪？如审是也，钟鼓不而（即不能也，二字原误倒，据孙人和校改）空悬，须有簨虡，然后能安，然后能鸣。”故此言图画之工所画雷之状，其连鼓无所悬着，雷公之足无所蹈履，不得为雷也。图画之工图雷之状，仅若连鼓之形，与“钟”字无涉，而此即驳图画之工所画之非，断此“钟”字误也。

如炙处状似文字，人见之，谓天记书其过。

刘盼遂云：“‘炙’当为‘灸’字之误也。《说文》：‘灸，灼也。’”

忠按：刘说非。“炙”字不误。《说文》：“灼，炙也。”是“灼”“炙”义同也。《诗·小雅》“有兔斯首，燔之炙之”，又“执爨踖踖，为俎孔硕，或燔或炙”，均以“燔”“炙”互文。《玉篇》：“燔，烧也。”《广韵》：“燔，炙也。”是“燔”“炙”义同，均训烧灼也。“炙”字篆文作，从肉在火上，故用为名词则为肉、脍炙；用为动词则烧也。《尚书·泰誓》疏：“焚、炙俱烧也。”《道虚篇》：“黄之与白，犹肉腥炙之焦、鱼鲜煮之熟也。”其中“炙”字亦为烧灼之意也。足证此“炙”字不误。“灸”字作为烧灼义，特指中医的一种医疗法，其字金文作，象用微火灸灼人股以疗病也。《史记·仓公传》：“形弊者，不当关灸镵石及饮毒药也。”此“灸”字之用也。而此文是指雷火烧伤，与微火疗股无关，是“炙”字不能改为“灸”字也。

天之与人犹父子，有父为之变，子安能忽？

忠按：“有”字当训如、若，假设连词。《庄子·外物篇》：“人有能游，且得不游乎；人而不能游，且得游乎。”“而”“有”互文，“而”字训“如”，“有”字亦训“如”也。《管子·小匡篇》：“君有嘉惠于其臣，使诚不冻饥，则是君之赐也。”其中“有嘉惠于其臣”谓“如加惠于其臣也”。又《侈靡篇》：“大有臣甚大，将反为害。”王念孙云：“上‘大’字衍。”张文虎云：“上‘大’字为‘夫’字之误。”二说皆通。张文虎又云“‘有’字疑衍”，则非也。此“有”字非衍文，亦用为假设连词也。《淮南子·览冥训》：“夫有改调一弦，其于五音无所比，鼓之而二十五弦皆应，此未始异于声而音之君已形也。”“有”字亦训“如果”也。此并为其例。

如以一人皮不可书，鲁惠公夫人仲子，宋武公女也，生而有文在掌，曰为鲁夫人，文明可知，故仲子归鲁。

刘盼遂云：“‘一’即‘殪’之坏字。《说文·歺部》：‘殪，死也。’缘‘殪’脱歺为‘壹’，读者又改‘壹’为‘一’也。”

忠按：壹矢而死谓之殪，“殪”字训死，辄做动词，做谓语用。如《诗·小雅·吉日》：“殪此大兕。”《楚辞·国殇》：“左骖殪兮右刃伤。”是其例也。“殪”字作为形容词充当定语而修饰“人皮”，古书无此用法，刘氏之说不通，一也；“鲁惠公”以下至“仲子归鲁”，是言人皮可书，仲任以之驳“如以一人皮不可书”也。而仲子生而有文在其掌，非死人明矣，若依刘校改“一”为“殪”，训死，则驳“死人皮不可书”不可以活人皮可书也，此刘氏之说不通，二也。有此二不通，则刘氏之说非也。然“一人皮”亦不辞，“一”字盖衍文。《注释》据文义删“一”字，是也。

唐鞅曰：“王之所罪，尽不善者也。罚不善，善者胡为畏。”

忠按：“罚”字当作“罪”，形近而讹也。此本于《吕览·淫辞篇》，《吕览》正作“罪”，“罪不善”正承上“王之所罪，尽不善者也”而来。《荀子·解蔽篇》注引《论衡》作“罪不善者”，是唐时尚不误也，当据正。

又“善者胡为畏”，《荀子》注引同，《吕览》作“善者故为不畏”。疑

《吕览》本作“故为畏”，“不”字乃后人妄加也。“故”即“胡”也，均训“何”。《管子·侈靡篇》：“公将有行，故不送公?”《戒篇》作“盍不出从乎”，是“故”“盍”义同之例。“盍”字训“何”，“故”亦当训“何”。《墨子·尚贤中》：“故不察尚贤为政之本也。”该篇“故”字又作“胡”，此其通用之证。然则“故为畏”即“胡为畏”也，后人不明“故”字通“胡”，而于“畏”字上增“不”字，遂失其旧矣。幸《论衡》引不误，尚可察知《吕览》之旧。

王欲其臣之畏也，不若毋辨其善与不善而时罪之，斯群臣畏矣。

忠按：“而时”《吕览》同，《荀子》注引作“一时”。高诱注《吕览》云：“鞅令宋王善与不善皆罪之以立威。”考经传无以“时”训为“皆”者，疑高见《吕览》“时”字作“皆”也。上文言宋王所罪，尽不善者，群臣不畏，故唐鞅教宋王善与不善皆罪之以立威，据文义作“皆”者是也。古“时”字作“旹”，与“皆”字形近，盖“皆”字误为“旹”，又转写作“时”也。然今本《吕览》《论衡》及杨倞《荀子注》皆作“时”，其误尚矣。

又：“斯群臣畏矣”，《吕览》作“若此则群臣畏矣”，杨注《荀子》引《论衡》作“则群臣畏矣”。

《道虚篇》九条：

实黄帝者何等也，号乎，谥也?

忠按：“等”亦“何”也。裴学海《古书虚字集释》云：“等，犹何也。”章炳麟《新方言》云：“等，何也。”“何等”连文，重言也。本书“何等”重言屡见，均当训“何”。如本篇：“所谓尸解者何等也?谓身死精神去乎?谓身不死得免去皮肤也?”《非韩篇》：“夫法度之功者谓何等也?养三军之士，明赏罚之命，严刑峻法，富国强兵，此法度也。”《刺孟篇》：“名世者谓何等也?谓孔子之徒，孟子之辈，教授后生，觉悟顽愚乎?”以上“何等”均训“何”，此例尚多，不枚举。《艺增篇》：“击壤者曰：吾日出而作，日入而息，凿井而饮，耕田而食，尧何等力?”其中“尧何等力”，《乐府诗集·杂歌谣辞》引《帝王世纪》作“帝何力于我哉”，“帝何力”与“尧何等力”同，“何等”即“何”也。《孟子·公孙丑上》：“敢问夫子恶乎长?”赵歧注“丑问孟子才志所长何等”，是以“何等”训“恶”。“恶”，《词诠》云：“疑问代名词，何也。”然则“何等”亦“何也”。此为“何等”训“何”之证。《后汉书·文苑传》：“黄祖在蒙衝船上大会宾客，而衡言不逊顺，祖惭，乃呵之。衡而熟视曰：‘死公云等道。’”陆宗达云：“‘死公云等道’是隐语，‘死公’是‘鬼’，‘云’是‘话’，‘等’是‘什么’，即唐人云‘底’，‘道’是‘说’，‘死公云等道’即‘你说什么鬼话’。”（见《训诂简论》）此为“等”训“何”、训“什么”，做疑问代词之又一证也。《世说新语·雅量》：“令有酒色，因遥问：‘伧父欲食饼不？姓何等？可共语?’”“姓何等”谓“何姓也”。贾谊《新书·孽产子》：“夫无动而可以振天下之败者，何等也?”

方卷然龟背而食合梨。

旧校曰：“一本作‘蜊’。”

吴承仕曰：“后文作‘蜊’，疑一本作‘蜊’者是。”

《注释》据旧校改“梨”为“蜊”。

忠按：“合梨”即“蛤蜊”本字也，后加换意符写作“蛤蜊”。《三国志·蜀志·郤正传》注引《淮南子》亦作“合梨”，与王充所引正同，为此作“合梨”不误之切证也。今本《淮南子·道应训》作“蛤梨”，高诱注云：“蛤梨，海蚌也。”“梨”字与王充所引亦合，后文及一本作“蜊”者，当是后人所改，非其本也。（后人用加旁字改古书中本字，往往有之）《注释》据旧校改“梨”为“蜊”，非。

卢敖仍与之语曰：……

孙人和曰：“案此‘仍’字与‘扔’同。《广雅·释诂》：‘扔，引也。’《老子》释文引《字林》：‘扔，就也。’并其义。”

忠按："仍"字当训"乃"，二字义同。《三国志·吴志·吕蒙传》："既而张辽至夹石，闻城已拔，仍退。"《史记·淮南衡山传赞》："淮南衡山，专挟邪僻之计，谋为叛逆，仍父子再亡国，各不终其身。"王念孙、裴学海均训"仍"为"乃"。《世说新语》："鸡子于地圆转未止，仍下地，以屐齿碾之。""仍"亦"乃"也。《三国志·蜀志·郤正传》及《文选·郭璞·游仙诗》注引《淮南子》均作"卢敖乃与之语"，尤为"仍"字训"乃"之切证。今本《淮南子》无"乃"字，当据此及《三国志》注、《文选》注补之。

吾子唯以敖为背俗，去亲离党，穷观于六合之外者，非敖而已。

忠按："非敖而已"句末当脱"乎"字，此连上文义为："吾子虽（"唯""虽"古通。《史记·司马相如传》"唯大臣亦以为然"，即虽大臣亦以为然。《汉书·扬雄传》"唯其人之智赡哉"，《文选·解嘲》"唯"作"虽"，是其证）以为我背离世俗，抛弃亲友，然极游于天地四方之外者，不止我卢敖一人邪。"下文"若士者曰：'今子游始至于此，乃语穷观，岂不亦远哉？'"知此处"穷观六合之外"乃卢敖自谓；"非敖而已乎？"是反问句，即仅敖一人也。今脱"乎"字，义则相反。裴松之引《淮南子》及今本《淮南子》均有"乎"字，宜据补。

此犹□光日月而戴列星。

刘盼遂云："缺文程荣本同。《淮南》作'乎'，'戴'，宋本作'载'。"《注释》据章录杨校宋本改"戴"为"载"。

忠按：缺文当在"光"字下，今本《淮南子》及裴松之引"光"下均有"乎"字，此盖脱。又"戴"字不误，即顶戴之义也。此句言此尚能见到日月之光，并且头戴群星（言卢敖之游未为穷，犹在天地之间也）。裴松之引《淮南子》亦作"戴"（今《淮南》作"载"，二字通），与此正合，是"戴"字不误之证。

曼都好道学仙，委家亡去，三年而返，家问其状。

忠按：“家”下脱“人”字。《抱朴子内篇·遐览篇》载曼都学仙事作“家人问其故”，是其证。《北堂书钞》（见《唐类函·天部》）引此正作“家人问其状”。是唐时“人”字尚未脱也，当据补。

文挚至，不解屦登床履衣，问王之疾，王怒不与言。

孙人和曰：“‘履衣问王之疾’，亦不可通。既非裸袒问疾，则履衣无义。《吕氏春秋》作‘履王衣，问王之疾’，是也。此脱‘王’字，故文意不明，盖履王衣以示僭越，激王之怒也。”

忠按：孙说殊非。“履衣”当属上为义，“不解屦登床履衣”连读，孙氏以“履衣”属下为义，其误一也；“履”本皮制之鞋，《说文》曰：“履，足所依也。”又引申为“穿靴”。《康熙字典》：“以履加足亦曰履。”《史记·留侯世家》：“良因长跪履之。”即其例也。“履”字训“穿”，由名词转用作动词，仅限于“穿靴”，“穿衣”则用“衣”字，如《史记·淮阴侯列传》：“解衣衣我。”下“衣”字即“加衣”之义也。孙氏云：“既非裸袒问疾，则履衣无意。”是以履衣为穿衣也，其误二也。“履”字在此当训为“践踏”。《诗·小雅·小旻》：“如履薄冰。”“履薄冰”即踏薄冰也。“不解屦登床履衣”谓不脱鞋登齐王之床踏王之衣也。（“登床履衣”，“登”下、“履”下缘上下文并省“王”字）此举甚无礼，故王怒而不言也，孙氏解为盖履王衣以示僭越，非其旨，其误三也。《文选·七命》注引《吕览》作“登床履衣”，与此处所引正合，明此“履”下不脱“王”字。《论衡注释》已补“王”字，失之草率。

又“不解屦”，《吕览》作“不解履”，高注仍作“屦”，与《论衡》引同，是《吕览》作“履”者形近且涉下“履”字而误也。

凡人禀性，身本自轻，气本自长，百病伤之，故身重气劣也，非本气少身重，得药而乃气长身更轻也。

刘盼遂云：“‘而乃’为‘乃而’误倒。《论衡》多假‘而’为‘能’。”

忠按：刘说非。“而乃”即“而后”也。辨见《骨相篇》。

武帝去桓公铸铜器，且非少君所及见也。

吴承仕云：“‘去’字疑误。”

忠按：“去”字不误。“去”字读为“弆”，藏也。《左传·昭公十九年》：“莒有妇人，莒子杀其夫，已为嫠妇。及老，托于纪鄣纺焉，以度而去之。”《释文》引裴注《魏志》云：“古人谓藏为去。”孔颖达正义曰：“去即藏也。《字书》‘去’作‘弆’。”先秦两汉“弆藏”字多写作“去”。如《左传·襄公二十八年》：“御者知之，则去其肉而以其洎馈。”《释文》云：“去，起吕切，藏也。”《管子·小称篇》：“我且恶面而盛怨气焉，怨气见于面，恶言出乎口，去恶充以求美名，又可得乎？”“去恶充”谓藏恶实也。《管子校正》引俞樾云：“‘求’为‘来’字之误，‘去’‘来’相对。”是读“去”如字也，去弃恶实以来美名，岂有不可得乎？俞说非是。又《度地篇》：“春不收枯骨朽脊（“胔”同），伐枯木而去之，则夏旱至矣……。”“去之”谓掩藏尸骨也。《史记·周本纪》：“龙亡而漦在，椟而去之。”本书《奇怪篇》作“椟而藏之”。《晏子·杂上篇》：“晏子之鲁，朝食进馈，膳有豚焉，晏子曰：‘去其二肩。’”《汉书·陈遵传》：“遵性善书，与人尺牍，皆藏去以为荣。”又《苏武传》：“掘野鼠，去草实而食之。”以上诸“去”字均当训“藏”。“武帝去桓公铸铜器”谓汉武帝收藏齐桓公时所铸铜器也。《注释》训此句为汉武帝离齐桓公铸铜器（时间相隔很远），乃随文曲解，未达通假之义也。

《语增篇》三条：

齐淳于越进谏始皇，不封子弟功臣自为狭辅，刺周青臣以为面谀。

刘盼遂云“‘刾’为‘刺’之俗体，‘刺周青臣’不辞，疑本为‘劾’，‘劾’者，劾告罪人，后讹为‘刺’耳。”

忠按：刘说非是。“刺”字不误，“刺”者，非也，讥也。今讽刺之义即由此义引申而来。《本性篇》：“盗跖非人之窃也，庄蹻刺人之滥也。”又《论衡》篇目有《非韩》《刺孟》，此皆以“刺”“非”互文，是“刺”“非”

义近也。《问孔篇》："讥八佾之舞庭，刺泰山之旅祭。""讥""刺"互文，是"刺"亦"讥"也。《正说篇》载此事作"讥青臣之颂谓之为谀"，彼作"讥"，此作"刺"，"讥""刺"义同，明此不误。

坑士起自诸生为妖言。

忠按："坑"下当有"儒"字，今窜入上文"始皇许之""许"字之下。《论衡》他本皆作"始皇许之""坑儒士起自诸生为妖言"。如此明显窜文而刘氏未之校，盖刘氏见本尚不窜也。此当为《集解》印刷之误。

悉诣守卫集烧之。

忠按：《史记·始皇本纪》"集"作"杂"，二字声义通，"杂"字古写作"襍"。《说文》"襍"下云："五彩相会，从衣，集声。""襍"从"集"得声，故二字义通。《方言》《尔雅》"集"字皆有"杂"义。《别通篇》："东海之中，可食之物，集糅非一。""集糅"即"杂糅"也。此"集烧之"即"杂烧之"。《国语·越语下》："杂受其刑。"韦注云："杂犹俱也。"然则"杂烧之"即"俱烧之"也。

《儒增篇》五条：

中之一再，行败穿不可复射矣。

忠按："行"字当属上为义，"中之一再行"谓"中之数次也"。"行"犹"次"也，动量词。下文"射之数十行足以见巧"即射之数十次足以见巧也。《管子》："桓公饮管仲三行，趋出。""三行"犹"三次"也。《史记·司马相如列传》"为鼓一再行"与此用词同，"一再行"亦"数次"之义也。疑"一再行"乃汉人常语，故仲任文有"一再行"，史迁文亦有"一再行"也。《集解》此"行"字属下为读，是以"行"为"将"也，而下文"射之数十行"连读，前后标读不一，殆由不明"行"字之训所致也。递修本"行"字作"将"，证之以"射之数十行"，"将"字盖由不知"行"字训"次"而依意改也；或"将"字即"行"字旧注阑入正文而后人不察，反删"行"字也。《注释》据递修本改"行"为"将"，失其旧矣。

今先言尽出其腹实，内哀公之肝，又言尽，增其实也。

刘盼遂云："'又言尽'三字原在'内'字上，钞胥误脱，沾补于后耳，'先言'与'又言'为照应。"

忠按：刘说非。此承上文"如先内哀公之肝，乃出其腹实，则文当言内哀公之肝，出其腹实"而言，此当作"今先言出其腹实，乃内哀公之肝，又言尽，增其实也"。仲任例以"先""乃"对言，如《书虚篇》："子胥亦自先入镬，乃入江。"《道虚篇》："如审升天，宜举家先从（当作"徙"，形近而误）昆仑，乃得其阶。"并其证也。而此又与上文"如先内哀公之肝，乃出其腹实"相反为文，是以知此原文本作"今先言出其腹实，乃内哀公之肝"也。今脱"乃"字，失其照应矣。又"出"上"尽"字涉上文"尽出其腹实"而衍，否则与下"又言尽"犯复，"又言尽"三字位置不误，此远承上文"儒书言……尽出其腹实，乃内哀公之肝而死"而递层辨之也。刘氏之校，未明仲任本意，若依其校，则原文当作"今先言尽出其腹实，又言尽内哀公之肝，增其实也"。而儒书仅言"内哀公之肝而死"，未言"尽"字，则"又言尽内哀公之肝"中"尽"字无稽。

夫言其时射一杨叶中之可也，言其百发而百中，增之也。

忠按：此承上文"儒书称楚养由基善射，射一杨叶百发能百中之"而言，"射"上"时"字即"射"字之误而阑入正文者，宜刊去。

儒书言禽息荐百里奚，缪公未听，禽息出，当门仆头碎首而死……以达其友也。

忠按：《文选·演连珠》注引此"儒书"作"传"，无"未听"二字，"出"字在"缪公"下，无"而死"二字，无句末"也"字。《注释》据此移"出"字于"缪公未听"下，非是。禽息荐百里奚于缪公，揆诸事理，其时当在宫中（或朝廷上），由禽息"当门仆头碎首而死"，可知"出者"乃禽息从宫中出也。若禽息不出，何得当门仆头而死？《文选》注引文多脱讹，不足深据。

人有上书言新垣平所言神器事皆诈也。

忠按："器"疑为"气"字之声误，"神器"即上文新垣平所言"汾阴直有金气"也。下文"夫言鼎在泗水中，犹新垣平诈言鼎有神气见也"，正作"神气"，是其证也。又此文本于《史记·封禅书》，《史记》作"人有上书告新垣平所言气神事皆诈也"，虽"气神"二字互置，然正作"气"字，是其又一证也。

《艺增篇》两条：

以少言之，可也；言空而无人，亦尤甚也。

刘盼遂云："'尤'训过，训非。"

忠按：刘说非。此"尤"字当训为程度副词"太也"，"尤甚"训"太甚"。下文"《武成》言血流浮杵，亦太过焉"，又言"《史记》言尺，亦以太甚矣"，并与此义同，"尤甚"即"太甚""太过"也。

言血流杵，欲言诛纣，惟兵顿士伤，故至浮杵。

忠按："言血流杵"即复举上文《武成》之篇文。《武成》之篇作"血流浮杵"，上文亦皆作"血流浮杵"，此不得独作"血流杵"，"流"下当脱一"浮"字。

《问孔篇》一条：

富与贵，是人之所欲也，不以其道得之，不居也。

忠按："居"字今《论语》作"处"，本书《刺孟篇》及《盐铁论·褒贤篇》、高诱注《吕览·有度篇》、《后汉书·陈蕃传》均作"居"，与《论衡》引同，疑《论语》古本"处"有作"居"者。

《非韩篇》七条：

夫狂谲华士，段干木之类也，太公诛之无所却到；魏文侯式之，却强秦而全魏。

忠按："却到"二字不辞，《注释》训此句为"并没有抛除什么和得到什么"乃曲为之解，殊觉不妥。疑"到"乃"全"字之误，盖"全"误为

"至"，二字形近，而又转写作"到"也。"却全"即上文"今魏文式闾门之士却强秦之兵，全魏国之境也"。下文"魏文侯式之，却强秦而全魏"，是有所却全也。"太公诛之无所却到"与此相对为文，然则"到"当是"全"字之误无疑矣。

君子举贤以崇德，举善以劝民。

忠按："劝"字《韩非子·难三篇》作"观"，顾广圻云："藏本、今本'观'作'劝'，按此以'观'为是。'观'，示也。"陈奇猷曰："顾说是。《孔丛子》亦作'劝'，误。《外储说左下》'爵不足以观赏'，亦以'观'为示义。"顾、陈二说皆非也。"劝"字不误，《说文》："劝，勉也。""举善以劝民"即"举善以勉励民为善也"，其义自顺。《论衡》，《韩非子》藏本、今本及《孔丛子》皆作"劝"，作"劝"者是也，然作"观"者亦非误字。"观""劝"二字皆从"雚"得声，《韵会小补》："观，区愿切，音劝。"《礼·缁衣》"在昔上帝，周田观文王之德"，注"周田观"古文为"割申劝"。《释文》云："观，依注读为劝。"是"观""劝"读音相同之证也。"观""劝"音同，故古多通用。《吕氏春秋·劝学》一作"观师"。《中华大字典》："观，古通作劝。"《辞源》（改编本）："观，与劝通。"然《韩非子》作"观民"者，用借字也。《新序·节士篇》："故不赏而民劝，不罚而民畏。"

使吏执而问之，手杀其夫者也。

忠按：段成式《酉阳杂俎》引此文"手"上有"即"字，是也，此脱。《韩非子·难三篇》作"则手杀其夫者"。"则""即"古通，则此脱"即"字无疑。宜据《酉阳杂俎》引补之。

不明度量，待尽聪明劳知虑而以知奸，不亦无术乎！

刘盼遂云："'待'当为'徒'之误，又按《韩子》作'恃尽聪明'，亦与上文不接，或乃'特'字之讹欤?"

忠按：此"待"字不误。上文言"奸必待耳目之所及而后知之"，与此言“待尽聪明劳知虑而以知奸”义正同，是“待”字不误之证也。“待”即须也。《韩非子·奸劫弑臣篇》：“目必不任其数而待目以为明，所见者少矣，非不弊之术也；耳必不因其势而待耳以为聪，所闻者寡矣，非不欺之道也。”与此文义同，亦其证也。《韩非子》“待”作“恃”，作“恃”亦通，“恃”，赖也，靠也。《列子·说符篇》：“晋国苦盗，有郄雍者，能视盗之貌，察其眉睫之间而得其情。晋侯使视盗，千百无一遗焉。晋侯大喜，告赵文子曰：‘吾得一人而一国盗为尽矣，奚用多为?’文子曰：‘吾君恃伺察而得盗，盗不尽矣。’”“恃伺察而得盗”与《韩非子》“待尽聪明劳知虑而以知奸”义正同，是作“恃”者不误之证。刘氏之说非也。《知实篇》：“待其有功而后知其圣者，市人之知舜也。”

不任典城之吏，察参伍之正。

刘盼遂云：“‘参’上宜依《韩非子·难三篇》补‘不’字，方与上文‘不任典城之吏’一律。”

忠按：当在“察”字上补“不”字，“不察参伍之正”与“不任典城之吏”句式一律。若在“参”上补“不”字，非但与上句不一律，且文意难通矣。今《韩子》作“不察参伍之政”，“不”正在“察”字上。

韩子曰：“布帛寻常，庸人不择。”

孙诒让曰：“案《韩子·五蠹》‘择’作‘释’，字通。”

《注释》训“择”为“挑选”。

忠按：孙说是也。《墨子·节葬下》：“果非圣王之道，夫胡说中国之君子，为而不已，操而不择乎?”毕沅云：“‘择’，同‘释’。”即“择”“释”通之例。《淮南子·说山训》高注：“释，舍也。”“庸人不择”即庸人不舍之义。《注释》随文为解，未达其义也。

水之性胜火，如裹之以釜，水煎而不得胜，必矣。

忠按：“裹”字疑为“赢”字之误，“赢”，受也，盛也。《左传·宣公三十一年》杜注：“赢，受也。”即其义。本书恒以“赢”“盈”训“盛”，辨见上《命禄篇》补正。“羸之以釜”即盛之以釜也。“裹”字古写作“𣎆”，或作“嬴”，或作“赢”，均与“羸”形近，“羸”误作“嬴”（或𣎆、赢）又转写作“裹”也。

《刺孟篇》八条：

行仁义得安吉之利，孟子不且语问惠王，何谓利吾国。

孙诒让曰：“案‘不’疑当作‘必’。‘语’，余允文《尊孟辨》引作‘诘’，义较长。”

忠按：孙说未允。上文仲任论说利有二义：一为货财之利，一为安吉之利。而孟子对梁惠王所问“何以利吾国”，不辨其“利”究为何义，却径以货财之利答之。惠王问货财之利，孟子答以货财之利可也；若问安吉之利，孟子答以货财之利则非也。不明惠王问何种利，应先以语问惠王，“何谓利吾国”，而孟子不问，故仲任刺之不以语问惠王也。原文自通，“不”字不误。“且”字犹“以”也，说见裴学海《古书虚字集释》。“语”字亦非误字。若依孙校改“不”为“必”，“孟子必且诘问惠王何谓利吾国”与上下文言孟子径答以货财之利而不问惠王所问为何利乖背，失仲任刺孟之旨矣。

惠王言货财之利，乃可答若设。

刘盼遂云：“‘若设’二字疑误。”

忠按：“设”疑“语”字之误，“乃可答若语”谓乃可答以若上文所引孟子言“仁义而已，何必曰利也”。“若语”即指“仁义而已，何必曰利”也。《诸子集成》本、上海人民出版社本《论衡》“若设”二字均连下“令惠王之问未知何趣”为义，意亦欠通。

又《诸子新笺·韩非子新笺》云：“‘设’既从言，则本为陈言敷论之义。”然则“设”字亦可训为言语也，“设”字不误。“设”字训言语，余无证据，今遂高说于此，以备一意也。

取前日之不受是，则今受之非也；今日之受是，则前日之不受非也。

忠按："取"字疑即"则"字之误，而阑入正文者。下文"则前日之不受非也"，此涉之误衍也。今《孟子·公孙丑篇》及《诸子集成》本《论衡》均无"取"字，是也。

又："则今受之非也"疑本作"则今日之受非也"。"今"下"日"字脱，而"之受"又误倒也。下文"今日之受是，则前日之不受非也"与此相反为文。有"日"字，"之"在"受"字上，是其证。此引《孟子·公孙丑下》文，《孟子》正作"则今日之受非也"，宜据补正。

后车数十乘，从者数百人，以传食于诸侯，不亦泰乎？

忠按："不亦泰乎？"《孟子·滕文公章句下》作"不以泰乎"，注云："得无为甚奢乎？"是以"以"字训为程度副词"甚"也。裴学海云："'亦''以'一声之转。"然则此"亦"字亦当训"太"、训"甚也"。"亦"字此训见《词诠》。

有士于此而子悦之。

忠按："士"字《孟子·公孙丑下》作"仕"，焦循正义引翟灏《考异》曰："《礼记·曲礼》'士载言'注云：'士或为仕。'《周礼·载师》'以宅田士田贾田任近郊之地'注云：'士读为仕。'《后汉书·赵壹传》'昔人或思士而无从'，注以'思士'为孟轲，盖亦以'士'读为'仕'，'士'与'仕'古多通用。"又《荀子·致仕篇下》卢文弨曰："刘向元目亦作《致仕》，其当篇皆作《致士》，当由古'仕'与'士'本通也。""士""仕"相通，亦见俞樾《古书疑义举例》。《四书辨疑》云："仕当作士，传写之差也。"非是。此作"士"者，用本字。

今以燕伐燕，何为劝之也？

忠按："也"字《孟子》作"哉"。裴学海云："也，犹'哉'也。""也""哉"均表疑问语气。《孟子》注"哉"为"乎"，是也。

夫天未欲平治天下乎？

忠按：《孟子》"乎"字作"也"，赵岐注此句云："此乃天自未欲平治天下耳。”则此“乎”字当训为“也”。裴学海曰：“乎，犹‘也’也。”下文又言“以天未欲平治天下也”“夫天不欲平治天下也”，均作“也”，是此“乎”字当训“也”表停顿之证。《注释》训此句为“难道上天不想把天下治理好吗?”是以“乎”为疑问语词也，非是。

当今之世，舍我而谁也。

忠按：“而”字下文同，今《孟子》作“其”，《文选·陈太丘碑文》注引《孟子》作“舍我而谁”，与此引正同。疑古本《孟子》“其”有作“而”者。《诸子集成·论衡》作“舍我其谁也”，当是据今本《孟子》改。

《谈天篇》三条（后增一条）：

刀剑矛戟不能刺之，强弩利矢不能胜射也。

刘盼遂云：“《说郛》引作‘强弓利矢’，又‘射’字作‘之’，宜据改，与上句‘刀剑矛戟不能刺之’一律。”

忠按：刘说非也。“之”字无由误为“射”字，疑此本作“强弩利矢不能射之也”。“之”字草书与重文符号“乙”相似，故“射之”误为“射射”也，“射射”不通，后人又据形近而改上“射”字为“胜”以通其义，遂失《论衡》之旧矣。“强弩利矢不能射之”与上句“刀剑戈矛不能刺之”句式一律。于刀剑戈矛则言“刺”，于强弩利矢则言“射”，文正相应。刘氏据《说郛》欲改“射”为“之”，恐失仲任遣词之义也。

又“剌”字当作“刺”，形近而误也。《诸子集成》本不误，宜据正。

日剌径千里，今从东海之上、会稽鄞鄮（旧作“质”，据刘校改）则察日之初出径二尺，尚远之验也。

忠按：“则察日之初出径二尺”与上语气不贯，且语意难通。“则”字疑在“初出”下，“今从东海之上会稽鄞鄮察日之初出则径二尺”作一句读，“则”字窜入“察”字上，则此句断为两橛。“则径二尺”与上“日剌径千里”相应。

如在东南，近日所出；日如出时，其光宜大。

忠按："日如出时"当作"日始出时"，涉上"如"字而误，"如""始"二字形亦近。此言中国若在地之东南，则距日所出之地近也；日始出时，人视日光宜大。上文言"日刺径千里，今从东海之上会稽鄞鄮察日之初出则径二尺，尚远之验也"，"初出"即始出也，此"如"为"始"字误之证。

案禹之《山经》，淮南之《地形》。

忠按："禹"下疑脱"益"字。上文言"禹主治水，益之记物"，又言"邹子行地不若禹益"。

《说日篇》六条：

夫去百里不见泰山，况日去人以万里数乎？

刘盼遂云："下文'天之去地六万余里'，则此脱一'六'字。"

忠按：刘说非也。"以万里数"即数以万里计也，其中自包括六万里，下文言"去地六万余里"与此言"以万里数"并不矛盾。《韩非子·外储说右上》："子夏曰：《春秋》之记，臣杀君、子杀父者以十数矣。"《淮南子·主术训》："《春秋》二百四十二年，亡国五十二，弑君三十六。"一言"以十数"，一言"三十六"，与此一言"以万数"，一言"六万余里"相同，"以十数"即"数十"，"以万数"即"数万也"。本书《自纪篇》："韩非之书，一条无异，篇以十第，文以万数。"今《韩非子》有五十五篇，十余万字。《史记·淮阴侯列传》："诸将行道亡者数十人……上（刘邦）复骂曰：诸将亡者以十数，公无所追，追信诈也。"一言"数十人"，一言"以十数"，此亦为"以十数""以万数"即"数十""数万"之证。若依刘校补"六"字，则"以六万里数"非仅六万也；且古人称数言"以十数""以百数""以千数""以万数""以十万数"等，无言"以六万数"者也。本书《纪妖篇》"天之去人以万里数"与此言"日之去人以万里数"正同，是此不脱"六"字之切证。

今日西转不复见者，非入也。

忠按："非入也"语意未足，疑脱"亦远也"三字。上文以"把火夜行，去人十里火光灭矣，非灭也，远也"作譬，以证此"日西转不复见者，非入也，亦远也"。《晋书·天文志》云："今日西转不复见，是火灭之类也。"即约举此文。"火灭之类"谓"非入也，远也"。"亦远也"三字与上文"远也"呼应，上文又云"今视日入，非入也，亦远也"，与此行文一律。是此脱"亦远也"三字之证。

事异义同，盖其实也，其言与雨俱之，集也。

忠按："其言与雨俱之，集也"文义难通，"集"盖"虚"字之误。"虚也"与上句"盖其实也"相对为文。下文"夫辛卯之夜明，故星不见，明则不雨之验也，雨气阴暗安得明？明则无雨，安得与雨俱？夫如是，言与雨俱者非实，且言夜明不见，安得见星与雨俱"即论证此"其言与雨俱之，虚也"。或"集"下脱一"虚"字。

初出为云，云繁为雨，犹甚而泥露濡污衣服。

忠按："犹甚而泥露濡污衣服"则此不当言"云繁为雨"也，"雨"字误。《文选·张载杂诗》注引此作"繁云为翳"，作"翳"者是也，此作"雨"者，涉上下文多"雨"字而误。张载《杂诗》云："翳翳结繁云。"李善引此"云繁为翳"作注，明唐时《论衡》作"繁云为翳"尚不误也。《毛诗》云："曀曀其阴。"李善云："'翳'与'曀'古字通。"刘熙《释名》云："曀，翳也。言掩翳日光使不明也。"又《是应篇》："雨济而阴一者谓之甘雨。"《类聚》（见《唐类函·天部三》）、《御览》十一引并作"阴曀"，《类聚》（《唐类函·天部五》）引作"物翳"。"一"即"曀"之坏字而误者，而"曀"或引作"翳"者，二字通也。然则"云繁为翳"即"云繁为曀"也。《说文》："曀，阴而风也。"即其义。此言"初出为云，云繁为曀，犹甚而泥露濡污衣服"义正相贯。今"曀"误为"雨"，则下文言"犹甚而泥露濡污衣服，若雨之状"，不通矣。

所论之言，犹谓春秋，不谓冬与夏也。

忠按："犹"字当为"独"字之误。二字形近。上文"冬日之阴，何故犹灭日明"，孙人和云："'犹'字于义无取，疑'独'字之误。"《潜夫论·潜叹篇》："而道独抑于下也。"汪继培笺云："'独'旧作'犹'，据《治要》改。"此其误例。"所论之言"者谓上文"儒者论日旦出扶桑，暮入细柳也"。"独谓春秋"即上文"扶桑，东方地；细柳，西方野也。桑柳，天地之际，日月常所出入之处。问曰：岁二月八月时，日出正东，日入正西，可谓日出于扶桑，入于细柳"也。而夏日长与冬日短之时，日不出于正东，不入于正西，则不出扶桑、入细柳也。故仲任云儒者所谓日旦出扶桑、暮入细柳乃独谓春秋，不谓冬夏也。"不谓"与"独谓"相应。

难曰：附地之气不行，人附地何以行？曰：人之行，求有为也。人道有为，故行求。

忠按：下"求"字于义无取，盖涉上"求"字而衍。此"人道有为故行"正答上"人附地何以行"之问，不当有"求"字。下文"人道有为故行，天道无为何行"正承此问难，"人道有为故行"即复举此文，无"求"字，是其证。

《答佞篇》三条：

传曰：苏秦、张仪从横习之鬼谷先生。

孙人和曰："案当作'苏秦、张仪习从横之术于鬼谷先生'。今脱'术'字'于'字，又将'习'字误倒于'纵横'之下，故文义不顺。《御览》六十二及四百八十引并作'苏秦、张仪学从横之术于鬼谷先生'。"

忠按：孙说是也。《艺文类聚》（见《唐类函·人部》）引此亦作"苏秦、张仪学纵横之术于鬼谷先生"。孙氏失检，故补出之。

苏秦、张仪习从横之术于鬼谷先生，掘地为坑曰："下说令我泣出则耐分人君之地。"

忠按："先生"二字当重，否则"掘地为坑曰"主语似有苏、张之嫌，而从下文"下说令我泣出"云云，知此"掘地为坑曰"乃先生所为，并非苏、张，故“先生”二字当重，分别属上下为句。《艺文类聚》《御览》四八八引此并重“先生”二字，当据补。

际会发见，奸为觉露也。

刘盼遂云：“‘为’宜作‘伪’，‘奸伪’与‘际会’皆双字也。”

忠按：“为”读作“伪”，二字通，辨见《自纪篇》补正。

《程材篇》三条：

知宾客以暂为固，不知儒生以希为拙。

忠按：此以“固”“拙”互文见义。《礼记·哀公问》：“公曰：‘寡人固，不固焉得闻此言。’”注：“固，陋也。”

谓文吏更事，儒生不习，可也；谓文吏深长，儒生浅短，知妄矣。

忠按：此以“妄矣”与上“可也”相对应，“知”字于义无取，疑即“短”字之误而羡入正文者。

案世间能建蹇蹇之节，成三谏之议，令将检身自敕，不敢邪曲者，率多儒生。

忠按：“蹇蹇”当读为“謇謇”，二字古通。《楚辞·离骚》：“余固知謇謇之为患兮。”王逸注：“謇謇，忠贞貌。《易》曰：‘王臣謇謇。’”洪兴祖《补注》曰：“今《易》作‘蹇蹇’，先儒引经多如此，盖古今本不同耳。”（《晋书·王豹传》“王臣謇謇”，与王逸引同）此“謇”“蹇”相通之证。《广韵》：“謇，正言也。”《韵会》：“直言也。”《离骚》：“余固知謇謇之为患兮。”清人朱冀训“謇謇”为直言貌，云：“謇謇者，犯颜苦口，屡进谠言也。”（见《先秦文学史参考资料》）此“建謇謇之节”者，即谓建犯颜苦口、屡进谠言之节也。

《量知篇》一条：

铜锡未采，在众石之间，工师凿掘，鈩橐铸铄乃成器。

刘盼遂云：“‘橐’当为‘橐’。‘橐’，鼓冶吹炭之器也。《后汉书·杜诗传》：‘造作水排，铸为农器。’李贤注：‘冶铸为排，以吹炭，排当作橐，古字通用。’”

忠按：“橐”字不误，古时常以“橐”指鼓风器。如《老子·道德经》：“天地之间其犹橐钥乎，虚而不屈，动而愈出。”魏源《本义》曰：“外橐内钥，机而鼓之，致风之器也。”《墨子·备穴篇》：“灶用四橐，穴且遇，以颉皋冲之，疾鼓橐熏之，必令习橐事者，勿离灶口。”又言：“具炉橐以牛皮。”《淮南子·本经训》：“鼓橐吹埵。”高诱注：“冶炉排橐也。”《文选·陆机〈文赋〉》：“同橐钥之无穷，与天地乎并育。”《吴越春秋》：“使童女三百，鼓橐装炭，铜铁乃濡。”（见《文选·七命》注引）以上诸“橐”字均与此文“橐”字义同，是“橐”非误字也。古人称鼓风器（犹今之风箱）为橐，或为橐（排），故高诱注《淮南》得以“排橐”为复词训正文“橐”字。不应因《后汉书》以“排”为鼓风器，径疑此“橐”字误也。

《谢短篇》五条：

夫三王之事虽近矣，经虽不载，义所连及，五经所当共知，儒生所当审说也。

忠按：此与上文“上古久远，其事闇昧，故经不载而师不说也”相对为文。“夫三王之事虽近矣”，“虽”字于义无取，疑为衍文，涉下“虽”字而衍也。此言三王之世较之上古始开、帝王初立则近矣，五经虽不载，然其事义连及，治五经者应当共知、所当共审也。故下文仲任以三代之事问儒生也。今衍“虽”字，语意不贯。

周犹为远，秦则汉之所伐也。

《注释》云：“伐，诛、灭。”

忠按：“伐”训征伐，但很少训为“灭”者，疑此“伐”字乃“代”字之讹，“伐”“代”形近易误。《量知篇》：“蒸所与众山之材干同也，代以为蒸。”《注释》改“代”为“伐”，形近而误也。《正说篇》：“汤因殷而兴，武王阶周而伐。”吴承仕曰：“‘伐’当为‘代’。”此“伐”“代”互讹之例。“秦则汉之所代”谓秦朝乃汉朝所替代者也。

秦何起而燔五经，何感而坑儒生。

刘盼遂云：“‘感’为‘憾’之假借字，俗作‘恨’。”

忠按：刘说非也。“感”当读如字，此以“感”“起”互文，二字义同。《语增篇》：“燔诗书起淳于越之谏，坑儒生起自诸生为妖言。”（“儒”字原窜入上文，据文义校正。辨见《语增篇》校补）其语正应此问，彼用两“起”字相对，此用“感”“起”相对，明“感”“起”义同也。“感”“起”互文本书习见。如《谢短篇》：“仓颉何感而作书？奚仲何起而作车？”《感类篇》：“奚仲感蜚蓬，而仓颉起鸟迹。”以上两例，“感”字读为“憾”则意不通矣，足破刘说。“感”字犹应也、因也。本书《解除篇》：“虎狼之来，应政失也；盗贼之至，起世乱也。”“应”字代“感”而与“起”互文，是“感”亦“应”也。又《文选·景福殿赋》：“感物众而思深，因居高而虑危。”“感”“因”互文，是“感”犹“因”也。《变动篇》：“感阴气也……起［阳］气也。”

秦燔诸书之时，《尚书》诸篇皆何在？

忠按：“诸书”疑为“诗书”之误，形近且涉下“诸”字而误也。古籍言“秦燔诗书”，无言“秦燔诸书”者。《正说篇》：“有敢藏诸书百家语者刑。”刘盼遂据《史记》谓“诸书”为“诗书”之误，此与彼误正同。

古者采诗，诗有文也；今《诗》无书，何知非秦燔五经，《诗》独无余禮也。

孙诒让云：“案：‘余禮’无义，‘禮’疑‘札’之误，‘札’误为‘礼’，转写作‘禮’，遂不可通。《庄子·人间世篇》：‘名也者相札也。’《释文》引崔譔云：‘札或作禮。’与此同误。”

忠按：孙说“禮”为“札”字之误，是也。然“何知秦燔诗独无余札也”尚不可通。“知”字当为“如”字之形误。《顺鼓篇》：“大水不责卿大夫而击鼓攻社，何知？”吴承仕云：“‘何知’疑当作‘何如’，《论衡》每以‘何如’‘如何’‘奈何’为征诘之词。”《遭虎篇》：“巧便不知。”刘盼遂云：“‘知’当为‘如’之形误。”此其误例也。此“何如”二字，亦征诘之词也，二字当独立成句。此言“古者采诗，诗有文也；而今《诗》中不载，何也？并非秦燔五经（五经有余篇）而独诗无余札以传于后也”。

《效力篇》六条：

然能举贤荐士，上书日记也。

刘盼遂云：“‘日’当为‘占’之形讹，占者，隐度也。《汉书·游侠陈遵传》：‘口占书吏。’注：口隐其辞以授吏也。《后汉书·袁敞传》：‘占狱吏上书自讼。’注：占谓口述也。《文选·陶徵士诔》：‘式遵遗占。’李注：口隐度其事令人书也。是‘占记’与‘上书’自为俪文，今本误‘日记’，所宜亟正。”

忠按：“日”当为“白”字之残误，“白”即“述说之义也”。《文选·永明十一年策秀才文》注引此正作“白”，是其切证。刘说非也。

夫然则贤者有云雨之知，故其吐文万牒以上。

忠按：“贤者”，《文选·陆机〈文赋〉》注引作“贤圣”，是也。“者”即“圣”字之误。“贤圣”承上文“谷子云、唐子高章奏百上，笔有余力，极言不讳，文不折乏，非夫才知之人不能为也；孔子周世多力之人也，作《春秋》，删五经，秘书微文，无所不定”而言，“贤”谓谷子云、唐子高，“圣”谓孔子。

王莽之时，省五经章句，皆为二十万，博士弟子郭路夜定旧说，死于烛下，精思不任，绝脉气灭也。

忠按：“绝脉”当作“脉绝”，传写误倒。“脉绝”与“气灭”结构一律。《初学记》卷十四、《御览》卷三七五又五四八引此并做“脉绝”，宜据乙转。

又：“郭路”，《御览》二三六、三七五、五四八引并作“郭略”。

才力不相如，则其知思不相及也。

吴承仕曰："'知思'无义，'思'当作'惠'，'知惠'即'智慧'。《量知篇》云：'御史之知，有司之惠也。'是其证。"

忠按：不改亦通。《说文》："思，睿也。"《玉篇》："睿，智也。"是"思""知"义同也，故可连用。又"思"字可训"虑"（见《六书总要》），"知思"即智虑也。原文自通，不烦改作。

故力不任强引，则有变恶折脊之祸；知不能用贤，则有伤德毁名之败。

《注释》训"则有变恶折脊之祸"为"就会出现突然的恶变，造成脊骨折断的灾祸"。

忠按：注非。此本以"变恶折脊之祸"与"伤德毁名之败"相对，句式一律。"变恶""折脊""伤德""毁名"为四动名词组，"伤""毁"互文，"变""折"亦互文，"变"亦"折"也。《书虚篇》："鹳得，人持其头，变折其颈。""变""折"连言，是其证。《非韩篇》："使童子变孟贲之意，孟贲怒之……""变"亦"折"也。"折"，拗也，挫也。"恶"当作"要"。"要"即"腰"本字。"变要"即折腰，扭腰也。古从"亚"之字多写作从"西"之字。《雷虚篇》"哂然而笑"，《御览》三百九十一引作"哑哑而笑"，是其例也。"恶"字或作"悪"，与"要"形近，故二字多互讹。《讥日篇》："如以降蔽人身者神恶之。"《御览》一八一引"恶"作"要"，是其例也。《注释》既不明"变"字训"折"，又不知"恶"即"要"字之讹，曲为之解，甚不足从。

孔子力能举北门之关，不以力自章。

忠按：《列子》云："孔子劲能招国门之关（招同翘，翘者，举也）而不肯以力闻。"盖仲任所本。

《别通篇》两条：

鼻不知香臭曰痈。

忠按：《说文》："痈，肿也。"非此鼻不知香臭之谓。"痈"字当读为

“齅”。《埤苍》：“齈，鼻病也。”《字汇》：“鼻塞曰齈。”“齈”“齅”同字。《御览》三六七引此作“鼻不知臭曰齅”，用本字也。

空器在厨，金银涂饰，其中无物益于饥，人不顾也；肴膳甘醢，土釜之盛，入者鄉之。

孙诒让曰：“案‘鄉’当为‘饗’之坏字。”

忠按：孙说非也。“鄉”初文作“”，向二人相向而食之形，故有面向之义。刘熙《释名》云：“鄉，向也，众所向也。”即其义；又有饮食之义。后小篆讹变作“”，遂用为乡邑字，其“面向”之义加意符写作“嚮”，其饮食之义加意符写作“饗”。然汉代仍有以“鄉”字训为“饗”“嚮”者，是其古义汉代尚未消失殆尽也。《汉书·文帝纪》：“专鄉独美之福。”“鄉”字《史记》作“享”，《资治通鉴》作“飨”，“享”“飨”“饗”三字同，是后汉“鄉”仍有“享”义也。此处“入者鄉之”正用其本义，非坏字也。“鄉”初文作、、，此字从、从或从、从，皆象飨食时宾主相向之状，即“饗”字也。古公卿之“卿”、乡党之“乡”、饗食之“饗”皆为一字，后世析为三（见《古籀汇编》）。

《超奇篇》三条：

文由外而兴，未必实才学文相副也。

忠按：“学”字当为“与”字之误。“學”“與”形近。此以“文”与“实才”相对为文，“学”字于义无取。《初学记》卷二十一、《太平御览》卷五百八十五引此“学”字并作“與”，是也。此言“文由外兴，与实才未必相称”。《注释》训此为“实际才能未必能跟学识文采相符”，乃随文曲解，不足从也。

无能建功之验，徒能笔说之效也。

忠按：“笔说”不辞，当是“华说”之误，“華”“筆”形近。“华说”者即上文“且浅意于华叶之言”也。《文选·文赋》：“亦非华说之所能精。”李善引此为之作注正作“华说”。李注引文虽有删削，然其引此“华说”以注《文赋》“华说”，不容有误，唐时“笔”字作“华”，不误无疑，宜据正。

班叔皮续《太史公书》百篇以上，记事详悉，义浅理备，观读之者以为甲，而太史公乙。

刘盼遂云：“‘浅’当为‘浛’之声误。”

忠按：刘说是也。《正说篇》：“人道浃，王道备，夫据三世则浃备之说非。”此“浃备”连言、互文之证。“义浃理备”，“浃”“备”亦互文也。《史通》卷七《鉴识》云：“王充著书，既甲班而乙马。”自注云：“王充谓彪文义浃备，纪事详赡，观者以为甲，以太史公为乙也。”即本于此文，“王充谓彪文义浃备”即此“义浃理备”也，是刘知几见本“浃”尚不误也。刘氏失检。

《谴告篇》二条：

夫国之有灾异也，犹家人之有变怪也。有灾异，谓天谴人君；有变怪，天复谴告家人乎？

忠按：此以“家”譬“国”，“犹家人”“人”字涉下文“家人”而衍。家中有变怪，不谓天谴告家人，则国有变怪，亦非天谴告人君也，此仲任之旨。

又“谓天谴人君”，“谴”下脱一“告”字。此约举上文论灾异者谓“古之人君为政失道，天用灾异谴告之也”之言也。且“有灾害谓天谴告人君”，与“有变怪天复谴告家人乎”相对为文，亦不容无“告”字。

时或咸苦酸淡不应口者，犹人勺药失其和也。

刘盼遂云：“‘犹’为‘由’之音讹，‘犹’‘由’虽古通，然‘犹’可以作‘由’，‘由’不可以作‘犹’也。”

忠按：刘说非也。《正说篇》：“夫经之有篇也，犹有章句；有章句，犹有文字也。”刘氏谓：“‘犹有章句’也，‘犹有文字’也，两‘犹’字皆为‘由’之借字。言篇之成立，由于章句；章句之成立，由于文字也，古书‘由’‘犹’多通用。”其说如此，与此矛盾。实者古书“犹”可以作“由”，“由”亦可以作“犹”。《谈天篇》：“犹此考之，则无恍惚明矣。”“犹此考之”即“由此考之”也。（《说郛》引作由，用本字也。）《公羊传·庄公四年》：“纪侯不诛，至今有纪者，犹无明天子也。”即谓“由无明天子也”（见《词诠》）。《文选·谢朓〈始出尚书省诗〉》：“防口犹宽政。”李善注曰：“言防众口实由宽政。”即以本字训借字也。《古代汉语·夫子当路于齐章》：“然而文王犹方百里起，是以难也。”注曰：“犹，同‘由’。”此并为“由”作“犹”之证。

又《文选·司马相如〈子虚赋〉》：“勺药之和具而后御之。”服虔曰“具，美也。或以芍药调食也。”文颖曰：“五味之和也。”晋灼曰：“《南都赋》曰：‘归雁鸣鵽，香稻鲜鱼，以为芍药。酸淡滋味，百种千名。’文说是也。”李善注曰：“服氏一说，以芍药为药名。或者犹说：今之煮马肝，犹加芍药，古之遗法。晋氏之说，以勺药为调和之意。枚乘《七发》曰：‘勺药之酱。’然则和调之言，于义为得。”李善之说是也。此“勺药失其和”亦谓和调不得法也。

《变动篇》四条：

故天且雨，商羊起舞，使天雨也。

《注释》于“使”上补“非”字，云：“‘非’字原本无，据文意增。”

忠按：此当作“故天且雨，商羊起舞；非商羊起舞，使天雨也”。盖抄书者写至“商羊起舞”而误以为写至下句“非商羊起舞”，遂脱此五字，文义不通矣。上文言：“王良策马，车骑盈野；非车骑盈野，而乃王良策马也。”下文言：“风至，为盗贼者感应之而起；非盗贼之人精气感天，使风至也。”行文均与此同，是以知此原文本作“故天且雨，商羊起舞；非商羊起舞，使天雨也”。而《注释》谓“使”上脱“非”字，得之于文义，而失诸文例也。

雷动而雉惊，发蛰而蚰出，起气也。

孙人和曰："案疑当作'雷动而雉发，惊蛰而虵出'。"

忠按：孙说非也，原文不倒，"发蛰"即"启蛰"也。《左传·桓公五年》："凡祀启蛰而郊。"疏云："《夏小正》曰：'正月启蛰。'其传曰：'言始发蛰也。'"是"发蛰"即"启蛰"也。疏又云："故汉室之始，以启蛰为正月中，雨水为二月节，及太初以后，更改气名以雨水为正月中，惊蛰为二月节，以迄于今，踵而不改。"《通纬·孝经援神契》云："雨水后十五日，斗指甲为惊蛰二月节。惊蛰者，蛰虫震惊起而出也。"本诸此及孔疏，是"惊蛰"一词于汉前名"启蛰"，为正月节；汉太初以后改"启蛰"为"惊蛰"，为二月节也。"启蛰""惊蛰""发蛰"同指节气，盖以蛰虫发动为名也。《太平御览》二十二引此作"雷动而雉惊，启蛰而蛇出"，是"发蛰"即"启蛰"、"发惊"二字不倒之证。

刘盼遂又云："'起'当为'趋'之误，下又脱一'阳'字，'趋阳气也'与上文'感阴气也'为对句。"

忠按：刘说"起"下脱"阳"字，是也。《御览》二十二引此正有"阳"字，刘氏失检。刘说"起"为"趋"字之误，则非，本书恒以"感""起"互文，辨见上《谢短篇》补正。"起"犹"缘"也，因也，由也。《解除篇》："虎狼之来，应政失也；盗贼之至，起世乱也。"《语增篇》："燔诗书起淳于越之谏，坑儒生起自诸生为妖言。"《讲瑞篇》："且瑞物皆起和气而生。"《定贤篇》："言必有起，犹文之必有为也。"《书解篇》："感伪起妄，源流气烝。"《对作篇》："起事不空为，因因不妄作。""起""因"互文见义。又"是故《论衡》之造也，起众书并失时，虚妄之言胜真美也"。《潜夫论·断讼篇》："今一岁断狱，虽以万计，然辞讼之辩，斗贼之发，乡部之治，狱官之治者，其状一也，本皆起民不诚信而数相欺绐也。"以上诸"起"字，皆训为"由""缘""因"，与此"起阳气也"之"起"字用法相同，是"起"字不误之证也。下文"人君起气而以赏罚""夫喜怒起事而发"，刘氏谓"起"亦"趋"之误字，亦非。

旌旗垂旒，旒缀于杆，杆东则旒随而西，苟谓寒温随刑罚而至，是以天气为缀旒也。

《注释》训“杆东则旒随而西”为“旗杆往东，穗带随即就往西飘”。

忠按：注非。仲任论旨为若将寒温看作天气随赏罚而至，是天气犹旗杆之缀旒也。旒系著于旗杆，旗杆往东则旒随而东，往西则随而西，“旒随而西”与“寒温随赏罚”两“随”字不当异训，皆为“随从”之义。《注释》“旒随而西”之“随”为“随即”，与下“随”字异训，其非一也。若依《注释》之说，“旗杆往东，穗带随即就往西飘”，是旒与旗杆不相随也。杆旒不相随，则何以喻“寒温随赏罚而至，是以天气为缀旒也”，其非二也。且旒系于杆，杆东运行，则旒亦当随而往东，即令逆风，旒向指西，然亦随杆东行，不能离杆独自而西也，其非三也。“随”既为“随从”之义，则原文当作“杆东则旒随而东，杆西则旒随而西”，因重书而脱“东杆西则旒随而”七字，遂使文义不通矣。此言旌旗垂旒系著于杆，杆东则随而东，杆西则随而西，若谓寒温随赏罚而至，是以天气为缀旒也，因其相随，故取为喻。

高祖至柏人亦动心。

忠按：“动心”当作“心动”，传写误倒。上文言“襄子至桥心动”，此言“高祖至柏人亦心动”，文义相承，句式一律。《感虚篇》正作“高祖亦心动”，是其切证。

《明雩篇》三条：

审以政致之，不脩所以失之，而從请求，安能复之。

忠按：“從”当作“徒”，形近而误。下文“文仲知非政，故徒修备，不改政治”作“徒”，是其证也。《讲瑞篇》：“不广结從。”章士钊谓：“‘從’为‘徒’字之误。”此其误例。《顺鼓篇》“不变其政，不罪其吏，而徒攻社，能何复塞”，与此行文同，彼作“徒”，是其证。《注解》训“从”为“从事”，随文曲解，仍不可通。

岁气调和，灾害不生，尚犹而雩。今有灵星，古昔之礼也。况岁气有变，水旱不时，人君畏惧，必痛甚矣。虽有灵星之祀，犹复雩，恐前不备，肜绎之义也。

刘盼遂云："'尚犹而'三字当有误，此处复语，非其所施。《左传·僖公四年》云：'一熏一莸，十年尚犹有臭。'言十年且如有莸气未歇，'十年尚'连文，'犹有臭'连文，非以'尚犹'为复语也。明《论》之'尚犹'为误矣。（略本俞氏（按：俞樾初）《癸巳类稿》说）"

忠按："尚犹"二字不误，此处"尚犹"复语，正其所施，"尚犹……况……"表层递关系，此处意为"风调雨顺尚犹当雩，况岁月有变，水旱不时乎?""尚犹"复语与"况"字呼应，古书常见。《须颂篇》："夫一字之谥，尚犹明主，况千言之论、万文之颂哉?"《淮南子·览冥训》："彼直求名耳，而能自要者，尚犹若此，又况夫宫天地怀万物而友造化含至和，直偶于人形，观九钻一，知之所不知而心未尝死者乎?"又《精神训》："彼则其为义耳，而尚犹不拘于物，又况无为者乎?""尚犹"或作"犹尚"。《左传·僖公五年》："亲以宠偪，犹尚害之，况以国乎?"《淮南子·泰族训》："从冥冥见昭昭，犹尚肆然而喜，又况出室坐堂。见日月光乎?"以上诸例，皆"犹尚"（或"尚犹"）连文，与"况"字呼应，与此句式正同，足证此"尚犹"不误，"而"字亦不误。裴学海释此"而"字为"当"（见《古书虚字集解》），是也。《左传》"十年尚犹有臭"，其中"尚犹"二字亦应连读，孔颖达正义曰："犹则尚之义，重言之耳。"孔颖达正以"尚犹"为复词。裴学海《古书虚字集解》云："尚，犹也。"即以"十年尚犹有臭"为例，并云："尚犹是复语，尚亦犹也。"其说甚是。若依俞、刘之说，"十年尚犹有臭"读作"十年尚，犹有臭"，则极为佶聱迂曲。即使《左传》"尚犹"不是复语，先秦两汉书中自有"尚犹"复语例，岂能以《左传》"尚犹"非复语，而证《论衡》之"尚犹"为误邪?

春二月雩，秋六月亦雩。

忠按："六月"当夏，不得言"秋"，"六"乃"八"字之误。《祭意篇》："春以二月，秋以八月。"又言："龙星二月见，则春雩祈谷雨；龙星八月将入，则秋雩祈谷实。"并其证也。余见《论衡》其他版本均作"八"，独此作"六"，而刘氏未下校语，疑出于印刷之误，非刘见本与他本有异也。

《顺鼓篇》一条：

雨不霁，祭女娲，于礼何见？伏牺、女娲俱圣者也，舍伏牺而祭女娲，《春秋》不言，董仲舒之议，其故何哉？

刘盼遂云："仲舒议上文不显，盖即'雨不霁，祭女娲'之语也，由下文'仲舒之意，殆谓女娲古妇人帝王者也'一段自明，此等处须好学深思而后知也。复阅《路史后记》卷二《女皇氏篇》注云：'董仲舒法，攻社不霁，则祀女娲。'自幸所见不误。"

忠按："雨不霁"以上仲任驳"大水攻社"之议，"其故何哉"以下论说"夫鼓未必攻，乃以鼓助呼号也"，亦对说《春秋》者立言，与上段相承，其中插入"雨不霁，祭女娲"数语，遂使文义断成两橛。今按"雨不霁"至"其故何哉"凡三十八字应在下文"世俗图画女娲之形""又其号曰女，仲舒之意殆谓女娲古妇人帝王者也"一段上。仲舒之意云云，即承"雨不霁"数语而言也。今此三十八字误窜于此，使此处上下文义不贯，且篇末"仲舒之意殆谓女娲古妇人帝王者也"之语亦无稽，必置此三十八字于"世俗图画女娲之形"上，方始文从字顺也。刘氏自喜于知仲舒之议即"雨不霁祭女娲"之语，殊不知此三十八字乃窜简也。

《乱龙篇》四条：

李子长为政，欲知囚情，以梧桐为人，象囚之形，凿地为埳，以卢为椁，卧木囚其中。囚罪正，则木囚不动；囚冤侵夺，木囚动出。不知囚之精神著木人乎？将精神之气动木囚也？

吴承仕云："《虞喜志林》云：'李子长欲知囚情，以梧桐为人，芦苇为牢。当罪，木囚不动；或冤，木囚乃夺。'（据陶宗仪《说郛》本）又按：《太平广记》一百七十一引《论衡》'李子长'作'李子苌'，'梧桐'作'梧槚'，'象囚之形'作'象囚人形'，'凿地为掐，以芦（忠按：当作"卢"，此引正文）为椁'，'掐'作'陷'，'卢'作'芦'，'椁'作'郭'，'囚罪正则木囚不动'作'囚罪正是木囚不动'，皆是也，当据改。'精神'作'天神'，疑《广记》误。"

忠按：吴说皆非也。"李子长"唯《太平广记》作"李子苌"，《唐类函》七十九载《白帖》、《酉阳杂俎》卷十《物异部》、《御览》九百五十六又六百四十二、《虞喜志林》引此并作"李子长"，《事类赋》卷二十五亦作"李子长"，明"长"字不误也。又"长""苌"二字通，"毛苌"，《后汉书》写作"毛长"，是其例也。

又"梧桐"二字诸类书所引同，唯《广记》引"桐"作"槚"。《白帖》《酉阳杂俎》皆唐人所著，其书作"梧桐"，是唐人所引与今本《论衡》同也。《广记》为宋人著而其引此"梧桐"作"梧槚"者，当是误字。《事类赋》卷二十五《桐部》引此作"梧桐"。

又"象囚之形"，吴氏谓《太平广记》作"象囚人形"，然我所见《广记》仍作"象囚之形"，诸类书引此亦作"象囚之形"，吴氏所据盖误本也，而谓此"象囚之形"当据《广记》作"象囚人形"，则误也。《事类赋》作"象囚形"。

又"凿地为掐"，《广记》作"凿地为陷"，"陷""掐"并误，其字当作"埳"。顾野王《玉篇》云："埳，同坎。"《白帖》引此正作"坎"，是其证也。《事类赋》作"凿地为埳"，不误。

又"以卢为椁"，《广记》作"以芦为郭"，《酉阳杂俎》作"以芦苇为郭籍"。"卢""芦"、"椁""郭"皆声同通用，"卢""郭"借字，"芦""椁"本字也。当各依其旧，无须改字。唯《酉阳杂俎》引此"郭"字下有"籍"字，《论衡》及其他类书所引皆无，盖"籍"字脱于唐代以后也。

"籍"者，以物衬垫之谓。《易·大过》："籍用白茅。"注云："以柔处下。""处下"即"籍"字之义，"以芦苇为椁籍"谓椁下垫以芦苇也。

又"囚罪正则木囚不动"，"则"字《广记》引作"是"。《白帖》及《御览》九百五十六引仍作"则"。"是""则"义同，此当各依其旧。"囚罪正"，《事类赋》作"囚罪若正"。

又"将精神之气动木囚也"，《广记》"精神"作"天神"，吴承仕疑《广记》误，非也。此当依《广记》引作"天神"，涉上句"不知囚之精神著木人乎"而误。若作"精神之气动木囚"，谓谁之精神也？必云囚之精神。若是囚之精神动木囚，则与上文"囚之精神著木人"何异？"天神"即天也。《明雩篇》："诸侯雩礼所祀，未知何神，如天神也，唯王者天乃歆。"此"天神"连言之证。《御览》六四二引此亦作"天神"，是作"天神"者不误之证。

立春东耕，为土象人，男女各二人。

忠按："男女各二人"，"人"当涉上文"土象人"而衍也。《唐类函·礼部》及《岁时部》两载《类聚》，及《太平御览》二百三十七又廿引此均无"人"字，是其证。《事类赋》四引亦无"人"字。

或立土牛，未必能耕也，顺气应时，示率下也。

孙人和曰："'立土牛'当作'立土象牛'，与上文'为土象人'句意相同，此脱'象'字。'未必能耕也'当作'土牛未必能耕也'，又脱'土牛'二字，故文意不明。《类聚》三十九、《御览》五百三十八并引作'或立土牛象人，土牛未毕而耕也'，'土牛'二字未脱。'或立土牛'作'或立土牛象人'亦非也，唯《事类赋》四引作'或立土象牛'，不误，当从之。至于《类聚》《御览》所引以'毕'为'必'，假'而'为'能'，盖古本《论衡》如此，今乃浅人妄改者也。"

忠按：孙说未确，"或立土牛"不脱"象"字，上文"为土象人"，"象人"即偶人也，《韩非子·显学篇》"象人百万，不可谓强"，言"偶人千万不可谓强也”。“为土象人”者，以土为偶人也。《谢短篇》“使立桃象人于门户”，桃象人即桃偶人。“象”非似类之象，孙氏谓“牛”上脱“象”字，是以“象”为似类之象也，此其一误也。

又：孙氏又云：“‘未必能耕也’当作‘土牛未必能耕也’，又脱‘土牛’二字，故文意不明。”此说亦非。于立春东耕仲任列举两事，其一即为土象人，男女各二，秉锄把耒。其二即或立土牛，“未必能耕也”兼承上二事所言，其上当脱“象人土牛”四字。“象人”即承上“为土象人”而言，“土牛”即承上“或立土牛”而言，若只补“土牛”二字，则“为土象人”一事无着落。《御览》五百三十七及廿、《唐类函·礼部》载《类聚》并有“象人土牛”四字，是其切证。孙氏既以“象人”为似人，故谓《类聚》《御览》作“象人土牛，未必能耕也”者亦非，此其再误也。

虽知木主非亲，亦当尽敬，有所主事。

忠按：“亦”当作“示”，形近而误。上文言“象人土牛未必能耕也，顺气应时，示率下也”，下文言“涂车刍灵，圣人知其无用，示象生存，不敢无也”，又言“天子射熊，诸侯射麋，卿大夫射虎豹，士射鹿豕，示服猛也”，行文均与此一致，“亦”字皆作“示”，是其证也。又下文云“以礼示意有四义”，“四义”者即“立春为土象人”“礼宗庙之主”“天子射熊”“涂车刍灵”也，此四义者为“以礼示意”。“以礼示意有四”，“木主非亲，示当尽敬，有所主事”为其一，明此“亦”字乃“示”字之误也。

《遭虎篇》一条：

仓卒之世，谷食之贵，百姓饥饿，自相啖食。

《注释》据章录杨校宋本改“之”为“乏”。

忠按：所改甚是，然“乏贵”亦不通。“贵”当作“匮”，形残致误也（且声同）。《治期篇》：“若此者由谷食乏绝，不能忍饥寒。”“乏绝”即“乏匮”也。又《薄葬篇》：“谷物乏匮。”《讇时篇》：“仓卒之世，谷食乏匮，人民饥饿，自相啖食。”《定贤篇》：“匮乏无以举礼。”并其切证。

《讲瑞篇》二条：

孝宣帝之时，凤凰集于上林，后又于长乐之宫东门树上。

忠按：“又”下疑脱“集”字，“又集”与上文“集”相应也。《宣汉篇》“鸾凤集长乐宫东门中树”即谓此事，有“集”字，是其证。又言“凤凰集于太山，后又集于新平”与此句式正同，有“集”字，亦为其证。

或问曰：《讲瑞》谓凤凰骐𬴊难知，世瑞不能别，今孝章之所致凤凰骐𬴊，不可得知乎？

忠按：“世瑞”当为“世儒”之误。“儒”“瑞”形近，且涉上下文多“瑞”字而误。“凤凰骐𬴊难知，世儒不能别”乃《讲瑞》通篇大旨。篇中言：“今五色之鸟，一角之兽，或时似类凤凰骐𬴊，其实非真，而说者（即世儒）欲以骨体毛色定凤凰骐𬴊，误矣。”又言：“世儒怀庸庸之知，赍无异之议，见圣不能知可保必矣。夫不能知圣，则不能知凤凰与骐𬴊。”“夫以不能知圣言之，则亦知其不能知凤凰与骐𬴊也，使凤凰羽翮长广，骐𬴊体高大，则见之者以为大鸟巨兽耳，何以别之？”又云：“后当复出见之凤凰骐𬴊，必已不与前世见出者相似类，而世儒自谓见而辄知之，奈何？”又言：“今之世儒之知不能过鲁人与终军，其见凤凰与骐𬴊，必从而疑之非恒之鸟兽耳，何能审其凤凰与骐𬴊乎？”皆言凤凰骐𬴊难知，世儒不能别之也。以此知“世瑞”乃“世儒”之讹。若作“世瑞”，“世瑞”指世上所有祥瑞乎？抑亦仅指凤𬴊之瑞也？若指世间所有祥瑞，则本篇仅论凤𬴊，未及其他；若仅指凤𬴊，则“世瑞不能别”与上句“凤凰骐𬴊难知”语义犯复，明“瑞”字误。

《指瑞篇》一条：

孔子见𬴊之获，获而又死，则自比于𬴊，自谓道绝不复行，将为小人所徯获也。

刘盼遂云：“徯当作傒，形近而讹。《淮南子·本经训》：‘傒人之子女。’高注：‘傒，系囚之系，读若鸡。’”

吴承仕云：“傒假为係，係获犹言系累，《淮南子·本经训》：‘傒人之子女。’高注云：‘系囚之系。’是其证。”

忠按：刘说近是，“徯”“傒”形极近，故讹。“傒”即“奚”之后起字，“奚”字甲骨文作“”“”“”，皆象以手抓被缚者之发形，因而“奚”字用为名词则为奴婢。奴隶社会奴婢多为战俘，故称奴婢为奚也。其字后又写作“媄”“傒”。《周礼·天官》：“酒人奚三百。”注云：“奚犹今官婢，通作媄、傒。”是其证。“奚”用作动词则为係、为获。“奚”字本象系获人之形，小篆变作，失人之形，故后人加旁写作“傒”以示意也。“傒”即有“获”义，故此以“傒获”重言也。

《是应篇》一条：

河中有此异物，时出浮扬，一身九头，人畏恶之，未必覆人之舟也。

忠按：“必”下盖脱“能”字。《御览》八九〇引此作“未必能覆舟也”，有“能”字，是其证。又《御览》引此句末尚有“亦谓之苍雉”一句，盖即“苍兕”之旧注，而今本脱者也。

《治期篇》一条：

国当衰乱，贤圣不能盛；时当治，恶人不能乱。

忠按：“衰”下“乱”字疑衍。此以“衰”“盛”、“治”“乱”相对为文，“国当衰，贤圣不能盛”与“时当治，恶人不能乱”句式一律。

《自然篇》一条：

使地三年乃成一叶，则万物之有叶者寡矣。

忠按：“地”上当脱“天”字。《列子·说符篇》记此事作：“使天地之生物，三年而成一叶，则物之有叶者寡矣。”《韩非子·喻老篇》作：“使天地三年乃成一叶，则物之有叶者寡矣。”《淮南子·泰族训》作：“使天地三年乃成一叶，则万物之有叶者寡矣。”并有“天”字，是其证也。下文“如孔子之言，万物之叶自为生也，故能并成。如天为之，其迟当若宋人刻楮叶矣。”“如天为之”即承此而言，其脱“天”字必矣。

《感类篇》三条：

《金滕》曰：秋大熟未获，天大雷电以风。

《注释》改“电”为“雨”，云：“‘雨’字原作‘电’，据下文‘天大雷雨’改。”

忠按：所改是也。下文又云：“故天雷雨以悟成王，夫一雷一雨之变，或以为葬疑，或以为信谗。”又：“当雷雨时，成王感惧。”又：“使天为周公怒，徒当雷，不当雨，今雷（原脱雷字，据刘校补）雨俱至，天怒且喜乎？”皆承此“天大雷雨”而言，若作“雷电”，则下文诸“雨”字言之无稽。然此引《尚书·金滕》文，《尚书》今作“雷电”，或仲任所见《尚书》与今本异而作“雷雨”，后人不察《论衡》文义而竟依《尚书》改作“雷电”也。

禾尽偃，大木斯拔。

忠按：“斯”读为“澌”。《玉篇》：“澌，又音儩，水尽也。”“澌”字训“尽”，故“斯”亦训“尽”。《诗·大雅》“文王斯怒。”郑笺：“斯，尽也。”即其证。其字或作“赐”，《文选·西征赋》：“若循环之无赐。”注引《方言》云：“赐，尽也。”或作“睗”，毛公鼎：“女母敢豕在乃服[illegible]（缪），夙夕敬念王畏不睗。”郭沫若训“睗”为“尽”。“斯”“澌”“赐”“睗”通用，皆可训“尽”，则此“大木斯拔”乃大木尽拔也，与上“禾尽偃”句式相同，《注释》训此“斯”字为“句中语气词，用来确指行为的对象”，非也。

见类验于寂漠。

《注释》据递修本改“漠”为“寞”。

忠按：“漠”“寞”二字古通用，不烦改字。《文选·东都赋》：“形神寂漠，耳目弗营。”注引《淮南子》曰：“和顺以寂漠。”均作“寂漠”，与此同，是“漠”字不误之证也。

《佚文篇》二条：

成帝奇霸之才，赦其辜，亦不减其经。

孙人和曰："'减'当作'灭'，下文云'故不烧灭之'，正与此文相应。"

忠按：孙说是也。《正说篇》载此事作："成帝高其才而不诛，亦惜其文而不灭。"正作"灭"字，是其切证，此作"减"者，形近而误。《无形篇》："死则气减。"孙人和云："'减'字当依元本作'灭'。"是其误例。

扬子云作《法言》，蜀富人赍钱千万，愿载于书，子云不听。夫富无仁义之行，圈中之鹿，栏中之牛也。

孙人和曰："《初学记》十八、《御览》四七二引此文'富'下并有'贾'字，'千万'作'十万'，'听'下有'曰'字，'之行'二字作'犹'，皆是也。今本脱误，当据补正。"

刘文典曰："《御览》八百二十九、八百三十六引亦并同。"

刘盼遂云："'夫'字是'云'字之误。"

忠按：孙氏谓"富"下脱"贾"字，"听"下脱"曰"字，"千万"当作"十万"，皆是也；谓"之行"二字当从《初学记》十八、《御览》四七二引作"犹"，则非矣。类书引文多节省，不可深据；且"之行"二字亦无由误为"犹"。此本作"夫富无仁义之行，犹圈中之鹿，栏中之牛也"，"之行"二字属上读，"圈"上脱"犹"字。《御览》八二九引此作"夫富无仁义之行，犹圈中之鹿"，正有"之行"二字，亦有"犹"字，明"之行"二字非"犹"字之误，而是脱"犹"字也。

又刘氏盼遂谓"夫"为"云"字之误，亦非。此"夫"字乃发语词，不误。《初学记》，《御览》四七二、八二九、八三六引此并作"夫"，无一作"云"字者，且《御览》四七二、《初学记》引"夫"上并有"曰"字，若依刘说，"夫"为"云"字之误，则"曰云"犯复，足证"夫"字不误。《御览》八二九、八三六引"夫"上无"曰"字，亦脱文也。

《死伪篇》三条：

其后四年，惠公与秦穆公战于韩地，为穆公所获。

忠按：狐突遇太子申生及太子申生告狐突以“帝许罚有罪”事在鲁僖公十年秋，而晋惠公为秦所获则在鲁僖公十五年十有一月壬戌，其间相隔五年有余，而仲任言“其后四年”，盖误。

范宣子浣而抚之曰……犹视。

忠按：“浣”本作“澣”，《说文》云：“濯衣垢也。浣，澣或从完。”又作“澣”。《诗·周南》：“薄澣我衣。”“浣”字本为洗衣，其义于此无取，此“浣”字疑读作“盥”，《说文》：“盥，澡手也。”《易·观卦》：“盥而不祭。”注云：“盥，将祭而洁手也。”本书《饥日篇》：“且沐者，去首垢也；洗，去足垢；盥，去手垢；浴，去身垢。”“盥”字小篆作“”。《正字通》云：“澡濯者，两手掬水，象形。”此“浣而抚之”谓洗手然后抚之也。《左传·襄公十九年》正作“盥”，用本字也。

又旧注于“犹视”下注云“左襄十四年传文”，“十四年”当是“十九年”之误，见《左传》。

伯有死，其后九年，郑人相惊以伯有。

忠按：据《左传》记载，“伯有死”事在鲁襄公三十年，襄公在位三十一年而卒，昭公继位，昭公七年，子产为伯有立后以止其祟，其间仅相隔八年耳，而“郑人相惊以伯有”事又在子产立其后前，则此言“其后九年”当有误。今按《昭七年传》云：“郑人相惊以伯有，曰‘伯有至矣’，则皆走，不知所往。铸刑书之岁二月，或梦伯有介而行，曰：‘壬子余将杀带也，明年壬寅，余又将杀段也。’及壬子，驷带卒，国人益惧。齐、燕平之月壬寅，公孙段卒，国人愈惧。其明月，子产立公孙泄及良止以抚之，乃止。”“铸刑书之岁”即昭公六年，《昭六年传》曰：“三月，郑人铸刑书。”是也。“传言铸刑书之岁二月，人或梦见伯有介而行”，此书言“后岁人或梦见伯有介而行”，则“后岁”即昭公六年也。“郑人相惊以伯有之后岁”为昭公六年，则“相惊以伯有”事当在昭公五年也。“齐燕平之月”即昭公七年正月，公孙带于是月卒，而伯有言“明年壬寅，余又将杀段也”，则伯有言此事时当在昭公六年，而驷带于是年卒也。伯有死于襄公三十年，“郑人相惊以伯有”事在昭公五年（其间相隔六年），“驷带卒”事在昭公六年三月三日（即壬子日，距伯有死已七年矣），公孙段死于昭公七年正月，子产为伯有立后在昭公七年二月（距伯有死八年），此言“伯有死其后九年”云云，与史实不符， “九”字当作“六”，或是“九”字由仲任误会《左传》原文而误也。

抑谚曰：“蕞尔小国。”

忠按：此引《左传·昭公七年》文，今《左传》无“尔”字。《文选·养生论》注引《左传》云：“子产曰：蕞尔小国。”并引杜注曰：“蕞尔，小貌也。”亦有“尔”字，与此同。疑《左传》本作“蕞尔小国”，而今本及杜注皆脱“尔”字也。

《纪妖篇》四条：

夜经泽中。

刘盼遂云：“‘经’当依《史记》作‘径’，方与下文‘径开化为蛇’‘当径’二‘径’字相应，径本小道而用为动词。”

忠按：刘说非也。“经”“径”二字音义通，皆当训为行。《汉书》“夜经泽中”，《文选·史岑〈出师颂〉》注引“经”作“径”。《易·上经》释文、《广雅·释言》皆言：“经，径也。”刘熙《释名》：“径，经也，言人之所经由也。”《左传·襄公二十五年》：“赵衰以壶餐从径。”《释文》：“径，读为经。”是“经”“径”音义通之证。本书《恢国篇》《吉验篇》记此事，一作“夜行”，一作“后行泽中”，是以“行”字代“经”“径”也。“经”“径”既通，则当各依其旧，不烦改作也。

再奏之，风至，大雨随之，裂帷幕，破俎豆，堕廊瓦。

忠按：“风”上脱“大”字，唯大风暴雨方能裂帷幕、破俎豆、堕廊瓦也。《史记·乐书》《韩非子·十过》及本书《感虚篇》皆有“大”字，是其证也。

当道者曰：臣野人，致帝命。遂不见，是谓何也?

忠按：“是谓何也”依文例当作“是何谓也”，“何谓”二字倒。上文：“晋平公闻新声云：‘何谓也?’”，下文赵襄子立一段云：“是何谓也?”又汉高祖一段云：“何谓也?”留侯张良一段云：“是何谓也?”“谓”字均在“何”字下，是其证也。

或曰：人亦有直梦，见甲明日则见甲矣，梦见君明日则见君矣。

忠按：上“梦”字当重，分别属上下为句。“梦见甲明日则见甲矣”与下句“梦见君明日则见君矣”句式一律。下文云：“直梦者，梦见甲、梦见君，明日见甲与君，此直也。”与此文义正同，此为分叙，下文乃合叙。若分叙下文，则为“直梦者，梦见甲明日见甲，梦见君明日见君，此直也”，与此文同矣。此脱“梦”字之证也。汪继培《潜夫论笺》引此正重“梦”字，不知所据何本。

《订鬼篇》一条：

日食阴盛，故攻阴之类；天旱阳盛，故愁阳之党。

忠按：“愁”字于义无取，疑为“焚”字之误，二字形近。下文“巫为阳党，故鲁僖公遭旱，议欲焚巫”，巫为阳党，焚巫即“焚阳之党”也，是“愁”为“焚”字误之证。“焚巫”事见《左传·僖公二十一年》：“夏大旱，公欲焚巫尫。”《礼记·檀弓》亦云：“岁旱，穆公召县子而问焉，曰：‘天久不雨，吾欲暴尫，而奚若?’”鲁穆公暴巫事亦见本书《明雩篇》。于省吾《甲骨文字释林序》：“甲骨文有‘巫妆’（邺初下三八六），又有‘烄’字作‘（甲四二二）’，象焚巫于火上，即暴巫以气（乞）雨。”是焚巫乞雨之事久矣。

《言毒篇》一条：

南道名毒曰短狐。

《注释》据《汉书·五行志》改“狐”为“弧”。

忠按：“狐”字不误。《说文》云：“蜮，短狐也。”《春秋·庄十八年》：“秋有蜮。”注云：“蜮，短狐也。”《本草》谓之射工。《诗·小雅·何人斯》：“为鬼为蜮。”毛传：“蜮，短狐也。”《洪范五行传》曰：“蜮，射人者也，生于南越地，南方谓之短狐者也。”（见《唐类函》卷二百）皆作“狐”，是“狐”字不误之证，《注释》改非。

《薄葬篇》一条：

圣人立义，有益于化，虽小不除；无补于政，虽大不与。

忠按：“与（與）”疑为“兴（興）”字之误，二字形近，故古书多互讹。《管子·臣乘马篇》：“五谷兴丰。”戴望云：“‘兴丰’不辞，‘兴’乃‘与’字之误，‘与’读为‘举’。举，皆也。”彼“与”字误为“兴”，此“兴”字误为“与”，道理正同。“虽大不兴”与上句“虽小不除”相反为文。

《四讳篇》一条：

人物也，子亦物也，子生与万物之生何以异？讳人之生谓之恶，万物之生又恶之乎？

忠按：“子亦物”，“子”字与上文“人”字犯复，当作“物亦物”，涉上下文多“子”字而误。上“物”字即“万物”之“物”。此以万物之生不恶论人生亦不当讳。下文“子生与万物之生何以异，讳人之生谓之恶，万物之生又恶之乎”即分承此“人物也，物亦物也”而言，是其证。且“人物也，物亦物也”乃《论衡》常语，如《论死篇》云：“人物也，物亦物也。”《齐世篇》：“物亦物也。”孙人和云：“当作‘人物也，物亦物也’。”是也，《注释》已补。此并为其证也。

《讥日篇》一条：

治木以赢尸，穿土以埋棺。

刘盼遂云：“‘赢’当‘裹’字之展转而误也。‘裹’字从衣从果，俗误作‘裸’，或又改作‘裸’，‘裸’字正字为‘羸’，世人少见‘羸’字，因改为‘羸’矣，‘羸尸’不可解。今世犹谓死者入殓为裹尸，此语盖自东京而然矣。”

忠按：刘说甚迂。此“羸”字不误，当训为盛受。“治木以羸尸”即治棺木以装殓尸体也，原文自通，不烦改作。辨见《命禄篇》补正。

《解除篇》一条：

鬼神如有知，必恚止战，不肯径去。

孙人和曰：“‘必恚止战’与上下文义均不相应，且既云‘必恚’，不得云‘止战’矣。既云‘止战’，不得不去矣，‘止’疑当作‘与’，草书形近而误。下文云‘挺剑操仗与鬼战斗’，又云‘其驱逐之与战斗无以异也’，并可证此文不当云‘止战’矣。”

忠按：“止”字不误，当训为“留止”，与停止义别。“止”训为留止，本书常见。下文“使鬼神乎，不为驱逐去止”，“去止”即去留也。又《儒增篇》：“留无道之桀纣，去衰末之周，非止去之宜、神有知之验也。”“止”亦“留”也。此“必恚止战”谓必愤恚留止与之战斗，不肯径去也，“止”“去”相对为文。孙氏谓既云“必恚”，不得云“止战”，是把“止战”理解为停战也，非。

《祭意篇》一条：

凡祭祀之义有二：一曰报功，二曰修先。报功以勉力，修先以崇恩。

忠按：二“修”字，《初学记》卷十三引同，《御览》五百二十六引并作“循”，作“循”者是也。《说文》：“循，行顺也。”下文言：“宗庙先祖，己之亲也。生时有养亲之道，死亡义不可背，故修祭祀，示如生存。”又言：“祭为不背先者，其恩犹季子带剑于冢树也。”先祖死，“义不可背”与“不背先”，即此“循先”之训也，此作“循”字不误之证也，“循”误作“脩”，又改写作“修”，遂不通矣。古书“循”“脩”“修”多互讹，不烦举例。

《实知篇》二条：

鲁僖公二十九年，介葛卢来朝，舍于昌衍之上，闻牛鸣，曰：“是牛生三牺，皆已用矣。”或问何以知之？曰：“其音云。”人问牛主，竟如其言。

忠按：《左·僖二十九年传》记介葛卢朝鲁凡两次，一在二十九年春，一在其冬，“舍于昌衍之上”者乃春朝鲁也，“闻牛鸣”者乃冬朝鲁也。仲任径言以“介葛卢来朝，闻牛鸣”，盖误合传文也。仲任家贫无书，阅洛阳肆乃通百家言，及其著书，难免误记。

往视之，目竟眇焉。

忠按：“往”上脱“使”字。《类聚》《御览》引此并有“使”字，是其证，当据补。

《知实篇》一条：

凡论事者，违实，不引效验，虽甘义繁说，众不见信。

忠按：“义”当作“议”，谓“议论”也。“众”当作“终”，声之误也。此言论事者不符合事实，不援引证据，虽甘议繁说，终不见信于人也。若作“众不见信”，则不见信者乃众人，非论事者也，乖仲任之旨。《文选·阮籍〈咏怀诗〉》注引此作“虽甘议繁辞，终不见信”，当据正。

《定贤篇》二条：

以为天下少双，海内寡二。

《注释》据递修本改“少”为“无”。

忠按：此本于《汉书·吾丘寿王传》。《汉书》作“以为天下少双，海内寡二”，与此文正同，是作“少”者不误也，《注释》改非。

客曰：“三子者皆贤于夫子，而为夫子服役，何也?”

忠按：“役”字当训“徒”，《庄子·庚桑楚》：“老聃之役有庚桑楚者。”释文引司马彪曰：“役，学徒弟子也。”本书《福虚篇》：“儒家之徒董无心，墨家之役缠子。”其中以“徒”“役”互文，“役”亦“徒”也。

《问孔篇》："诸入孔子门者，皆有善行，故称备徒役。"以"徒役"连言，是"徒""役"义同也。此言子贡、子路、颜渊三人皆过于孔子，而为孔子弟子，何也？"役"上"服"字于义无取，盖后人误以"役"为服役之意而误沾也。又此语出《淮南子·人间训》，《淮南子》"役"上正无"服"字，是其证也。

《正说篇》二条：

使干将寡刺而更击，蟒舍鹊而射雁，则下射无失矣。

忠按："寡"字于义无取，疑为"寘"字之误，"寘"即"置"字也。"寡""寘"形近易讹。《管子·版法篇》："置不能图。"《版法解》作："寡不能图。"此其误例。此以"置"字与下句"舍"字为互文，"置"即放置、舍弃之义也。

伏牺得八卦，非作之；文王得成六十四，非演之也。演、作之言，生于俗传。

忠按："俗传"当作"俗儒"，古"儒"字或作"偄"，与"傳"字形近，故多互讹。《定贤篇》："传者传学。"刘盼遂云："上'传'字是'儒'字之误。"此其例也。下文"今俗儒说之，春者岁之始，秋者其终也，《春秋》之经可以奉始养终，故号为《春秋》"，说《春秋》者谓春者岁之始云云，仲任斥之为俗儒之言，与此说《易》者谓伏牺作八卦、文王演为六十四，仲任言其生于俗儒意正同，是为"传"字误之证。

《案书篇》一条：

刘子攻、扬子云不能过也。

忠按："攻"当作"政"，形近而误。下文"使在百世之后，则子政、子云之党也"作"政"字，是其证。刘子政即刘向。

《对作篇》二条：

故虚妄之语不黜，则华文不见息；华文放流，则实事不见用。

刘盼遂云："'华文'下当有'不'字，今脱。上句'虚妄之语不黜，则华文不见息’与此同为骈偶也。”

忠按：刘说非也。“华文放流”承“华文不见息”而言，“放流”即“不见息”之义。“华文”谓华虚之文，与“实事”相对，实事不见用，缘华文不见息，欲使实事见用，必止华虚之文，此九增三虚之所为作也。若增“不”字，则大乖作者之意，且文义亦难通。下文“实虚之分定而华伪之文灭，华伪之文灭，则纯诚之化日以孳矣”与此相反为文，亦可证此“华文”下不当有“不”字。

且凡造作之过，意其言妄而谤诽也。

刘盼遂云：“‘意’字疑当为‘恶’字之讹，形相似也，又或为‘忌’之讹，声韵接近，黄晖说‘意’为发语词，似非。”

忠按：刘说非也。此“意”字当训为“殆”，不定之词也。《文选·长杨赋》：“意者以为事罔隆而不杀，物靡盛而不亏。”李善注引《广雅》云：“意，疑也。”“疑”即不定也。《案书篇》：“董仲舒著书不称子者，意殆自谓过诸子也。”“意殆”连言，是“意”“殆”义同之证。又《异虚篇》：“夫桑榖者，野草也，而生于朝，意朝亡乎？”“意朝亡乎”即殆朝亡乎也。《儒增篇》“汾阴直有金气，意周鼎出乎”，谓殆周鼎出乎也。《说日篇》“禹益所见，意似日非日也”，谓殆似日非日也。诸“意”字用法均与此同，“意其言妄而谤诽也”，谓殆由其言妄而诽谤也。作“意”字自通，不须破字。若依刘校改作“恶”或“忌”，转不通矣。

《自纪篇》四条：

秦始皇读韩非之书，叹曰：“犹独不得此人同时。”

忠按：《注释》据《佚文篇》删“犹”字，是也。“犹”即“独”字之驳文。另：宜据《佚文篇》及《史记·司马相如传》于“得”下补“与”字，“独不得与此人同时”谓独不能与韩非同时也。

又“独不得与此人同时”乃汉武帝读司马相如赋时之语，非秦始皇之语（见《史记·司马相如列传》及《韩非本传》），而此以之为始皇语，亦作者误记也。

今新书既在论譬，说俗为戾。

刘盼遂云："'为'疑当是'伪'或'讹'之形残。"

忠按：刘说非也。"为"字不误，读为"伪"，"为""伪"二字通。《定贤篇》："民不觉知是非之分，无益于弥为崇实之化。""弥为"即"弥伪"，与"崇实"相对为文。《答佞篇》："际会发见，奸为觉露。""奸为"即奸伪。《乱龙篇》："叶公以为画致真龙。"刘盼遂云："'为'借为'伪'，'伪画'与'真龙'对文。"《韩非子·五蠹篇》："为设诈称。""为""诈"互文，"为"即"伪"字。《管子·四称篇》："擅创为令，迷惑其君。"又《小称篇》："务为不久，盖虚不长。"王引之云："'为'即'伪'字也。"又《兵法解》："伪诈不敢向。"《幼官篇》"伪"字作"为"。《心术篇上》："变化则为生，为生则乱矣。"俞樾云："'为'当读为'伪'。"此并其证。

事众文饶，水大鱼多，帝都榖多，王市肩磨。

忠按："榖多"二字殊觉俗陋，疑为"毂击"之讹。"榖""轂"形近易误。《韩非子·外储说右上》："宋人屈榖见之。"《文选·七令》注引"榖"作"轂"，此其例也。"多"字当作"击"，涉上文"水大鱼多"而误也。《战国策·齐策一》："临淄之途，车毂击，人肩摩。"（此语亦见《史记·苏秦列传》）即仲任"帝都毂击，王市肩磨"之本。《文选·魏都赋》："百隧毂击，连轸方贯。"此"毂击"连言之例。此以"事众文饶，水大鱼多"相俪，"帝都毂击，王市肩磨"相偶，若作"榖多"，则失对矣。

文熟常在有以放贤，是则澧泉有故源，而嘉禾有旧根也。

章士钊云："'熟'疑当为'族'，声之误也。'熟'与'族'叠韵。"

刘盼遂云："章说'熟'为'族'误，是也。至谓本于叠韵，则非也。《广韵》'族''熟'虽同在入声一屋，然叠韵相借古籍罕见，毋宁谓本于双声，'族'为昨木切，'熟'为殊六切，同为齿音，故得相假。"

忠按：章、刘二说皆非也。“文熟常在”当作“必当因祖”，“文”“必”形近（“必”或写作“乂”），“常”“当”形声俱近，“熟”“祖”声亦近，故误。三字误后，文不成意，后人不察，颠倒位置又改“因”为“在”，遂失其旧矣。“必当因祖有以放贤”，“放”字亦误，当作“效”，二字形近。上文充细族孤门或嘲之曰：“……吾子何祖，其先不载，况未尝履墨涂，出儒门，吐论数千万言，宜为妖变，安得宝斯文而多贤？”故此驳之云：“必当因祖有以效贤，是则澧泉有故源，而嘉禾有旧根也。”今误作“文熟常在有以放贤”，则文意不通矣。《酉阳杂俎续集》卷四引此正作“必当因祖有以效贤”，文尚不误，亟宜据正。《注释》训此句为“如果作品的成熟总是对贤人（的东西）有所仿效”，乃随文曲解，不足辨也。

《辞海》语词分册指瑕百例

《中国语文》1980 年第 3 期发表了陶甫同志的《读〈辞海〉语词条目》和张世华同志的《〈辞海〉语词方面一些问题商榷》两篇文章，陶、张二人对《辞海》语词部分中的一些问题做了部分揭示，本人读后很受启发。稍觉遗憾的是陶、张两文对《辞海》语词分册中存在的问题揭示还不充分。本人在使用《辞海》时，也发现了一些问题。其中有一些是陶、张二文已涉及的，为避重复，本文不再赘述；陶、张二文未曾涉及之部分，本人愿意把它们拿出来同大家做进一步地探讨。

一、释义方面存在的问题

任何一部辞书，在解释词义方面都应做到准确、鲜明、简洁。《辞海》编纂者虽在这一方面做了很大努力，但并非无瑕可摘。现将《辞海》在解释词义方面存在的一些问题，初步归纳如下。

1. 释义不确

(1)“辵”：忽走或忽停。

按：《说文》：“辵，乍行乍止也。”《六书正讹》：“辵，从彳，从止，会意。”“彳”有“行”义，与“止”会意则为乍行乍止，忽走忽停。若依《辞海》释为“忽走或忽停”，那么“辵”的意义不是忽走就是忽停，二者不可得兼，与《说文》释义相乖，宜去掉“或”字。

（2）“揭竿”：高举旗竿，指人民起义。《史记·陈涉世家》：“斩木为兵，揭竿为旗。”

按：“斩木为兵，揭竿为旗”是说陈涉率领的农民起义军开始没有武器，没有旗帜，于是就斩伐树木作为武器，高举竹竿以为旗帜。引文中“竿”字即指竹竿，不应把“竿”字释为“旗竿”。又引文中的“揭竿为旗”就是“高举竹竿以为旗帜”之义，“指人民起义”是由于陈涉起义时举竿为旗，所以后来称农民起义为揭竿而起。“指人民起义”当作“后指人民起义”。

（3）“仗”：②兵卫。

按：“仗”是排列两旁，一一相对的兵卫，一般出现在朝会或迎接外宾的场合，表示一种礼仪。因其对仗，故称为“仗”，与“兵卫”的含义不尽相同。“兵卫”泛指一切卫兵，而“仗”只限于朝会、迎宾的兵卫。因此，“仗”字当依《辞源》释为“仪卫”。

（4）“鳙”：①鱼名。亦称“鳛”“花鲢”“胖头鱼”。

按：“鳙”与“鳛”音义同，实为同字异构。《史记·司马相如列传》：“鰅鳙鰬魠。”《文选·司马相如·上林赋》“鳙”字即写作“鳛”，即其相同之证。《辞海》于“鳛”字条下说“同鳙”，甚是。此处“鳙”字应注为“①同‘鳛’，鱼名，亦称‘花鲢’‘胖头鱼’”。若依《辞海》注释，“鳙”由原来的三种名称便变为四种，即鳙、鳛、花鲢、胖头鱼，误。

（5）“扇”：门扇；窗扇。因亦以计门窗及槅扇之数。如一扇门、两扇窗。

按：“扇”字在“一扇门”“两扇窗”里是量词，而不是数词。用来计门窗及槅扇之数的是例句中的数词“一”“两”而不是“扇”。所以，“因亦以计门窗及槅扇之数”当改作“因亦用作量词，即用作门窗及槅扇的计量单位”。

《辞海》中把量词当作数词来解释的病例还很多，如“封”“员”“场”等字的注释。为节省篇幅，不一一列举。

(6)“魄”：(二)②通“泊”。《史记・周本纪》：“流为乌，其色赤，其声魄云。”裴骃集解引马融曰：“魄然，安定意也。”

按：王充《论衡・雷虚篇》：“其魄然若敝裂（同“霹雳”）者，椎所击之声也。”刘盼遂说：“‘魄然’读若《泰誓》‘其声魄’之魄，犹今人言砰然矣。所以状劈历之声也。马融注《尚书》云：‘魄然，安定意。’恐非本旨。”刘说甚是。《论衡・雷虚篇》又云：“魄然若襞裂者，气射之声也。”亦以“魄然”状雷声，则此“魄”字断不可解为“安定意”。《史记・周本纪》：“有火自上复于下，至于王屋，流为乌，其色赤，其声魄云。”“魄云”即“魄然”（裴学海《古书虚字集释》“云”字训为“然”条下引此为例句）。又《封禅书》：“光辉若流星，从东南来集于祠城，则若雄鸡，其声殷云。”此两处所述之事相似，于《周本纪》以“魄云”来状“乌”（一作“雕”）之声，于《封禅书》以“殷云”来状雄鸡之声，“殷云”当与“魄云”义近。《诗・召南・殷其雷》：“殷其雷，在南山之阳。”毛传：“殷，雷声也。”“殷云”既为雷声，“魄云”亦当为“雷声”，证之以《论衡・雷虚篇》两例，则《史记・周本纪》“其声魄云”中“魄云”当为雷声无疑。解为“通‘泊’”“安定意”，误。

(7)“弥缝”：补救行事的阙失。《左传・僖公二十六年》：“弥缝其阙，而匡救其灾。”

按：若把《辞海》对“弥缝”的解释放入所引书证中，“弥缝其阙”便成为“补救行事的阙失其阙”，文义显然不通。“弥缝”应释为“弥补缝合”，《左传・昭公二年》杜注：“弥缝，犹补合也。”即其证。

(8)“自”：⑦用。《诗・大雅・绵》：“民之初生，自土沮漆。”毛传：“自，用；土，居也；沮水，漆水也。”

按：“用”字既可用作介词，又可用作动词，单用一“用”字训

“自”，意义不明。又，引用书证中“土”字《齐诗》作“杜”，水名。“沮”乃“徂”字之误，“徂”，犹往、到。“漆”，亦水名。（见王引之《经义述闻》卷六）因此，“自”字即介词“从”也。旧注以沮、漆为二水名，训“自”为“用”实误。此义项不成立，当删。

2. 释义不全

(9)“帑”：(二)通“孥”①。妻子。《左传·文公六年》：“宣子使臾骈送其帑。”

按：古书中“妻子”指妻子、儿女，与今言“妻子”有别。引文中“帑”字实兼妻子、儿女。“帑”，杜注：“妻子也。”孔疏：“《诗》云‘乐尔妻帑’，文已有妻，故毛传以帑为子，此传无妻，故杜并妻言之。帑者细弱之号，妻子俱得称之。”从孔疏中我们可看出，“帑”即兼指妻子、儿女。《左传》下文又云：“夷之蒐，贾季戮臾骈，臾骈之人欲尽杀贾氏以报焉，臾骈曰：‘不可，吾闻前志有之，曰：敌惠敌怨，不在后嗣，忠之道也……’尽具其帑，与其器用财贿，亲帅扞之，送致诸竟。”从这一段文字，我们也可以知道引文中的“帑”字兼指妻子和儿女。《史记·孝文本纪》：“罪人不帑，不诛无罪。”集解引苏林曰：“刑不及妻子。”“帑”字亦训为妻子、儿女。“帑”字除此训而外，尚可独训“子”。除上面孔疏中提到的“乐尔妻帑”外，又如《左传·文公十三年》：“乃使魏寿馀伪以魏叛者，以诱士会，执其帑于晋。”杜注：“帑，寿馀子。”又《襄公十四年》：“文子曰：‘君忌我矣，弗先必死。’并帑于妻，而入见蘧伯玉。”杜注：“帑，子也。”因此，“帑”（nú）字下应列三个义项：①儿女。②妻子、儿女的统称（“帑”为“孥”之借字。《辞海》“孥”字条下列此二义）。把原来“指鸟尾”的第二义项改为③。

(10)“食”：(二)（sì）通“饲”，给人吃。

按：《辞海》在“箪食壶浆”“箪食瓢饮”下都注明“食”字音 sì，“食”字读 sì 之音下只收入了“通‘饲’，给人吃”一义。若把此种解释放入“箪食壶浆”或“箪食瓢饮”里显然不通。“食”（sì）字除通“饲”而外，还有一条词义，即单指没有菜、汤的饭。如《礼・曲礼》：“食居人之左。”旧注：“食，饭属也。”《康熙字典》注音为“寺”。又《论语》“有酒食先生馔”中“食”，亦读sì。因此，“食”字单指饭属的这一词义似乎应收入《辞海》，“箪食壶浆”“箪食瓢饮”中的“食”，其词义即单指饭属，故读sì音。

（11）“妣”：母已死之称。《诗・周颂・丰年》：“烝畀祖妣。”

按：“烝畀祖妣”中的“妣”字和“祖”字并称，当指祖母或祖母辈以上的祖先。“妣”字同样用法的如《诗・小雅・斯》：“似续妣祖。”郑玄笺：“妣，先妣姜源（嫄）也。”“先妣”亦“祖先”之义。此例若依《辞海》释“妣”为“母已死之称”，显然错误。因此应把《诗・周颂・丰年》“烝畀祖妣”这一例句抽出来，另立“祖母或祖母辈以上的祖先”这一词义，把所引例句附于此一义项之下。新版《辞源》“妣”字下第一义项为“祖母和祖母辈以上的女性祖先”，第二义项为“母亲，……后来只用于亡母”，甚是。

（12）“毕”

按：“毕”字除《辞海》所收义项之外，似应再立“便捷、轻疾”这一义项。《墨子・兼爱篇》：“夫挈太山而越河济，可谓毕疾有力矣。”句中“毕疾”连言，孙诒让训“毕”为“疾”。《淮南子・览冥训》：“心怡气和，体便轻毕。”高诱注：“毕，疾也。”此并为“毕”字训“轻疾”之例。

（13）“擒”

按：《淮南子・道应训》：“十有九日而禽（擒）白公。”高诱注：“叶公杀白公也。”《史记・淮阴侯列传》：“此二人（指张耳、陈馀）相与，天下至欢也，然而卒相禽（擒）者，何也?”《汉书・蒯通传》记此事则曰：“通曰：‘始常山王（张耳）、成安君（陈馀）故相与为刎颈之交，及争张黡、陈释之事，常山王奉头鼠窜，以归汉王，借兵东下，战于鄗北，成安君死于泜水之南，头足异处，此二人相与，天下之至欢也，而卒相与灭亡者，何也?’”由“死于泜水之南”及“卒相灭亡”，我们可以得知《史记·淮阴侯列传》中的“卒相禽”即“卒相残杀”。《论衡·定贤篇》：“荆轲入秦之计，本欲劫秦王生致于燕，邂逅不偶，为秦所擒。”据《史记·刺客列传》记载，荆轲入秦献燕督亢地图，图穷匕首见，荆轲以匕首掷秦始皇，不中，为秦始皇及其左右所杀。由此可知，《论衡》中的“为秦所擒”即“为秦所杀”也。《辞海》“擒”字下除所收义项之外，似应加入训“杀”这一义项。否则，我们读古书时，对于训“杀”的“擒”字就会产生错误的理解。

(14)“集”

按：“集”字古书多训“杂”。如《孟子》：“是集义所生也。”旧注：“集，杂也。”《论衡·语增篇》：“悉诣守卫集烧之。”《史记·秦始皇本纪》“集”作“杂”。《对作篇》：“紫朱杂厕，瓦玉集糅。”其中“杂厕”与“集糅”互文见义，“集”亦当训为“杂”。《别通篇》：“东海之中，可食之物，集糅非一。”其中“集糅非一”即“杂糅非一”。除此而外，《方言》《广雅》皆云：“集，杂也。”因此，“集”字训“杂”这一义项似应收入《辞海》中。

(15)“洌”

按：《辞海》“洌”字条下只有“寒冷”一义。《醉翁亭记》：“泉香而酒洌。”其中的“洌”字显然不是“寒冷”的意思，而应理解为“清醇”。新版《辞源》“洌”字条下收入“清醇”这一义项。《古汉语常用字字典》也列有“酒清”这一义项。《辞海》在再版时，似应补入此义。

(16)“之”：⑤他、她、它。用于指行为的对象。

按：“之”字用于指行为的对象时，除释“他、她、它”外，还常用作复数。《辞源》在“之”字用作代词义项下，释为“他、它、他们”，《古汉语常用字字典》释为“他、她、它（们）”，均较《辞海》全面。

3. 遗漏假借义项

假借字是古代汉语，特别是先秦两汉文学作品中普遍存在的现象。在阅读古书时，难免碰到。《辞海》在释词时，除收该字的本义、引申义以外，还收入该字的假借义，这对阅读古书提供了很大方便。但是，有一些常见的通假现象却没有收入《辞海》，略举数例如下：

(17)“辟”

按：《辞海》于“辟”字条下收入了通“僻”、通“擗”、通“譬”、通“霹”、通“壁”、通“躄”、通“襞”、通“睥”等八项假借义。但“辟”字通“臂”这一义项却没收入。古书中“辟”作为“臂”的借字常见。如《墨子·备城门》：“城上二步一渠，渠立程（桯）丈三尺，冠长十丈，辟长六尺。”毕沅读“辟”为“臂”。《备穴篇》“辟”字作“臂”，即用本字。《庄子·逍遥游》：“子独不见狸狌乎，卑身而伏以候敖者，东西跳梁，不辟高下，中于机辟，死于网罟。”上“辟”字读为“避”，“机辟”即《楚辞·哀时命》“外迫胁于机臂兮”中的“机臂”。

(18)“阅”

按：“阅”字下似应另立通“穴”一义。《诗·蜉蝣》：“蜉蝣掘阅。”马瑞辰说：“‘阅’读为‘穴’。”《管子·山权数》：“北郭有掘阅（“阅”字原误作“阙”，据张佩纶校改）得龟者。”其中“掘阅”亦“掘穴”也。《庄子》：“空阅来风。”（见李善《文选》注引，今《庄子》无此文。）《宋玉·风赋》作“空穴来风”。《老子》：“塞其兑，闭其门。”“兑”即“阅”之省文，谓塞其穴也。此并为“阅”通“穴”之例。

(19)“彭”

按：“彭”字条下似应收入通“旁”一义。《周易·大有》：“九四，匪其彭，无咎。”王注：“三虽至圣，五不可舍，能辨斯数，专心承五，常非其旁，则无咎矣。旁谓三也。”孔颖达正义曰：“彭，旁也。”此以本字训借字。《墨子·备穴篇》：“筑垣聚土非常者，若（或也）彭有水浊非常者，此穴土也。”孙诒让引王注：“‘彭’与‘旁’通。”《韩非子·说林上》：“彭喜谓郑君曰：‘君勿听。’”顾广圻说：“‘彭’，《策》（《战国策》）作‘房’……‘房’当是‘旁’之误，‘彭’‘旁’同字也。”此“彭”“旁”相通之例。

（20）“哀”

按：“哀”字条下似应收入通“爱”一义。“哀”字作为“爱”之借字，古书常见。《乐记》：“肆直而慈爱者。”郑注：“‘爱’或为‘哀’。”《吕氏春秋·报更篇》：“人主胡可以不务哀士?”《淮南子·说林训》：“鸟飞反乡，兔走归窟，狐死首邱，寒将翔水，各哀其所生。”以上两例，高诱均读“哀”为“爱”。《管子·形势第二》：“见与之交几于不亲，见哀之役几于不结。”其中“哀”字亦为“爱”之借字。

（21）“汏”

按：《辞海》“汏 tài”字条下只收入“波涛”一义，此似应另立同“汰”一义。古书“太”字多作“大”，因而“汰”字亦写作“汏”。《辞海》“汰”字第一义项是“滑过”，书证为《左传·宣公四年》：“伯棼射王，汰辀。”然“汰辀”一语在《左传》中亦写作“汏辀”。如《昭公二十六年》：“繇朐（軥）汏辀。”杜预注：“朐，车轭；辀，车辕。汏，矢激。”“汏辀”即谓矢劲猛滑过车辕。

（22）“隆”

按：“隆”字条下似应增加通“閧”一义。“隆”字古书读为“閧”。《韩非子·八经篇》：“其患家隆劫杀之难作。”孙诒让曰：“‘隆’读为‘閧’。”又《吕氏春秋·察微篇》：“楚卑梁公举兵攻吴之边邑，吴王怒，使人举兵侵楚之边邑，吴楚以此大隆。”“大隆”即为“大閧”也。

（23）“成”

按：“成”字古书通“诚”。《管子·禁藏篇》：“故德莫若薄厚，使民死之；赏罚莫若必成，使民信之。”其中“赏罚莫若必成”一句，《九守篇》作“用赏者贵诚，用刑者贵必”。此“成”“诚”通用之证。《国语·周语》：“逆王命敬，奉礼义成。”其中“敬”“成”对文，“成”即“诚”之借字也。《逸周书·柔武篇》：“以信为动，以成为心。”王念孙云：“‘诚’古通作‘成’。”《大戴记·文王官人篇》“非诚质者也”，《周书》“诚”作“成”。《小戴记·经解篇》“衡诚县”注：“‘诚’或作‘成’。”《墨子·贵义篇》“子之言则成善矣”，“成”即“诚”字。（见《读书杂志》）因此，《辞海》“成”字条下似应加入通“诚”这一义项。

（24）“故”

按：“故”字古书多通“胡”。《墨子·尚贤中》：“子墨子言曰：‘今王公大人之君人民、主社稷、治国家，欲修保而无失，故不察尚贤为政之本也?’”王念孙曰：“‘故’与‘胡’同。”王说是也。同篇中亦写作“胡”，“胡”字训“何”。《管子·侈靡篇》：“公将有行，故不送公?”“故不送公”谓“何不送公”，“故”亦当读为“胡”。《辞海》“故”字条下似应收入此一义项。

（25）（缺文）

4. 混淆本义与假借义及其他

（26）“勃”：乖戾。《晋书·苻生载记》：“此儿狂勃，宜早除之。”

按：“勃”字训“乖戾”，是“悖”字的假借义。《论衡·遭虎篇》：“禀性狂勃。”刘盼遂云：“‘勃’读为‘悖’。”《辞海》“悖”（bèi）字条下第一义项“违背、违反”即《晋书》“狂勃”中“勃”字之义。因此，此“勃”字应解为“通‘悖’，乖戾”，非“勃”本字有乖戾之义。

（27）“精”：明朗，清明。

按：“精”字训“明朗、清明”是“晴”字的假借义，“精”“晴”二字古通。《史记·天官书》：“天精而见景星。”司马贞索隐云：“《汉书》作‘甠’，亦作‘暒’，郭璞注《三苍》云：‘暒，雨止无云也。’”“甠”“暒”皆“晴”之异体字，“天精而见景星”即“天晴而见景星”。因此，“精”

字应解为“通‘晴’，清明无云”。“精”字本身并无“明朗、清明”之义。

(28)“脖”：㊀切肉。《广雅·释器》：“脖，脔也。”

按：“脖”本义为切肉。《说文》：“脖，切肉也，从肉，专声。”此《辞海》训“脖”为“切肉”之本。“脖”字由“切肉”这一动词性词组转而引申为名词，即所切之肉也，即《广雅·释器》所谓“脔也”。“切肉”与“脔”，词性和词义均有别，不应并为一义。

(29)“櫄”：木名。似樗。《山海经·中山经》：“成侯之山，其上多櫄木。”郭璞注：“似樗树，材中车辕。”

按：“櫄”即“椿”字之异构。袁珂《山海经校笺》于“櫄木”下注引郝懿行云：“《说文》云‘杶，或作櫄’，即今‘椿’字也。”《急就篇》：“桐梓枞榕榆椿樗。”颜师古注：“‘椿’字或作‘櫄’，其音同。”因此，“櫄”字下应注明同“椿”。

二、引用书证方面存在的问题

《辞海》在所列义项下，一般都附加起辅助说明词义和揭示语源作用的例句。例句中较难懂的词句附有旧注，或者附加一些简单的文字说明。这对于帮助理解词义有一定的用处。但《辞海》在引文方面存在着许多问题。

1. 引文旧注张冠李戴

(30)“椶”：木名。即水松。……《文选·张衡〈南都赋〉》：“其木则柽、松、楔、椶。”薛综注引郭璞曰：“椶似松柏，有刺。”

按：薛综只注过张衡的《东京赋》和《西京赋》，并不曾注《南都赋》。另外，薛综为三国时吴人，孙权曾召为五官郎中，官至太子少傅而卒；郭璞为西晋人，薛综生前不可能见到郭璞注，如何能引郭璞之说？查《文选》得知，“郭璞曰”云云乃李善注引，“薛综”当为“李善”之误。

(31)“悽遽”：惊慌失措貌。《文选·张衡〈西京赋〉》：“百禽悽遽，骙瞿奔触。”李善注：“悽犹怖也；遽，促也；骙瞿，走貌。”

按：李善于《文选·西京赋》“薛综注”下云：“旧注是者，因而留之，并于篇首题其姓名，其有乖缪，臣乃具释，并称臣善以别之；他皆类此。”《辞海》所引“悛犹怖也”至“走貌”，本为旧注，即薛综注。自《文选》注文中“善曰”以下才是李善注，“《羽猎赋》曰‘虎豹之陵遽’”为李善所引以注正文“百禽悛遽”，明“悛犹怖也”至“走貌”非李善注，“李善”当改为“薛综”。

(32)“汁”：㊁通“协”“叶”，协和、和谐。《方言》第三：“自关而东曰协，关西曰汁。”《文选·张衡〈西京赋〉》：“五纬相汁，以旅于东井。”李善注：“汁，叶也。”

按：《文选·西京赋》“五纬相汁以旅于东井”下注云：“善曰：‘五纬，五星也。’”（茶陵本“善曰”二字在“也”字下）《汉书》曰：“汉元年十月，五星聚于东井，沛公至灞上。又曰：此高祖受命之符。已见《西都赋》。《方言》曰：汁，叶也，之十切。郭璞曰：叶，和也。”据此可知“李善注：‘汁，叶也。’”当作“李善注引《方言》曰：‘汁，叶也。’”。

(33)“嬥歌”：古代巴人的歌舞。《文选·左思〈魏都赋〉》：“或明发而嬥歌。”李善注引何晏曰：“巴子讴歌，相引牵连手而跳歌也。”

按：《辞海》所引“巴子讴歌，相引牵连手而跳歌也”，当是旧注，《文选·魏都赋》“或明发而嬥歌”下面的注文中，“巴子讴歌”以上并无“善曰”字样，自“善曰”以下方为李善注，知《辞海》所引为旧注也。茶陵本《文选·魏都赋》题刘渊林（逵）注，袁本、尤本均无注者名。《胡氏考异》云：“各本皆非也，当有‘张载注’三字。何云：前注张载为注魏都。陈云：赋末善曰：张以攫，先陇反云云，则知卷首本题张孟阳注，与前合，后来误作刘渊林耳。所说是也，袁、茶陵赋中每节注首‘刘曰’皆非，盖合并六家时，已误其题矣。”据此，《辞海》所谓“李善注引何晏曰”当作“张载注引何晏曰”。

又：《辞海》“䐑䐑”条下，引《文选·魏都赋》：“䐑䐑坰野。”刘逵

注："美也。""刘逵"亦当作"张载"。"畹"字下"刘逵注引班固曰"当作"张载注引班固曰"。

（34）"鍐"：马头上的装饰。《文选·张衡〈东京赋〉》："金鍐镂钖。"薛综注引蔡邕曰："金鍐者，马冠也。高广各五寸，上如玉华形，在马髦前。"

按：所引《东京赋》原文及注如下："龙辀华轙，金鍐镂钖。"注："辀，车辕，辕端上刻作龙头也。华，采画也（自此以上为薛综注）。善曰：《尔雅》曰：载辔谓之轙。郭璞曰：在轼上环辔所贯也。蔡邕曰：金鍐者，马冠也。高广各五寸，上如玉华形，在马髦前。"自"善曰"以下为李善注，"金鍐者"云云，乃李善注引蔡邕之说。因此，"薛综"为"李善"之误。

（35）"符采"：珠玉的光彩。《文选·左思〈蜀都赋〉》："其间则有虎珀丹青，江珠瑕英，金沙银砾，符采彪炳，晖丽灼烁。"李善注："符采，玉之横文也。"

按：所引注文以下在《文选·蜀都赋》注中有"善曰"字样，而在"符采，玉之横文也"以上并不曾出现"善曰"二字，所引当为旧注，"李善"当改作"刘逵"。

另外，据胡克家《考异》，引文中"银砾"之"砾"当作"铄"。

（36）"丰隆"：古代神话中的云神，一曰雷神。……《文选·张衡〈思玄赋〉》："丰隆軯其震霆兮，列缺晔其照夜。"李善注："丰隆，雷公也。"

按：所引"丰隆，雷公也"，在《文选·思玄赋》注文中"善曰"以上，知此断非善注。《思玄赋》下但题"旧注"二字，李善云："未详注者姓名。"则所引"李善注：'丰隆，雷公也。'"当作"旧注：'丰隆，雷公也。'"或者作"李善引旧注：'丰隆，雷公也。'"。

（37）"重光"：[①]指日和月。《文选·左思〈吴都赋〉》："常重光。"李善注："谓日月画于旗上也。"

按：查《文选·吴都赋》"谓日月画于旗上也"为刘逵注语，此作"李善"，误。

(38)"启"：⑦古代军队的左翼。《左传·襄公二十三年》："启牢成御襄罢师。"孔颖达疏："左翼曰启。"

按：查《十三经注疏》，孔颖达疏中"左翼曰启，右翼曰胠"本杜预注语。《辞海》"胠"字条下引《左传》，"右翼为胠"为杜预注语，是也。此处"孔颖达疏"亦当作"杜预注"。

(39)"区"：㊁②隐匿。《左传·昭公七年》："作仆区之法。"孔颖达疏引服虔曰："仆，隐也；区，匿也，为隐亡人之法也。"

按：《辞海》"仆"字"仆区"条下引《左传·昭公七年》，"仆区"注为"陆德明释文引服虔曰"，而此处却说是"孔颖达疏引服虔曰"。查《左传·昭公七年》"作仆区之法"，杜预注下所附《释文》"仆，隐也；区，匿也，为隐亡人之法也"，则《辞海》所引正为陆德明释文引服虔说，此处"孔颖达疏"当作"陆德明释文"。

2. 引文错字

(40)"泰"：骄恣。《文选·张衡〈西京赋〉》："心奓体忲。"薛综注："言公子生于贵戚，心志侈溢，体安骄泰也。"

按："心奓体忲"，胡克家《考异》曰："'忲'当作'泰'，注'侈忲'同，薛注云：体安骄泰者，其本作'泰'而如字解之也。又云：'泰'或为忲习之'忲'者，读'泰'为'忲'，又一解也。善引《小雅》曰'狃，忲也'者，为薛后解申说也。然则善本必同薛作泰，今各本作忲，盖不知者误改之。"据此，所引《西京赋》"心奓体忲"之"忲"乃"泰"字之误。

(41)"褫魄"：神思恍惚，精神不振。犹言丧魂落魄。《文选·张衡〈东京赋〉》："罔然若酲，朝疲夕倦，夺气褫魄之为者也。"

按：查李善注本《文选》，引文中“疲”字作“罢”，“罢”为“疲”之借字，此处应引作“罢”，并应于“罢”字下用括号标出通“疲”。另外，“者”字下无“也”字，不知《辞海》引文所据何本。

（42）“鹍”：③大鸟名。《文选·张衡〈西京赋〉》：“翔鹍仰而弗逮。”

按：据李善注本《文选》，“弗”为“不”字之误。《西京赋》“翔鹍仰而不逮”，李善注引郭璞曰：“鹍即鹍鸡也。鹍与鹍同。”据此，“鹍”字下应注明同“鹍”。古书中“鹍鸡”亦作“鹍鸡”。扬雄《太玄经》“鹍鸡朝飞”，《淮南子·览冥训》“轶鹍鸡于姑馀”，以及《穆天子传》“鹍鸡飞八百里”（见《文选》注引），此皆作“鹍鸡”者。《楚辞·九辩》：“鹍鸡啁哳而悲鸣。”此作“鹍鸡”者也。字或省作“昆”。《汉书·司马相如列传》“乱昆鸡”，颜师古注：“‘昆’同‘鹍’。”此“鹍”“鹍”同用之证。

（43）“穷奇”：③古以为凶恶的人的称号。《左传·文公十八年》：“少皞氏有不才子，毁信废忠，崇饰恶言，靖谮庸回，服谗搜慝，以诬盛德，天下之民谓之穷奇。”

按：“搜慝”之“搜”当作“蒐”，《左传》作“蒐”。《古汉语常用字字典》引作“蒐”（“蒐”字条下）。杜预注“蒐，隐也”，明“搜”字误。

（44）“飘眇”：①声音清脆而悠长。《文选·成公绥〈啸赋〉》：“横郁鸣而滔涸，冽飘眇而清昶。”李善注：“飘眇，声清长貌。”

按：胡克家《考异》云：“袁本、茶陵本‘飘眇’作‘缭眺’，注同。案《晋书》作‘缭眺’，尤改恐误。”此说是也。尤本“眇”下注：“他鸟切。”查“眇”字无此音，而“眺”字确是读“他鸟切”。此当为李善旧注而尤氏未改者。据此可知，李善所见本与《晋书》相同，“飘眇”作“缭眺”，袁本、茶陵本作“缭眺”不误。《辞海》编纂者既没有参考胡氏《考异》，又没有注意旧注中的读音，以致把误本拿来做例句，失当。

（45）“噏”：同“吸”。《汉书·扬雄传上》：“噏青云之流霞兮。”

按：《辞海》“瑕”字第四义项通“霞”，引用书证《汉书·扬雄传上》

作“噏青云之流瑕兮”，并引颜师古注：“瑕，谓日旁赤气也。”《辞源》“噏”字条下引此句亦作“瑕”。查《汉书·扬雄传》作“瑕”字是也。《文选·扬雄〈甘泉赋〉》亦作“瑕”。此作“霞”者，误也。

（46）“嚜”：[(一)①]同“默”。《史记·屈原贾生列传》：“吁嗟嚜嚜兮，生之无故。”

按：“吁嗟嚜嚜兮”，《辞源》“嚜嚜”条下引《史记·贾生传》作“于嗟嚜嚜兮”。今《史记·贾生传》正作“于”。（《汉书·贾谊传》亦作“于”）则此作“吁”者误也。

（47）“震”：[④]通“娠”。《左传·昭公元年》：“邑姜方震太叔。”

按：《十三经注疏》本《左传》及《春秋左传集解》“太叔”均作“大叔”，此引作“太叔”，误。

（48）“愔嫕”：和善。《文选·宋玉〈神女赋〉》：“淡清静其愔嫕兮，性沈详而不烦。”

按：《辞海》“嫕”字条下引《文选·宋玉〈神女赋〉》“淡”字作“澹”，《文选》作“澹”，此作“淡”者，非。

3.引文脱字

（49）“婵媛”：牵连貌。《文选·张衡〈南都赋〉》：“垂条婵媛。”李善注：“枝相连也。”

按：《文选·张衡〈南都赋〉》“垂条婵媛”下李善注：“婵媛，枝相连引也。”此处引李注脱一“引”字。

（50）“获”：敷布，散开。《汉书·外戚传上》：“函菱获以俟风兮。”颜师古注引孟康曰：“菱，音绥，华（花）中齐也。夫人之色如春华敷散，以待风也。”

按：所引颜师古注文中“春华敷散”，《汉书》作“春华含菱敷散”。“春华含菱敷散”即疏解正文“函菱敷”也，此引“春华”下盖脱“含菱”二字。当据补。

(51)“校雠”：……《文选·左思〈魏都赋〉》：“雠校篆籀。”李善注引《风俗通》：“按刘向《别录》：一人读书，校其上下得谬误，为校；一人持本，一人读书，若怨家相对。”

按：“一人持本，一人读书，若怨家相对”语意未足。胡氏《考异》曰“下当有‘为雠’二字”，是也。“一人读书，校其上下得谬误为校”释“校”字，“一人持本，一人读书，若怨家相对为雠”释“雠”字。此处当据胡校补“为雠”二字。

4. 引文倒字

(52)“跫”：脚步声。《庄子·徐无鬼》：“夫逃空虚者……闻人足音跫然而喜矣。”

按：“空虚”当依《庄子》作“虚空”，“虚”即“墟”字。故司马彪释为：“故坏冢处为空虚也。”王先谦云：“墟旁有空处。”

(53)“性命”：①中国哲学范畴。……“命谓初所禀得而生也，人生受性则命受矣。”（《论衡·初禀》）

按：刘盼遂《论衡集解》及上海人民出版社《论衡》“命受”均作“受命”，“受命”与“受性”相对，结构一致，此作“命受”者，误倒。

5. 引文语源可商

大型辞书引用书证，都应尽量地接近语源，否则，辞书的科学性和使用价值就会受到影响。譬如“党”字第五义项为“朋辈”，下引书证为唐代韩愈的《山石》诗。在阅读《论语》时，碰到“吾党之小子狂简”时，如果不借助旧注，我们就不能贸然断定这句话里的“党”字是“朋辈”之义。因为语言是随着历史的发展变化而发展变化的。唐代的某词有某义，在先秦作品中，它不一定也有某义。因此，辞书在引用书证时，就应力求接近语源。新版《辞海》虽然注意到了这一点，但还很不够，所引书证还有许多不是最早出现的。比如：

(54)“術”：④通“述”。《汉书·贾山传》：“今陛下念思祖考，術追阙工。”

按：“術”字通“述”，早于《汉书》的例句有《墨子·非命下》：“昔者暴主作之，穷人術之。”毕沅云：“‘術’‘述’同。”《庄子·人间世》：“……而强以仁义绳墨之言術暴人之前者，是以人恶有美也。”陆德明释文：“‘術’同‘述’。”另外陆贾《新语》：“善言古者合之于今，能術远者考之于近。”此皆早于《汉书》，不知为何不引。

(55)“韪”：是，对。《汉书·叙传下》：“昭韪见戒。”

按：《左传·昭公二十年》：“仲尼曰：‘守道不如守官，君子韪之。’”韪，杜预注：“是也。”此例早于《汉书》。

(56)“羡”：②有馀，馀剩。《旧唐书·令狐楚传》：“以其羡财治廨舍数百间。”

按：《管子·轻重甲篇》：“蓄馀藏羡而不息。”其中“馀”“羡”互文，“羡”亦训“馀”，此例早于《旧唐书》(“羡”字训“有馀”“馀剩”，《管子》书中多见)。

(57)“窕”：①多余地，不充满。《荀子·赋》：“充盈大宇而不窕，入郄穴而不逼者与?”《淮南子·兵略训》：“入小而不逼，处大而不窕。”

按：《左传·昭公二十一年》：“小者不窕，大者不摦。”注：“窕，细不满。”所引《荀子》《淮南子》之语，盖出于此。

(58)“去”：(二)通“弆”，藏。《汉书·苏武传》：“掘野鼠去中（草）实而食之。”

按：《左传·襄公二十八年》：“御者知之，则去其肉，而以其汁馈。”陆德明释文：“去，起吕切，藏也。”《昭公十九年》释文云：“裴松之注《魏志》云：‘古人谓藏为弆。’案今关中犹有此音。”“去”字通“弆”，尚见于《管子·小称篇》《度地篇》《臣乘马篇》及《晏子杂上篇》，这些都早于《汉书》。

(59)“瑰玮”：奇伟，卓异。曹植《酒赋序》：“余览扬雄《酒赋》，辞甚瑰玮。”

按：《文选·张衡〈西京赋〉》：“何工巧之瑰玮。”薛注：“瑰玮，奇好也。”此例句早于曹植的《酒赋序》。

（60）“单”：⑧通“殚”，尽。《荀子·富国》：“必至于资单国举然后已。”

按：《左传·襄公二十七年》：“单毙其死。”杜预注：“单，尽也。”此例早于《荀子》。又《墨子·七患篇》：“故民苦于外，府库单于内。”“单”亦当训“尽”，亦早于《荀子》。

（61）“倾覆”：颠覆，覆没。《荀子·王制》：“入不可以守，出不可以战，则倾覆灭亡可立而待也。”

按：《左传·昭公十三年》：“不明弃共，百事不终，所由倾覆也。”其中“倾覆”也是“覆没”之义，此例早于《荀子》。

（62）“兹”：③年。《吕氏春秋·任地》：“今兹美禾，来兹美麦。”

按：《左传·襄公二十八年》：“今兹宋郑其饥乎?”其中“今兹”即“今年”，此例早于《吕览》。

（63）“堀”：同“窟”。①穴。邹阳《狱中上书自明》：“则士有伏死堀穴岩薮之中耳。”

按：《左传·昭公二十七年》：“光伏甲于堀室而享王。”杜预注：“掘地为室。”释文曰：“堀，本又作‘窟’，同。”此例早于《狱中上书自明》。

（64）“董”：②正。《楚辞·九章·涉江》：“余将董道而不豫兮。”

按：《左传·昭公三年》：“君欲不弃敝邑，而辱使董振择之……”杜预注：“董，正也。”此例早于《楚辞》。

（65）“原”：①“源”的本字，水源。《汉书·食货志下》：“犹塞川原为潢洿也。”

按：《左传·昭公九年》：“我在伯父，犹衣服之有冠冕，木水之有本原。”其中，“木水之有本原”即“木之有本，水之有源”。此例早于《汉书》。

(66)“必”:③果真，假使。《史记·廉颇蔺相如列传》:“王必无人，臣愿奉璧往使。”

按:《庄子·说剑篇》:“今夫子必儒服而见王，事必大逆。”上“必”字训“假如”。《韩非子·八说篇》:“虎豹必不用其爪牙，而与鼷鼠同威；万金之家必不用其富贵，而与监门同资。”其中两“必”字皆表假设，(“而”字训“则”)此皆早于《史记》。

(67)“故”:⑦巧伪。《淮南子·主术训》:“上多故则下多诈。”

按:《管子·心术篇》:“去智与故。”《管子集校》许维遹曰:“‘智’与‘故’相对，‘故’犹诈也。”《吕氏春秋·论人篇》:“释智谋，去巧故。”高诱注:“巧故，伪诈也。”《荀子·王霸篇》:“不敬旧法而好诈故。”其中“诈故”连言，“故”亦为“巧诈”“巧伪”。此三例均早于《淮南子》。

(68)“苏”:②取草。《史记·淮阴侯列传》:“樵苏后爨。”

按:《庄子·天运篇》:“及其已陈也，行者践其首脊，苏者取而爨之而已。”其中“苏”亦为取草之义。此例早于《史记》。

(69)“勃”:⑤乖戾。《晋书·苻生载记》:“此儿狂勃，宜早除之。”

按:《庄子·庚桑楚》:“彻志之勃，解心之谬，去德之累，达道之塞。”陆德明释文曰:“‘勃’，本又作‘悖’。”《淮南子·氾论训》:“为论如此，岂不勃哉?”《论衡·遭虎篇》:“禀性狂勃。”其中“勃”字皆读为“悖”，训乖戾。例句所在书目均早于《晋书》。另外，“勃”下应注明通“悖”，说见例(27)。

(70)“倒悬”:①亦作“倒县”。比喻处境的痛苦和危急，像人被倒挂着一样。《汉书·贾谊传》:“天子之事方倒县(悬)。”《三国志·吴志·吕蒙传》:“彼方首尾倒悬，救死不给，岂有余力复营此哉?”

按:《孟子·公孙丑上》:“当今之世，万乘之国行仁政，民之悦之，犹解倒悬也。”此例早于《汉书》及《三国志》。

(71)“恂恂”：亦作“悛悛”。[①]谦恭谨慎貌。《汉书·李广苏建传赞》：“李将军恂恂如鄙人，口不能出辞。”

按：《论语·乡党篇》：“孔子于乡党，恂恂如也，似不能言者。”此例早于《汉书》。

(72)“讨论”：探讨寻究，议论得失。《旧唐书·李百药传》：“罢朝之后，引进名臣，讨论是非。”

按：《论语·宪问》：“子曰：为命，裨谌草创之，世叔讨论之，行人子羽修饰之，东里子产润色之。”《论衡·解除篇》：“如讨论之，乃虚妄也。”此皆早于《旧唐书》。

(73)“润色”：加以文采、修饰。左思《吴都赋》：“其奏乐也，则木石润色。”

按：上例所举《论语》“东里子产润色之”早于《吴都赋》，较《吴都赋》更能说明词义。

(74)“斯须”：犹言须臾，一会儿。杜甫《丹青引赠曹将军霸》：“斯须九重真龙出，一洗万古凡马空。”崔珏《道林寺》诗：“四时唯夏不敢入，烛龙安敢停斯须。”

按：《史记·乐书》：“君子曰：礼乐不可以斯须去身。”张守节正义曰：“斯须，俄顷也。”此早于杜甫、崔珏诗。

(75) “忽”：(三)迅速。欧阳修《寄内》诗：“但知贫贱安，不觉岁月忽。”

按：《韩诗外传》卷三：“昔桀纣不任其过，其亡也忽焉；成汤文王知任其过，其兴也勃焉。”此例早于欧阳修诗。

(76)“磬折”：弯腰如磬，表示恭敬。《史记·滑稽列传》：“西门豹簪笔磬折，向河立。”

按：《管子·弟子职》“俯仰磬折”早于《史记》例。

（77）“容容”：① 随众附和。《后汉书·陈球传》：“岂得雷同容容无违而已。”

按：《史记·张丞相列传》：“其治容容，随世俗浮沈，而见谓谄巧。”此例早于《后汉书》。

（78）“栽”：可以移植的植物幼芽；秧子。如花栽子、柳栽子。杜甫《萧八明府实处觅桃栽》：“奉乞桃栽一百根。”

按：《论衡·初禀篇》：“草木生于实核，出土为栽蘖。”又云：“朱草之茎如针，紫芝之栽如豆。”此早于杜甫诗。

三、注音方面存在问题

新《辞海》对旧《辞海》的注音做了很大的改进，准确性也超过了旧《辞海》，但是新《辞海》中有些读音尚可商榷，如：

（79）“又”：⑥ 通“有”。《诗·周颂·臣工》：“亦又何求？”

按：《辞海》“有”字条下有两种读音，一读 yǒu，一读 yòu。读 yòu 者第一义项为“通‘又’”。此处，“又”字通“有”，亦当另立读 yǒu 一音。新《辞源》“又”字下收进了读 yǒu 之音，是也。

（80）“管窥蠡测”：《汉书·东方朔传》：“以管窥天，以蠡测海。”蠡，瓢；测，量。后以“管窥蠡测”比喻所见狭小短浅。

按：《辞海》凡例指出：“复词和成语一般不注音，但词目中如有异读的字，在单字中列为第一音的不注，第二音以下的分别加注汉语拼音。”《辞海》于大部分词目下都遵守了这一规则，但也有例外，此处“管窥蠡测”便是一例。“蠡”字，《辞海》中有三种读音，一读 lǐ，一读 lí，一读 luó。读 lí 者义为瓠瓢。“蠡测”条下用括号标出“蠡”字读 lí，这是对的。此处“蠡”字训“瓢”，亦应注明读 lí。

（81）“屳”：（yān 烟）人在山上貌。

按：“屳”当读“xiān”。《说文》“屳，呼坚切”，《广韵》“许焉切”，

《集韵》“虚延切”，并音 xiān。此注为 yān，误。

(82) “洞天”：……李白《梦游天姥吟留别》：“洞天石扇，訇然中开。”訇（hóng）然：石门开声。

按：“訇”字《辞海》注音为 hōng，阴平，并无读 hóng 之音。王力《古代汉语》为“訇”字注音亦为 hōng，也读阴平。此处注为阳平，误。

(83) “生”：(shēng)④性。《商君书·算地》：“非生之常也。”朱师辙注：“俞樾曰：‘生、性古通用。’”

按：“生”字用作“性”字时，读 xìng。《正韵》：“生，息正切。”音 xìng（性）。《周礼·地官司徒》：“以土会之法辨五土之物生。”杜子春读“生”为“性”。中学课本选《荀子·劝学》：“君子生非异也。”“生”字注音为 xìng。因此，“生”字第四义项应从读 shēng 中抽出来另立读 xìng 一音，并注明通“性”。

(84) “庹”：(七) (tuō 拖）姓。明代有庹五常。

按：此“庹”字《辞源》读阳平。《海篇》音佗。“佗”：《广韵》“讬何切”，《集韵》《韵会》《正韵》并音“汤何切”，则“庹”字当读 tuó，阳平。此注为阴平，误。(此条有误)

(85) “宛雏”：同鹓鶵。《汉书·司马相如传上》：“其上则有宛雏孔鸾。”

按：“宛”字作为“鹓”字用时，应读为“鹓”，《辞海》“鹓”字下注音为（yuān 冤），则此“宛”字亦当读 yuān，《辞源》“宛雏”之“宛”正读 yuān，甚是，当据正。

(86) “宛若”：《汉书·郊祀志上》：“神君者，长陵女子，以乳死，见神于先后宛若。”

按：此“宛若”为古女子名，不同于仿佛、好像义之“宛若”，“宛”字当读作 yuān。《史记·孝武纪》“故见神于先后宛若”，司马贞索隐云：“宛，音冤。”即读作 yuān。《辞源》读作 yuān，是也。

(87)“枒”:(二)（yá 牙）同“椰”。左思《蜀都赋》:“其树则有……棕枒楔枞。”

按:“椰”字《辞海》注音为 yē。此“枒”字同“椰”，音亦当读为 yē。《文选·左思〈蜀都赋〉》“枒”下注音为“邪”，即读为 yē。此读 yá 者，误。

四、标点方面的错误

(88)“辩”:③治理。《左传·昭公元年》:“主齐盟者，谁能辩焉?”

按:“齐盟”本《左传》常语，如《昭公七年》:“……而鲁伐莒，渎齐盟。”又:“狎主齐盟，其又可壹乎?”杜注:“强弱无常，故更主盟。”《昭公二十六年》:“倍奸齐盟。”孔颖达疏:“倍即背也，违背奸犯齐同之盟也。”“齐盟”即“同盟”之义，他书亦有此用法，见《辞海》“齐盟”条下。此处引文“主齐盟者”即“主同盟者”，“齐”下短横不应有。若标为专名，则“齐盟”便成为“齐国之盟”，大乖原义。

(89)“咎”:(二)（gāo）②通皋。

按:“通皋”之“皋”字依《辞海》例当用引号。此言“咎”与“皋”字相通，非“咎”之词义为“通皋”也。

(90)“侅”:①……《庄子·盗跖》:“侅溺于冯气。”王先谦集解引王念孙曰:“冯气，犹盛气。案贪欲既多，侅塞沈溺于盛气。”

按:集解引王念孙语仅“冯气，犹盛气”五字，“案”字以下乃王先谦语。若依《辞海》标读，则“冯气”以下至“沈溺于盛气”均为王念孙语，误。此段注文当作王先谦集解:“王念孙曰:‘冯气，犹盛气。’案贪欲既多，侅塞沈溺于盛气。”

(91)“方”:⑳当。苏轼《赤壁赋》:“方其破荆州，下江陵，顺流而东也。”

按:所引《赤壁赋》只是一个时间状语，并非一句完整的话。“也”

字表示提顿语气，以引出下文。因此，“也”字下句号应换为删节号，以示此句话未引完。若依《辞海》标为句号，此作为一句完整的话看，则文义不通，不能帮助读者理解词义。

（92）“瓖”：……《文选·张衡〈东京赋〉》：“钩膺玉瓖。”薛综注：“钩膺，当胸也。瓖，马带玦以玉饰也。”

按：薛综注文中应在马带玦下标句号。“马带玦”三字是对“瓖”字的解释，“以玉饰也”是对正文“玉瓖”的说明。标点本《文选》于“玦”下断句，是也。若依《辞海》标读，“马带玦以玉饰也”就都成了“瓖”字的注释，不合注者原意。

五、其他方面存在的问题

（93）新《辞海》中所收的异体字除用〔〕在本字下标明外，还另立字头。如“袅”字下附有“褭”“嫋”“嬝”“裹”四个异体字，另外“褭”“嫋”“嬝”“裹”四字另立字头，这是对的。但也有例外，如“策”字下收入“筞”“筴”两个异体字，“筴”字另立字头，而“筞”字未立，依《辞海》例，“筞”字亦应另立字头。

（94）《辞海》在引《文选·张衡〈西京赋〉〈东京赋〉》中薛综注时，直接说“薛综注”，而不说“李善注引薛综曰”。但于“殷轸”条下引薛综注时，却例外地用了“李善注引薛综曰”，为求述语一律当改为“薛综注”。

（95）《辞海》在释义时，“古指”与“旧指”用法不一。如“法家”条下注用“古指”，引书证为韩翃诗；但“国殇”条下却用“旧指”，并云《楚辞·九歌》中有《国殇》一篇，引书证为鲍照诗。此种现象《辞海》中常见，为节省篇幅，仅举此一例以赅其余。

（96）“犹”与“犹言”用法不一。如“法家”第二义项为“犹言‘方家’”。“间隙（jiàn-）”条下为“犹空隙”，等等。

(97)“同”与“亦作”用法不一。如：“枉攘”条下注为：“同‘佂攘’。”“佂攘”条下注为：“亦作‘劻勷’‘俇攘’‘狂攘’。”“劻勷”条下注为：“亦作‘恇儴’‘佂攘’。”“恇儴”条下注为：“同‘劻勷’。”另外，“劻勷”条下“亦作××”放在释义和例句之间，而“佂攘”条下“亦作××”却放在释义和例句之后，体例也不一致。

(98)《辞海》凡例曰：“少数流行较广的异读酌予保留，如〔饧〕(xíng，又读 táng)。现代读音与传统读音不同的，酌注旧读，如〔庸〕(yōng，旧读 yóng)。”但在实际注音中，也有混乱此体例的。如：“拆”字下注音为(chāi，读音 chè)，“读音 chè”一语模糊不清，既然前面注明读 chāi，那么另外注音就是被注之字有异读或者旧读不同于今读，如是异读的话，就应按凡例注明“又读 chè”；如是旧读，就应注明“旧读 chè”。据我们所知，现代汉语中“拆”字只读“chāi”，而在古时，它确是读“chè”。《集韵》《韵会》《正韵》并“耻格切”，音“坼”，是其证。因此，“读音 chè”似应改成“旧读 chè”。

(99)为了节省篇幅和避免用字不一，在选用例句时应尽量避免重复，如不得已需要在不同字、词条目下使用同一例句时，可采用“参见”的办法。《辞海》注意到了这一点。如“为渊驱鱼”下引用《孟子·离娄上》：“为渊驱鱼者，獭也；为丛驱爵（雀）者，鹯也。”“为丛驱雀”下则注明参见“为渊驱鱼”，不再引用书证，这样就避免了书证重复。然而，《辞海》中书证重复的现象还很多。如“丁壮”与“丁”同用《史记·律书》“丁者，言万物之丁壮也”这一例句。“甚”与“一之谓甚”同用《左传·僖公五年》“一之谓甚，其可再乎”这一例句，等等。

(100)《辞海》在解释词义时，带有“批儒尊法”的说教。见于“一字褒贬”“一视同仁”“三仁”“三季”“同恶”“五行”“事半功倍”“师帅”“乐山乐水”“乡原”等词条下。再版时应加以适当的删改。

附记：(24)条下接(27)条，漏(25)(26)两条；(43)条重出。

《辞源》（修订本）第二册寅集勘误

无论在思想性，还是在科学性方面，修订本《辞源》比旧《辞源》都有了很大程度的改进和提高，这是毋庸置疑的。但是，修订本《辞源》还存在许多这样或那样的缺点和错误。我们在学习和使用它时，仅从第二册寅集中就发现了近三百处值得商榷的地方。为了使《辞源》这部大型工具书渐臻完善，我们愿意把这些问题提出来，与该书编者和读者共同探讨。为篇幅所限，同类问题，我们只举一个有代表性的例子加以说明，例证尽量从简。另外，篇末附有一份《辞源》寅集文字、注音勘误表，以备读者观览。

一、释义方面存在的问题

读者查阅辞书，大多数是为了解决字、词义方面的问题。如果辞书在字、词义解释上存在错误，那就会贻误读者。因此，释义的准确、全面、易懂就成了辞书最基本的要求。修订本《辞源》虽然在释义方面做了很大努力，但还有一些字、词的解释不够准确或不正确。举例如下：

1. 释义错误例

“弭忘”条下注释说：“停止忘却，意即难忘。”

“弭”是止，停止想的意思；“忘”是忘记的意思。“弭忘”意即忘却。

《辞源》解为“停止忘却”“难忘”，与原词之义相反。《辞源》所列书证《诗·小雅·沔水》：“心之忧矣，不可弭忘。”笺云：“我念之忧，不能忘也。”疏：“心为之忧矣，不可止而忘之。”其中“不可弭忘”就是不能忘却。谢灵运《郡东山望溟海诗》：“非徒不弭忘，览物情弥遒。”其中“非徒不弭忘”就是不仅不能忘却之意。如依《辞源》解释，则所引书证语意不通。

2. 因误会旧注之意而误例

“孚$_2$佑”条下解释说：“信任保佑。”《书·汤诰》：“上天孚佑下民，罪人黜伏。”《传》：“天信佑助下民，桀知其罪，退伏远屏。”

寻绎《传》意，“天信佑助下民”中的“信”字应当是诚信的“信”，是表肯定语气的副词，而不是信任的意思，故《尚书正义》曰：“桀以大罪身即黜伏，是天之福善祸淫之命，信而不僭差也。”“信而不僭差”即为《传》中“信”字之义也。蔡沈《书集传》说：“孚、允，皆信也。”（按：《辞源》所引书证下文有“兆民允殖”句。“兆民允殖”，《传》云：“民信乐生。”《疏》：“兆民信乐生也。”）“孚”“允”同义，“允”不能训作“信任”，故知“孚”亦非“信任”之义。“孚”训真诚，“孚佑”就是果真佑助的意思。

3. 旧义与今义不同而未加区分例

“㲋”字下解释说：“兔子。也作‘䨲’‘䨲’。见《尔雅·释兽》‘兔子㝹’注。江东叫兔子为䨲，或作‘㲋’，见《集韵》。”

《尔雅》及《集韵》所言“兔子”与现代汉语“兔子”内涵不同。古汉语中“兔子”是兔之仔，仅指小兔，故其字从少、兔（“㝹”，《说文》作“娩”，云：“兔子也。”）；现代汉语中的兔子泛指一切，包括大兔，也包括仔兔。《辞源》在采用旧说时，对古今词义未加区分。《辞海》释“㲋”为仔兔，不误。

4. 误采异说例

“尺木”条下解释说：“相传龙要凭木才能升天……另一说以为木是水字之讹。参阅清俞正燮《癸巳类稿》七《尺水之义》、梁章钜《三国志旁证》二八。”

《论衡·龙虚篇》：“短书言龙无尺木，无以升天。又曰升天，又言尺木，谓龙从木中升天也。”刘盼遂说：“桓谭《新论》：‘龙无尺水，无以升天；圣人无尺土，无以王天下。’（《意林》卷三引）仲任所谓短书，斥此也。惟‘尺木’《新论》作‘尺水’，应据《论衡》改正。《三国志·太史慈传》注引《江表传》孙策教曰：‘龙欲腾翥，先阶尺木者也。’亦作‘尺木’。近年洛阳出土隋杨畅墓志铭词曰：‘诞此哲人，齐秀特峰，尺木既升，增峤增构。’此文殆用龙升尺木之事，石刻确是‘木’而非‘水’，不若写本印本之易误。又唐嶲州邛都丞张客墓志铭云：‘飞谣海甸，宣才江澳。雅政清夷，仁风肃穆。英英君子，鸾凤其族。长逾千里，微班尺木。’考此铭以‘木’与‘澳’‘穆’‘族’为韵，其不作‘尺水’甚显，明作‘水’为误。《酉阳杂俎》云：‘龙无尺木，不能升天。尺木，龙头上如博山形。’是段氏亦作‘尺木’，明作‘水’者，乃误字耳。俞理初《癸巳类稿》谓《论衡》‘尺木’为‘水’之误，然又云：‘当雷电树木击之时，龙适与雷电俱在树木之侧。雷电去，龙随而上，故谓从树木之中升天也。是《论衡》作尺木明矣。’俞据误本《初学记》为证，失之。”“尺木”非“尺水”之误，刘氏论证甚为详赡，故全文迻录于此。又沈约《赠华阳先生诗》：“侧闻上士说，尺木乃腾霄。”亦作“尺木”。此为刘说又一证也。因此，“尺木”为“尺水”之讹一说，不足取。

又《三国志·吴书·太史慈传》注引《江表传》：“龙欲腾翥，先阶尺木者也。”其中“尺木”二字，梁章钜《三国志旁证》引作“尺水”，梁氏说：“‘水’当作‘木’，此误。”（谓作“尺水”者误也）并引《酉阳杂俎》为证，是梁氏亦以作“尺木”为是也。《辞源》把梁氏的《三国志旁证》

作为“认为木是水之讹”的参考资料，亦误。

5. 遗漏异说例

“布袋”条下第二义项说：“赘婿的别称。有两种解释：一说赘婿入门，不得自如，如入布袋，故名；一说是‘补代’的语讹，指人家生女无子，不欲嫁出女儿，故招婿入门，以补其世代。见宋朱翌《猗觉寮杂记》上。也作‘补代’，参见该条。”

《辞源》“布代”条下说：“赘婿的别称。宋缺名《潜居录》：‘冯布少时，绝有才干，赘于孙氏；其外父有烦琐事，辄曰：“畀布代之。”至今吴中谓倩为“布代”。’参见‘布袋’。”此说亦见《陔馀丛考·布袋》。“布代”即“布袋”，是“布袋”之说共有三种解释也：赘婿入门，如入布袋；以补其世代；冯布代之。《辞源》于“布袋”条下遗漏“冯布代之”一种解释。

6. 误立义项例

“孥”字第二义项为：“奴婢。《史记》六八《商君传》：‘事末利及怠而贫者，举以为收孥。’《索隐》：‘怠者，懈也。《周礼》谓之“疲民”。以言懈怠不事事之人而贫者，即纠举而收录其妻子，没为官奴婢。’”

《史记·商君传》索隐所谓“收录其妻子”，即释“收孥”，“孥”即“妻子”之义，此与第一义项“妻子儿女”之义无别。《汉书·文帝纪》：“尽除收帑相坐律令。”师古注引应劭曰：“帑，子也。秦法：一人有罪，并其家室，今除此律。” “收帑”即“收孥”也。是“孥”训“妻子”“子”，而不训奴婢之证。故此义项当删。

7. 遗漏义项例

“孥”字条下除训“妻子儿女”外，还应另立“子也”这一义项。

古书中“孥”字多训“子也”。《小尔雅·广言》：“姓、命、孥，子也。”《玉篇》：“孥，子也。”《书·甘誓》：“予则孥戮汝。”注：“罪并及其子也。”“孥”字此义又写作“帑”。《诗·小雅·常棣》：“宜尔家室，乐尔妻帑。”传:“帑,子也。”《释文》:“帑,依字吐荡反,经典通为‘孥’字。”《正义》曰:“上文‘妻子好合’,‘子’即此‘帑’也。《左传》曰:‘泰伯归其帑。’《书》曰:‘予则帑戮汝。’皆是子也。”此并为“孥”训“子也”之证。

8. 释义不周严例

“孤儿寡妇”条下解释说:“无父与无夫的人。”

《淮南子·时则篇》及《修务篇》注云:“幼无父曰孤。”《礼记·王制》云:“少而无父者谓之孤。”《礼记·深衣》注:“三十以下无父称孤。”又《礼记·王制》:“老而无夫谓之寡。”《孟子·梁惠王下》:“老而无夫曰寡。”《淮南·时则篇》:“老无夫曰寡。”然则老而无父与幼而无夫不得谓孤寡也。因此,“孤儿寡妇”训为“幼无父与老而无夫的人”,方始周严。

9. 名词释为动词例

“帝业”条下解释说:“建立王朝的事业。”

“帝业”即皇帝的事业,本为名词,无“建立”之义,所引书证《史记·李斯传·谏逐客书》:“强公室,杜私门,蚕食诸侯,使秦成帝业。”其中“使秦成帝业”即使秦国成就皇帝的事业之义。如依《辞源》之说,此句就成了使秦国成就建立王朝的事业,语意不通。

10. 动词解释为名词例

“庙战”条下解释说:“朝廷所拟定的作战方案。《淮南子·兵略》:‘故庙战者帝,神化者王。’又:‘凡用兵者,必先自庙战。’”

“庙战”应是一个动词,与“者”字构成名词性词组。《辞源》释“庙战”为“朝廷所拟定的作战方案”,是一个名词性词组,与“者”字连用,不合语法。“庙战”就是朝廷上谋划作战方案之义。《淮南子·兵略篇》:“凡用兵者,必先自庙战,主孰贤,将孰能,民孰附,国孰治,蓄积孰多,士卒孰精,甲兵孰利,器备孰便,故运筹于庙堂之上,而决胜乎千里之外矣。”其中,“运筹于庙堂之上”即“庙战”之义也。

11. 名词释为副词例

“常”字第一义项解释说：“恒久，经常。《易·系辞》上：‘动静有常，刚柔断矣。’”

如果把“常”字释为“经常”“恒久”，那么书证中的“动静有常”就成了“动静有经常”“动静有恒久”，语意不通。《易》王弼注云：“动止得其常体，则刚柔之分著矣。”《正义》曰：“天阳为动，地阴为静，各有常度，则刚柔断定矣。”王弼以“常体”释“常”字，孔颖达以“常度”释“常”字，都把“常”字解作名词，是也。“常”即常规、规律之义也。

12. 解说言语有歧义例

“平头”条下解释说：“(一)光头。《玉台新咏》九南朝梁武帝《河中之水歌》：‘珊瑚挂镜烂生光，平头奴子擎履箱。’宋陆游《剑南诗稿》五五《兀坐久散步野舍》：‘赤脚舂畲粟，平头拾涧柴。’”

现代汉语中“光头”有两个意思，一是“头上不戴帽子”；一是“剃光的头”。《辞源》以“光头”释“平头”，使人不知是“剃光的头”，还是“头上不戴帽子”。所引书证中“平头”指不着帽。“光头”似应改作“不着巾冠”，以区别于“剃光的头”。

13. 解说言语重复例

“巨获”条下解释说：“法度。同‘矩矱’。《管子·宙合》：‘成功之术，必有巨获。’巨获，读为‘矩（榘）矱’。”

“读为矩矱”与“同矩矱”意义相同，二语犯复，当删去“巨获，读为‘矩（榘）矱’”七字。

14. 解说言语错误例

“干遂”条下解释说：“地名。……《吕氏春秋·知分》：‘荆有次非者，得宝剑于干遂。’《淮南子·应道（二字误倒）》作‘干队’，《战国策·秦》四、《史记》七八《春申君传》作‘干隧’。遂、队、隧，形义相同。”

“遂”“队”“隧”三字形体不同，《辞源》谓“遂”“队”“隧”形义相同，误。应改作“遂”“队”“隧”音同，或“遂”“队”“隧”音义相同。

15. 解说言语与史实不符例

“张良”条下解释说：“……汉韩人，字子房。家五世相韩，秦灭韩，良结纳刺客，椎击秦始皇于博浪沙，未遂，逃匿下邳。”

据《史记·留侯世家》载，张良祖父张开地曾相韩昭侯、宣惠王、襄哀王；其父张平曾相韩釐王、悼惠王。《史记》言：“大父、父五世相韩。”索隐云：“谓大父及父相韩五王，故云五代。”“五世相韩”即“相韩五世”。《辞源》谓“家五世相韩”，与史实不符。

16. 义项当分而误合例

“容”字下第一义项解释说：“容纳，宽容。《墨子·备城门》：‘斗大容二斗以上到三斗。’《庄子·庚桑楚》：‘不能容人者无亲。’《书·君陈》：‘有容，德乃大。’疏：‘有所宽容，其德乃大。’”

《墨子·备城门》中的“容”是“容纳”“盛受”的意思，《庄子·庚桑楚》和《尚书·君陈》中的“容”字都是“宽容”“宽恕”的意思。“宽容”与“盛受”意义不同，应分立义项。新《辞海》“容”字下“容受”“宽容”分立，是正确的。

17. 假借义未指明本字例

“微”字下第六义项解释说：“伺察。”

“微”字本身没有“伺察”之义，其训“伺察”，是借用“覹”字的意义。《说文·见部》：“覹，司（伺）也。”“覹”或从目作“䁻”，《广韵》：“䁻，伺视也。”因此，“微”训“伺察”，依例应指明同“覹”“䁻”。

18. 释义自相矛盾例

“左驸”条下解释说：“车箱左外侧的立木。春秋齐景公遣使者持节赦庄贾，驰入司马穰苴军，穰苴斩其仆、车之左驸、马之左骖，以徇三军。见《史记》六四《司马穰苴传》。此指陪乘、驾车之人。《正义》引刘伯庄：‘駙者，箱外之立木，承重校者。’駙，通‘辅’‘輔’。”

既把“左駙”解释为“车箱左外侧的立木”，在交代该词出处之后，又说：“此指陪乘、驾车之人。”然后又引刘伯庄之说，释“駙”为“箱外之立木，承重校者”。究竟“左駙”是指“车箱左外侧之立木”呢，还是指“陪乘、驾车之人”呢？令人无所适从。《集韵》：“輔，车箱外立木，承重较之材。”“駙”与“輔”通。所以，把“左駙”讲成“车箱左外侧的立木”是有根据的。“此指陪乘、驾车之人”八字与词义不合，应删去。

19. 未注出本义例

“寒花晚节”条下解释说：“比喻晚节坚贞。”

词语解释，应先说明本义，然后再注明它的引申义、比喻义、假借义。读者如果掌握了该词的本义，也就可以更深刻地理解其他含义。在“寒花晚节”这一词条下，《辞源》只注出了该词的比喻义，“寒花晚节”的本义却没有注出。读者查完该条后，对什么是“寒花”，“晚节”指什么，“寒花晚节”为什么能够“比喻晚节坚贞”等问题，仍不清楚。

20. 详某条而某条未独立例

“市骏”条下解释说：“买骏马之骨。……详‘千金买骨’。”

“千金买骨”条《辞源》未独立，而附属于“千金市骨”之下。因此“详‘千金买骨’”应该为“详‘千金市骨’”。

二、书证方面存在的问题

引用书证，一般有两种用处：一是溯源，二是说明词义。《辞源》所引书证大部分都起到了溯源和说明词义的作用。但也有一些书证值得进一步讨论。如：

21. 书证非源例

“屈蟠”条下所引书证，一是《晋书·束皙传·玄居释》：“徒屈蟠于埳井，眄天露而不游。”一是杜甫《西枝村寻置草堂地夜宿赞公土室》之一："惆怅老大藤，沉吟屈蟠树。"

《论衡·订鬼篇》引《山海经》曰："沧海之中有度朔之山，上有大桃木，其屈蟠三千里。"《史记·五帝本纪》集解亦引此说，文字小异，其文曰："《海外经》曰：东海中有山焉，名度索山，有大桃树，屈蟠三千里。"（今《山海经》脱此文）《山海经》较《晋书》、杜甫诗早出一千多年，就是引用《山海经》的王充和裴骃也都早于房玄龄（《晋书》作者）和杜甫。因此，"屈蟠"条下书证似应引用《山海经》。

22. 书证与词义不符例

"写"字第四义项注作："用笔作字。《韩非子·十过》：'子为我听而写之。'"

《韩非子·十过篇》云："［卫灵公］曰：'有鼓新声者，使人问左右，尽报弗闻。其状似鬼神，子为我听而写之。'师涓曰：'诺。'因静坐抚琴而写之。"关于此事的记载，也见《论衡·纪妖篇》《史记·乐书》。其中"抚琴而写之"，《史记》作"援琴而写之"。从这段文字我们不难看出，卫灵公听到的是新声，而师涓"写之"所凭借的工具是琴。可见书证中的"写"既不是"用笔"，也不是"作字"。书证中的"写"字和《淮南子·本经篇》"雷震之声，可以钟鼓写也"中的"写"字意义相同。《韩非子》中的"写"字是用琴写新声，《淮南子》中的"写"字是用钟鼓写雷震之声，其中"写"字都是"仿效"的意思。高诱《淮南子》注"写，犹仿敩"是也。书证中的"写"字是仿效的意思，与"用笔作字"词义不同，应另选书证。

23. 书证甲语误属乙语例

"学士"条下第二义项引《史记》一二四《游侠传·序》曰："韩子曰：'儒以文乱法，而侠以武犯禁，二者皆讥，而学士多称于世云。'"

书证中韩非子语仅"儒以文乱法，而侠以武犯禁"十一字，语见《韩非子·五蠹》。"二者皆讥，而学士多称于世云"是《史记》作者司马迁的话。因此，书证中句末单引号应标在“禁”字的右上角，“禁”下的逗号也应该标作句号。《史记》（中华书局点校本）标点如此，不误，宜据正。

24. 书证原著误字未标出例

《辞源修订本体例》说：“校订引证的原著脱误，用方括号标明。”但有些书证原著显系误字，却未标出。如：

“罔宦”条引《淮南子·道应》曰：“若我南游乎罔宦之野，北息乎沉默之乡，西穷窅冥之党，东开鸿蒙之先，此其下地而上无天，听焉无闻，视焉无瞩。”

书证中“先”字当作“光”，形近而误。《淮南鸿烈集解》《淮南集证》并作“光”。《三国志·蜀志·郤正传》注、《楚辞补注》引《淮南子》并作“光”。王念孙说：“‘鸿蒙之光’即日光也。”作“先”字义不通。《诸子集成》所收《淮南子》“光”字作“先”，所据当是误本。另外，此文以“乡”“党”“光”为韵，若误作“先”，则失韵。

又“开”字当作“关”，二字繁体形极近致误。“关”读为“贯”，二字古书多通用。《论衡·道虚篇》《三国志》注并引作“贯”，是其证。

又“下地”当作“下无地”，脱一“无”字。各本《淮南子》俱有“无”字，《论衡》及他书所引亦有，当据补正。

25. 书证原著借字而错标为误字例

“寒风”条下第二义项引《吕氏春秋·观表》曰：“古之善相马者，寒风是〔氏〕相口齿。”

毕沅校《吕氏春秋》曰：“寒风，《淮南·齐俗训》作韩风；又‘是’字朱本作‘氏’。案‘寒’‘韩’、‘是’‘氏’古皆通用。”又《韩非子·难三》：“吾闻庞檲氏之子不孝。”《论衡·非韩篇》“氏”作“是”。顾广圻曰：“‘是’与‘氏’同。”《仪礼·觐礼》：“太史氏右。”注：“古文‘是’为‘氏’也。”《礼记·曲礼下》：“五官之长曰伯，是职方。”注：“‘是’或为‘氏’。”《后汉书·李云传》注谓“‘是’与‘氏’古字通。”马王堆汉墓帛书《战国纵横家书》姓氏字多作“是”，如：“公仲倗谓韩王章，楚救不至，韩是大败（“是”字《韩策》一作“氏”）。”“是”也可作“氏”，如：《触龙见赵太后章》：“于氏为长安君约车百乘。”《赵策》《赵世家》皆作“是”。此并为“是”“氏”通用之证。因此，书证中的方括号依例应改作圆括号，即“是”为“氏”之借字也。

26. 书证误字例

“崧高”条下引《诗·大雅·崧高》曰：“嶽高唯嶽，骏极于天。”

下“崧生嶽降”条及“嶽”字条下引《诗》“嶽高唯嶽”并作“崧高唯嶽”。《诗·大雅·崧高》亦作“崧高唯嶽”。此引《诗·大雅·崧高》以溯“崧高”一词之源，今书证“崧高”涉下“嶽”字误作“嶽高”，与词条不符，宜据《诗》改正。

27. 书证倒字例

“小杜”条下说：“指唐诗人杜牧……见《新唐书》一六六《杜传佑》附杜牧。”

《杜传佑》当依《新唐书》作《杜佑传》，牧为杜佑之孙。

28. 书证脱字例

“容彭”条下引《文选·刘孝标·辨命论》曰：“则此宰衡之与皁隶，容彭之与殇子……咸得之于自然，不假于才智。”

“不假于才智”当作“不假道于才智”，脱一“道”字，见《文选·辨命论》。《辞源》“宰衡”条下引《文选·辨命论》有“道”字，不脱。

29. 书证原著作者所属年代误例

“崖公”条下说：“唐代散乐称天子为崖公。唐王谠《唐语林·政事上》：‘……今日崖公甚蚬斗。’”

王谠，宋长安人，字正甫。仿《世说》体记唐世名言，为《唐语林》，见《四库提要》一八一。《中国文学家大辞典》说王谠大约宋徽宗大观末年前后在世。因此“唐王谠”应作“宋王谠”。“蚬斗”条下引《唐语林》

属宋王说，不误。

30. 书证原注者甲误为乙例

“平水”条下曰：“水名……《水经注》六《汾水》：‘又南过平阳县东。’晋郭璞注：‘汾水南与平水合，水出平阳县西壶口山。’”

注文为郦道元语，宜据《水经注》改“晋郭璞注”为“郦道元注”，或删“晋郭璞”三字。

31. 书证旧注引用他人注彼书而误以为注此书例

“寻”字下第五义项引《左传·哀公十二年》曰：“若可寻也，亦可寒也。”又“疏引郑玄注：‘寻，温也。’”

郑玄注“寻，温也”，见《仪礼·少牢有司彻》。《仪礼》曰：“乃爇尸俎。”郑注：“爇，温也。”“爇”为“寻”之本字，故孔颖达《左传》疏引作“寻”。因此，“疏引郑玄注”似应改为“疏引郑玄《仪礼·少牢有司彻》注”。否则，“寻，温也”之语会使人误以为是郑玄为《左传》作的注释。

32. 书证篇目误例

“弘演”条下说：“春秋卫大夫，懿公臣。懿公好鹤而虐民，翟人攻卫，杀懿公，尽食其肉，独舍其肝。弘演见而号，因自杀，先出己之五脏，然后纳懿公肝入己腹内。事见《吕氏春秋·忠廉》、《韩诗外传·七》、刘向《新序·节士》。”

“弘演”事见《新序·义勇》而非《节士》，应据《新序》改之。

33. 书目卷数册数混称例

“彭山”第二义项云：“山名，在河南鲁山县。《水经注》五《滍水》：‘（彭）水出鲁阳县南彭山蚁坞东麓。’”

引文见《水经注》第五册第三十一卷《滍水》。《辞源》引用《水经注》及他书，例称卷数而不称册数，独此及下“彭水”条称册数，自乱其例。“五”应改写为“三一”。

34. 书证原序误为正文例

“寓直”条下云：“《文选》晋潘安仁（岳）《秋兴赋》：‘以太尉掾兼虎贲中郎将，寓直于散骑之省。’”

引文为《秋兴赋》序文，而不是正文，因此《秋兴赋》下例应缀一“序”字。

35. 词头在书证中出现多次而词义不同，未加区分例

“幼”字第三义项云：“慈爱。《孟子·梁惠王上》：‘幼吾幼，以及人之幼。’”

引文中词头共出现三次。第一个“幼”字是“幼”字的第三义项“慈爱”之义，是动词；后两个“幼”字是“幼”字的第二义项“小孩”之义，是名词。三个“幼”字词义、词性皆不同，应加以区别，或换用书证。

三、注音方面存在的问题

新《辞源》在每个单字下都注出了汉语拼音和注音字母，并加注《广韵》或其他韵书的反切，标注声纽。读者使用它时，比旧《辞源》就方便多了。但是，新《辞源》在注音方面，仍存在一些问题，现举例如下：

36. 注音不确例

“㝹”下注音为：“yóu丨ㄡˊ。《集韵》：奴侯切，平，侯韵。”

“㝹”字《广韵》作“䨲”，奴钩切，其字声纽为泥，应读作“nóu ㄋㄡˊ”，新《辞海》“㝹”字注音为 nóu，不误。

37. 注音重复例

“它”字第一读音为“tuō、shé，讬何切，平，歌韵，透。”

于此注音之上，又有“讬何切，平，歌韵，透”七字，注音复出。《辞源》注音例与词头平行，“它”字上方注音当是衍文，应删去。

38. 遗漏拼音例

“守”字第一读音为：“shǒuㄕㄡˇ，书九切，上，有韵，审。”

但是，“守”字的第二读音只注出“舒救切，去，宥韵，审”，而未注明汉语拼音和注音字母。《唐韵》《广韵》《集韵》《韵会》《正韵》“守”字并“舒救切”，音“兽”。（见《康熙字典》）《辞源》在“舒救切”前依例应注明音“shòuㄕㄡˋ”，并在汉语拼音前标明第二读音；上文“守”字下注音应标明第一读音。“守”字下词条如“守令”“守丞”“守长”“守刺”“守宰”“守兼”“守倅”等，在词头下都应注明第二读音。

39. 词头为异读字而未注明读某音例

“岨固”条下解释说：“险要坚牢。”

《辞源》“岨”字下共收三个读音，第一为 jū，注作：“戴石的土山，同‘砠’。”第二为 zǔ，注作：“险要。同‘阻’。”第三为 jǔ，注作：“见‘岨$_3$峿’。”“岨固”为“险要坚牢”之义，词头“岨”字应读第二音。但《辞源》没有标出，这就会使读者误以为“岨固”中的“岨”字读第一音，因为《辞源》异读字，词头为第一读音的，该字后不注“1”字。

四、标点方面存在的问题

标点不当，就会影响对文义的理解。《辞源》中的标点还存在不妥之处，如：

40. 应断未断例

“窔奥”条下引《淮南子·道应》曰：“此犹光乎日月而载列星阴阳之所行，四时之所生，其比夫不名之地犹窔奥也。”

“此犹光乎日月而载列星”下应标逗号，与下文“阴阳之所行，四时之所生”并列。《辞源》以“此犹……阴阳之所行”作一句读，语义不通，误。

41. 应顿而逗例

“室”下第二义项：“家。《左传·桓公十八年》：‘女有家，男有室。’疏引刘炫：‘欲见男女之别，故以室属之，其实室，家同也。’”

疏引刘炫语中“室家”二字为并列成分，应用顿号。“其实室、家同也”的意思是：其实室和家相同。《辞源》“室”下标作逗号，误。

42. 应逗而顿例

“室老”条下引《仪礼·丧服》曰：“公、卿、大夫、室老、士、贵臣，其馀皆众臣也。”

《丧服》文义是说：公、卿、大夫、室老和士都是贵臣，其余都是凡臣。“公”“卿”“大夫”“室老”“士”五者为并列成分，不包括“贵臣”，“贵臣”是对前五者所下的判断语，在句中充当谓语成分，而前五者是主语。主谓语之间不能用顿号。因此，“士”下顿号应改作逗号。

43. 一般词语误标为专名例

“对禁”条下引《文选·颜延年·直东宫答郑尚书诗》：“两闱阻通轨，对禁限清风。”

李善《文选》注引《方言》曰：“轨，道也。”“轨”是一般词语，“通轨”即通途、通道之义，“轨”下横线不应有。

44. 以人名为一般词语例

“宝马”条下引《盐铁论·毁学》：“故晋献以宝马钓虞虢，襄子以城坏诱智伯。”

“晋献以宝马钓虞虢”与“襄子以城坏诱智伯”句式相同，“晋献”应连读，即晋献公也，应在“晋献”二字下标一横线，以示此为人名。书证用晋献公以屈产之乘、垂棘之璧假道于虞以伐虢故事。《辞源》横线只标在“晋”字下，误。

45. 专名当分而误合例

“张范”条下引江淹《伤友人赋序》曰：“虽乏张范通灵之感，庶同嵇尚笃徒之哀。”

《伤友人赋序》中“张”是指东汉张劭，“范”是指东汉范式，“张范”下横线应该改作两短横，分别标在“张”“范”下。

五、其他方面存在的问题

46. 复词排列失序例

《辞源修订本体例》说：“每个单字的复词按字数多少为序，字数少的排在前，多的在后。字数相同的，以第二字的笔画数多少为序。”

“弇中”与“弇山”二词字数相同，“中”字为四画，“山”字为三画，依例应“弇山”在“弇中”前，但《辞源》把“弇中”一词放在“弇山”之上，与体例不合。

47. 一词数形，或分立词条，或不分立例

“孝弟”也作“孝悌”，《辞源》立“孝弟”条，而不立“孝悌”条，“孝悌”归于“孝弟”条。

但在《辞源》中也有一词数形而分立词条的。如“孕育”又作“孕毓”“孕鬻”，《辞源》分立为三个词条。体例不一。

48. 一词数形，或注明亦作某，或不注例

“嶕”字下注明也作“嶣”“嵢”。

但“嵢”字下未注明也作“嶕”。

49. 复姓或称复姓或称姓例

《辞源》“公羊”“公孙”“万俟”“宗正”等复姓下皆注为复姓，但“宗伯”下云“（三）姓。以官为氏，汉有宗伯凤”，称姓。体例不一。

50. 异体字错写例

“嶲”字第一义项：“或作崚、峻、埈、嶕。”

“崚”字当作“陖”，其字为山下陵，而非山下陵。《说文·山部》：“陖，高也。从山，陵声。峻，陖或省。”是“陖”为“峻”“嶲”“埈”本

字也。

所陈愚见，未必正确和全面，尚希读者给以指正和补充。

附：《辞源》文字注音标点勘误表（寅集）

页	栏	行	字	误	正	备注
789	2	倒 15	倒 4	盡	晝	见《史记》
795	1	倒 18	4	本	木	
795	3	倒 2	10	禁，	禁。’	
795	3	倒 1	7	云。’”	云。”	
797	1	2	倒 1	乎	夫	“学山”条及《法言》作“夫”
799	3	3	1—7	讬何切，平，歌韵，透		
800	1	13	倒 3	専	惠	见《史记》
800	1	倒 22	7—8	顺承	承顺	同上
800	2	倒 21	6	雈	萑	字书无雈
800	2	倒 6	3—5	舒救切	2shòu ㄕㄡ 舒救切	
801	3	2	1	自	自	见《后汉书》
800	2	倒 24		shǒu	1 shǒu	
801	1	2	1—2	守令	守$_2$ 令	“守”读 shòu
801	1	26	1—2	守丞	守$_2$ 丞	
801	1	倒 7	1—2	守长	守$_2$ 长	
801	2	5	1—2	守刺	守$_2$ 刺	
801	2	倒 3	1—2	守宰	守$_2$ 宰	
801	3	倒 16	1—2	守倅	守$_2$ 倅	
803	2	倒 12	2	徧	偏	见《文选》
805	1	倒 5	8	饭	飦	
806	2	倒 11	9—10	我养	我之养	见《庄子集解》《集释》

续表 1

页	栏	行	字	误	正	备注
825	3	11	8	己	已	依文意
825	3	倒 3	10—11	星阴	星，阴	
830	1	22	1—2	室，家	室、家	
830	2	2	11—12	士、贵	士，贵	
839	2	24	13	铍（pěi	铍（pī	铍，普皮反，音见《左传释文》
843	2	15	5—6	假于	假道于	
854	2	19	10—12	秋兴赋	秋兴赋序	
864	2	倒 12	倒 3	實	寶	
864	3	倒 18	9—10	晋献	晋献	
868	2	倒 25	9	四	田	见《左传》
868	3	16	5	领	项	依《汉书》注
877	3	倒 4	5	己	已	见《抱朴子》
879	2	倒 13	3—4	能察	察度	“尺寸”条不误
881	1	27	4	轨	轨	字非专名
884	2	24	1—2	传佑	佑传	
897	3	倒 18	1	猱 yóu ㄧㄡˊ	猱 nóu ㄋㄡˊ	
905	2	21	倒 1	尻	尻	其字为尸下几
907	2	倒 13	8	服	伏	
918	1	18	1—2	屯封	屯$_2$ 封	屯音 tún
925	3	20	5	後	彼	见《说文》
927	3	倒 24	2—3	下地	下无地	
927	3	倒 25	倒 2	先	光	
928	3	倒 3	1—2	岨固	岨$_2$ 固	岨音 zǔ
933	2	倒 22	7	卉	皮	“岛”下引不误
936	1	19	倒 2	嶽	崧	

续表 2

页	栏	行	字	误	正	备注
936	1	倒 6	倒 3	唐	宋	
938	3	倒 25	9	萃	崒	见《诗》,“崒”下引不误
940	3	7	7	崛	堀	“崐崖”引不误
940	3	24	3	塊	坱	“嶒嵘”引不误
942	3	倒 13	7	搜	嵬	见《荀子》
946	2	倒 13	4	蒐	嵬	
948	3	15	1	巳	己	“己”与上“人”字对
964	3	10	10	蔗	蕉	
969	2	12	1	买	市	
971	3	2	7—10	布袋和尚	布袋和尚	人名
978	3	倒 17	1—3	之计，婆	婆	“之计”衍文
982	3	倒 18	倒 3—4	固班	班固	
985	2	倒 19	1—2	上附	附	依例当删
986	3	倒 15	1—2	幢容	幢$_2$容	“幢”音 zhuàng
989	3	24	9—10	应道	道应	
990	3	倒 13	倒 1—3	晋郭璞	郦道元	或删去此三字
991	2	倒 9	5—6	上下	下上	见《诗》传
996	3	倒 21	8	下	下民	见《尚书》
996	3	倒 21	倒 3	命	年	
1001	2	倒 14	8—10	唐齐己	唐释齐己	依例当补
1013	3	19	倒 2	伐	伐	伐，攻也。非国名。
1018	2	9	倒 1	斤	斥	依意当改
1026	2	倒 6	12—13	未于	未成于	见《史记》
1029	2	倒 17	6	未	末	见《后汉书》
1042	1	3	10	鸣	鸣	见《水经注》
1043	1	12	倒 1	节	义	
1043	1	13	1	士	勇	

续表 3

页	栏	行	字	误	正	备注
1046	1	15	3	子		“子”字衍文
1046	1	倒 7	倒 1	穿	穿	赵穿也，人名。
1048	2	17	4—5	张范	张范	张劭、范式也。
1062	3	倒 14	4—6	文彩蒙	文彩；蒙	文彩释彪字
1064	1	倒 5	11	五	三一	
1064	2	4	9	五	三一	
1065	3	倒 9	1—2	影摇	影$_{2}$ 摇	影音 biāo
1068	3	12	3—6	旅外远人	旅外远行	依“征衫”条改
1071	3	22	9	己	已	见《梁书》
1076	1	4	1—2	仲世	仲完世	见《史记》
1084	3	倒 25	2—4	司铎火	司铎火	司铎，宫名；火，起火。
1087	1	19	1—3	正考父	正考父	正考父，人名。
1087	1	倒 4		pàng ㄆㄤˋ	bàng ㄅㄤˋ	
1091	1	倒 16	7—9	一六〇	一〇六	《史记》止一百三十卷，吴王濞传在卷一〇六

谦、敬辞的构成与释义

谦辞是指含有自谦、自贬口吻的言辞，一般用来指称自己、指称和自己相关的人或事物、指称自己的行为动作。敬辞是指含有恭敬口吻的言辞，一般用来指称对方、指称和对方相关的人或事物、指称对方的行为动作。下面试就汉语谦、敬辞的构成方式略做分析，然后谈一谈语文词典在编写谦、敬辞词条时应该注意的几个问题。

一、谦辞的构成

谦辞的构成主要有以下几种方式：

1. 在表示对方的行为动作的语素之前加上“错”“过”“缪”等语素，表示自己不配领受……，对方不应对自己……。如：

错爱　缪奖　过称　过奖　过誉

2. 在表示自己行为动作的语素之前加上“敢”字，表示自己的行为动作冒昧、鲁莽。如：

敢问　敢请　敢烦

3. 在表示美善、贤能的语素之前加上“不”字来指称自己，表示自己无才无能、不美不善。如：

不才　不敏　不佞　不榖　不孝

此外，由“不”字构成的谦辞还有：

不敢　不敢当　不情之请

其中，“不敢”“不敢当”表示自己承当不起对方的招待、夸奖等；“不情之请”则用来指称自己向对方提出的请求，自谦为“不合情理”。

4. 在指称自己的亲属时，加上“家”“舍”“内”“外”等。习惯上把由以上四字构成的词语作为谦辞来使用。如：

家慈　家严　家君　家兄　家父　家母　舍亲　舍侄　舍妹　舍弟　内子　内人　内侄　外子

此外，由“舍”字构成的谦辞还有：

舍下　寒舍

“舍下”“寒舍”都用来向对方称自己的家。

5. 在指称自己或与自己相关的人时加上“小”“后”“晚”等字，表示年幼无知；在表示和自己相关的事物时加上“小”字，表示微不足道。如：

小弟　小可　小人　小生　后学　晚生

以上六个谦辞用来指称自己。

小儿　小女　小犬　小婿

以上四个谦辞用来指称和自己相关的人。

小店　小号

以上两个谦辞用来指称自己的店铺。

6. 在指称自己或与自己相关的事物时加上“下”“卑”“贱”“鄙”“愚”等字，表示地位低下，见识浅陋。如：

在下　下官　卑职　鄙夫　鄙人　愚兄　愚弟

以上七个谦辞用于指称自己。

下情　下怀　鄙意　鄙见　愚意　愚见　一得之愚

以上七个谦辞用于指称自己的心意、见解。

贱内

用于指称自己的妻子。

7. 在指称和自己相关的事物时加“敝”字，表示破旧、不尊贵。如：

敝处　敝国　敝校　敝姓

8. 在指称自己的作品、见解或指称自己妻子时加“拙”字，表示笨拙、粗陋。如：

拙著　拙稿　拙笔　拙译　拙见　拙荆

9. 在指称和自己相关的事物时加“薄”字，表示菲薄、微不足道。如：

薄技　薄酒　薄礼　薄面

除了以上九类谦辞以外，还有少量谦辞沿用已久，各有来历，不易归类。如“侧闻”用于指称自己听闻，表示不敢正面；“承乏”用于指称自己任职，表示自己无德无能，只是在人才缺乏的情况下才充任；“管见”用于指称自己的见解，表示见解片面、浅陋，等等。

二、敬辞的构成

敬辞的构成主要有以下几种方式：

1. 在表示自己行为动作的语素之前直接加上表示尊敬的语素，构成双音节敬辞。用来构成此类敬辞的语素有“拜”“叩”“恭”“敬”“奉”“请”等，如：

拜辞　拜访　拜服　拜会　拜见　拜托　拜望　拜读　拜贺　拜候　拜恳　拜聆　拜领　拜请　拜识

叩见　叩问　叩谢　叩谒

恭贺　恭候　恭请　恭祝

敬奉　敬告　敬贺　敬颂　敬祝　敬献

请问

2. 在表示对方的行为动作的语素之前加上“恩”“赐”“惠”“光”等语素，构成双音节敬辞，表示对方的行为动作给自己带来恩惠、荣宠。如：

赐教　恩准　惠存　惠顾　惠临　惠允　光顾　光临　光降

3. 在表示对方或表示对方行为动作的语素之前加上“俯”“屈”“枉”等语素，在表示自己行为动作的语素上加上“仰”字，构成双音节敬辞，表示对方身份、地位高。如：

俯就　俯察　俯念　俯允　屈驾　屈就　枉驾　枉顾　仰承　仰仗

4. 在称呼对方时加上“大”“老”“先”“长”等字，表示尊敬。如：

大伯　大车　大哥　大妈　大娘　大嫂　大婶儿　大师　大师傅　大人　大爷

老公公　老奶奶　老前辈　老人家　老太太　老太婆　老太爷　老爷爷　老爷子　老兄　老弟

学长　师长

先生

另外，“大”字还可以用在表示对方或表示和对方相关的事物的语素之前，构成敬辞，如：

大驾　大笔　大札　大著　大作

5. 在表示称呼对方、称呼和对方相关的人或事物语素之前加上“尊”字表示尊贵。如：

尊甫　尊驾　尊公　尊翁　尊堂　尊府

6. 在表示称呼对方或和对方相关的人的语素之前加上“令”字，表示美善；加上“仁”“贤”字，表示仁义、贤能。如：

令爱（嫒）　令郎　令亲　令堂　令尊

仁兄　仁弟

贤弟　贤契　贤侄

其中，由“令”字构成的敬辞，可以用来指称对方的晚辈，也可指称对方的长辈；由“仁”字、“贤”字构成的敬辞可以指称同辈，也可指称晚辈，但不能指称长辈。

7. 在表示和对方相关的事物的语素前（或后）加上“宝”“贵”“金”“玉”等字，表示宝贵。如：

宝刹　宝地　宝号　墨宝

贵府　贵庚　贵恙　贵干　贵姓　贵国　贵校

金口　金言

玉音　玉照　玉体　玉言

此外，“玉”字还可构成“玉成”，用来指称对方成全；“金”字还可构成“千金”“千金小姐”，用于指称别人的女儿。

8. 在表示和对方相关的事物的语素之前加上“华”“雅”“清”等字，表示华美、高雅、高洁之意。如：

华诞　华翰　华居

雅号　雅居　雅教　雅意

清尘　清虑　清神　清问

9. 在指称和对方相关的事物的语素前加上“高”“明”，表示高明之意，如：

高见　高论

明教

另外，“高寿”用于询问对方年龄；“高龄”用于称老人年龄，含有祝人长寿的意思；“高就”指称对方任职某事，含有祝人高升的意思；“高足”用于指称别人的学生，含有才高的意思；“高徒”用于指称对方的徒弟，也含有才高之意。

10. 不直接指称对方，而是称对方身边的事物来指代，以示尊敬。如：

陛下　殿下　阁下　台下　台端　大驾　尊驾　台驾　兄台

另外，“台”字还可构成“台鉴”“台览”，表示请对方观览。“台命”指称对方的吩咐，“台甫”用于询问对方的表字。“驾”字还可构成“驾临”，表示大驾光临。

敬辞除了上述十类以外，还有少数无类可归，如“公子”“小姐”本指贵族家的儿子、女儿，后来指称别人家的儿子、别人家的女儿或未婚女子，于是成为敬辞。“璧还”用于把别人的东西归还别人，“海涵”用于请对方原谅、包涵，“仙乡”用于指称对方的籍贯，这些词都含有尊敬口吻，也都属于敬辞。

三、撰写谦、敬辞词条应该注意的几个问题

谦、敬辞是汉语词汇中一种较为特殊的词，大多数谦、敬辞都有特定的含义，不能按字面解释。另外，谦、敬辞对使用场合、使用对象也都有严格的限定，应给予充分注意。因此，编写语文词典，在撰写谦、敬辞词条时要注意到以下几个问题。

1. 编写语文词典，在处理谦、敬辞时，首先应该对被释词语是否谦、敬辞加以确认，既不能把谦、敬辞看成普通词语，也不能把普通词语当作谦、敬辞。凡属谦、敬辞的词条，在释义前都应注明该条被释词是谦辞，还是敬辞，不能不标注，也不能部分标注、部分不标注。否则，便不能把谦、敬辞与普通词语严格区分开来。《现代汉语词典》（以下简称《现汉》）在处理谦、敬辞时，一般注明被释词语是敬辞或是谦辞，但其中仍有为数不少的谦、敬辞词条没有注明，这样，会使读者以为只有明确标注的才是谦、敬辞，没有标注的不是谦、敬辞。例如：

“侧闻”用于指称自己听闻，表示自己不敢正面听，含有自谦、自贬的口吻，应属于谦辞。《现汉》没有标注。

“恭候”“恭请”“恭贺”“恭祝”是由语素“恭”分别和“候”“请”“贺”“祝”构成的敬辞，含有恭敬口吻。《现汉》在“恭候”下明确标注

该词是敬辞，但《现代汉语词典补编》（以下简称《补编》）在“恭请”“恭祝”“恭贺”三词之下，都没有注明它们是敬辞。

“大札”用于指称对方给自己写的书信，含有尊敬口吻，与“大著”“大作”构成方式相同。《现汉》所收“大著”“大作”都注明属于敬辞，而《补编》只是把“大札”解释作“尊敬（称?）对方的来信”，没有注明是敬辞。

“大”作为构词语素，可以构成指称对方或与对方相关的事物的敬辞；“小”作为构词语素，可以构成指称自己或与自己相关的事物的谦辞。《现汉》在处理由“大”构成的敬辞时，只是在“大人”词条下标明敬辞，其他如“大伯”“大哥”“大号”“大妈”“大娘”“大嫂”“大婶儿”“大叔”“大爷”等都未做标注，而是在释义中采用“尊称……”来表示；“大师”“大师傅”也未做标注，而是采用“对……的尊称”来表示。《现汉》在处理由“小”构成的谦辞时，“小女”“小犬”“小婿”下注明是谦辞，而与这三个词构词方式相同的“小弟”“小人”“小可”“小儿”却没有明确标注，只是在释义中采用“……的谦称”或“谦称……”来表示。

商人对别人称自己的店铺为“小号”，是谦辞；称别人的店铺为“宝号”，是敬辞。《现汉》在“宝号”下明确标注为敬辞，但是在“小号”之下却没有注明是谦辞。

（缺文）

的文章，也不是指称自己的见解。为了充分体现“拙”字的使用场合，“拙荆”应作为例句出现在“玉”字第二义项之下，用以补充释义之不足。

谦、敬辞大多含义晦涩，用法特殊，容易造成读者误解、误用，这些词当出例句，而《现汉》大多数谦、敬辞没有例句，不能不说是一大缺憾。

以上谈的几个问题，是结合《现汉》而提出的，难免片面，失当之处，请专家、同行指正。

关于“野人与之块”的解释

《左传·僖公廿三年》“（重耳）过卫，卫文公不礼焉。出于五鹿，乞食于野人，野人与之块，公子怒，欲鞭之。”

陆宗达先生说：“这段是记载晋公子重耳流亡卫国时的事情，一般都把‘块’解释成‘土块’。这似乎不甚合理，因为当时晋公子是问（向?）地里干活儿的农民要食物吃，农民怎么会给他一块土呢？……古籍中‘块’与‘蒉’相通。《礼记·明堂位》注：‘蒉当作块，声之误也。’《礼运》注：‘蒉读为块。’可证。而《说文·艸部》：‘蒉，草器也。’‘臾，古文蒉，象形。’可见，蒉是粗草编的田器，用来盛土的，与筐是一类的东西。这与凷（古块字）的形体相合。《礼记·问丧》中说居丧要‘寝苫枕块’，《左传·襄公十七年》则说：居丧要‘寝苫枕草’。杜注：‘草，编草也。’（按：“杜注：草，编草也”当作“《释文》：苫，编草也。”《释文》而属杜注者，陆先生误记也，“苫”作“草”者，不知陆先生笔误，还是印刷之误）《左传·昭公廿七年》：‘或取一编菅焉。’杜注：‘编菅，苫也。’可见苫是草编的用来覆盖之物，寝苫是垫着草苫（按：《说文》：“寝，卧也。”“寝苫”谓睡卧在草苫上，陆先生把“寝苫”解成“垫着草苫”，亦不甚确）‘枕块’是枕着装土的草器。关于晋公子重耳的这件事，《史记·晋世家》说得更为清楚。司马迁用汉代的语言翻译了《左传》这句话：‘饥而从野人乞食，野人盛土器中进之。’用现代汉语来说，就是农民把食物装在盛土的草器里献给重耳。重耳认为这是对自己的不恭，因而大发雷霆，这样较为合理。”（见陆先生著《训诂简论》）

陆先生以为“蒉”“块”古通用，是也。《战国策》：“饮食餔餽。”高诱注：“吴谓祭鬼为餽，古文通用，读与馈同。”故古书“馈”字亦多以“餽”为之。《汉书·食货志》“千里负担餽饟”，“餽”即“馈”字也，此其证。但是，陆先生把“野人与之块”这句话中的“块”字也看成与“蒉”通，从而把这句话解释为“农民把食物装在盛土的草器里献给重耳”，我们以为这样解释，似于文义欠妥。

《左传·僖公廿三年》关于晋公子重耳乞食于野人的完整记载是这样的：“（重耳）过卫，卫文公不礼焉。出于五鹿，乞食于野人，野人与之块。公子怒，欲鞭之。子犯曰：天赐也。稽首，受而载之。”公子重耳自狄往齐，途经于卫，卫文公不礼，只好继续赶路，此时重耳一行饥饿劳累可想而知，当他们出于五鹿，遇见野人时，重耳急忙向野人求食，野人没有给他食物吃，给的却是土块，土块怎能充饥？公子饥而求食反得土，而又不知得土之义，所以公子怒，欲鞭打野人。古人以得土为有国之祥（见《左传·僖公廿三年》正义），野人予重耳土块，为重耳有国之祥兆，故子犯以为“天赐也”，公子重耳一经子犯提醒，幡然改悔，于是很有礼貌地把土接受下来，并装载于车中。若依陆先生之说“野人与之块”是野人把食物装在盛土的草器里献给重耳，则野人献给重耳的是食物，只不过是把食物装在了盛土的草器中，当时如果重耳甚饥，得到食物后必然急忙食之以止饥，必不去计较盛食物的器具的好坏。这由重耳饥时连人肉都吃可推想而知。但是《左传》言“受而载之”，重耳接受野人所赠之物没有立即把它吃掉，却把它装在了车上，公子为什么这样做呢？因为野人所赠之物是土块，而不是食物，土块不能吃，所以才装载于车。若是食物，绝无“载之”之理。如果当时公子饥而不甚，他对野人对自己的戏弄（虽子犯以为天赐）也绝不肯善罢甘休，况且食物乃寻常之物，何须言“天赐”，此其一也。

陆先生为了阐明“野人与之块”中“块”为“蒉”之借字、训为盛土的草器，以《礼记·问丧》中“寝苫枕块”、《左传·襄公十七年》作“寝苫枕草”为论据，从而谓枕块为枕着装土的草器。按：先秦古书言“寝苫枕块”者常见。如《仪礼·既夕》：“居倚庐，寝苫枕块。”注云：“苫：编藁。块：塩也。”疏引《尔雅》注：“块，土块也。”又《丧服》：“居倚庐，寝苫枕块。”《礼记·丧大记》：“父母之丧，居倚庐，不涂，寝苫枕凷。”又《问丧》：“成圹而归，不敢入处室，居于倚庐，哀亲之在外也。寝苫枕块，哀亲之在土也。”《墨子·节葬下》：“哭泣不秩，缞绖垂涕，处倚庐，寝苫枕凷。”以上诸书均作“枕块”，由《礼记·问丧》“哀亲之在土也”可证“块”即“土块”而非草器。《仪礼·既夕》贾公彦疏云“孝子寝卧之时，寝于苫，以块枕头。必寝苫者，哀亲之在草；枕块者，哀亲之在土云”，亦以为“块”即“土”也。《国语·吴语》“畴枕王以墣而去之”注云：“墣，块也。”《说文·土部》：“墣，凷也。”“凷，墣也。”墣既可枕，“墣”“块”互训，则“块”亦非不可枕者。《左传·襄公十七年》作“寝苫枕草”，《释文》引王俭曰：“夏枕凷，冬枕草。”是“块”“草”有别也。陆先生以为“枕块”即“枕草”，恐未必，此其二也。

《史记·晋世家》：“饥而从野人乞食，野人盛土器中进之。”陆先生把这句话理解为“农民把食物盛在装土的草器里献给重耳”。依照陆先生的理解，则野人献给重耳的是食物。“盛”为及物动词，其主要受事之词“食”不当省。若司马迁果以“块”为“蒉”之借字，“蒉”训草器，则《史记》当言“盛食于草器而进之”，不当言“盛土器而进之”也。其实，“野人盛土器中”即“野人盛土于器中”之省（古书介词“于”多省略）。这由《史记·晋世家》下文可以得到证明。下文说：“重耳怒。赵衰曰：土者，有土也，君其拜受之。”“受之”中“之”字即指代上文“土”字。“受之”即“受土”，重耳所受者为土，则野人所进者亦土也。由是可见，司马迁作《史记》亦以《左传》“野人与之块”中“块”字为土也，与传统说法并不矛盾。陆先生拘于“块”字作“草器”解，以致把《史记·晋世家》“盛土一器中”误读作“盛一土器中”，把“盛土器中”翻译为“把食物盛在装土的草器里”，用增字的办法以迁就其说，但是“块”既为草器，“野人与之块”中的“块”为动词“与”的直接宾语，则所与者“草器”也，其“食物”二字何来，此其三也。

《国语·晋语》亦载晋公子重耳出亡一事。《晋语》曰：“过五鹿，乞食于野人。野人举块以与之。公子怒，将鞭之。子犯曰：天赐也。民以土服，又何求焉！天事必象，十二年必获此土。二三子志之。岁在寿星及鹑尾，其有此土乎！天以命矣，复于寿星，获于诸侯，天之道也，由是始之。有此，其以戊申乎！所以申土也。再拜稽首，受而载之。”《晋语》较《晋世家》多出“民以土服”到“所以申土也”一段，余则相同。“民以土服”到“所以申土也”即对“野人举块以与之”的解释。由这段文字中我们可以看出“块”即“土块”。《史记·十二诸侯年表序》云：“鲁君子左丘明……因孔子史记具论其语，成《左氏春秋》。”司马迁《报任安书》云：“左丘失明，厥有《国语》。”据此，《左传》《国语》同出左丘明之手。《国语》记载公子重耳出亡一事时，把“块”字解释为“土块”，则《左传》中“块”字断非草器，也应该看成是土块。钱玄同《古史辨》说：“……古文经传虽为刘歆所伪造，但《左氏春秋》这部书却是拿了左丘明的《国语》来窜改而成的。”据此，则《左传》出自《国语》，《左传》记载重耳出亡一事亦不当与《国语》有异。《国语》既以“块”为“土”，则《左传》中“块”字当训“土”无疑。此其四也。

我们以为“野人与之块”即“野人与之土”，当重耳出于五鹿，遇见野人并向野人乞食时，野人耕作于田中，其时并不一定带着食物，但田中土块却遍地皆是，所以野人信手拾之以进之。重耳所求者食也，野人所与者土也，其时重耳已饥，急于求食，进非所求，反被戏弄，故怒而欲鞭之。如此解释，并非不合情理；若依陆先生所言，反觉牵强。

《十驾斋养新录》标点志误

清代学者钱大昕《十驾斋养新录》以考校翔实而为学术界所重，但该书的整理出版工作远远不能适应、满足读者的需要。据笔者所见，该书标点本仅有商务印书馆1937年版一种。此版采用旧式标点，于断句处标实心圆点，语意未完者则标以顿号。1983年上海书店据商务版复印，标点一仍其旧。商务标点此书并予以出版，无疑给读者提供了较大的方便，但由于该书标点方面的疏漏，给读者也带来了不必要的麻烦。笔者在阅读该书时，发现书中标点错误20余条，今从中选取因标点错误致使语意不可通者数条，录之于下，以为阅读、校理此书者参考。

一、周礼校人注．校之为言校也．主马者必仍校视之．释文．校户教反．字从木．若从手旁．作是比挍之字耳．今人多乱之．（商务标点如此。见上海书店复印本卷3，62页，下但出卷数、页数）

“若从手旁．作是比挍之字耳”语意难通。此句“作”字应属上读，标作“若从手旁作．是比挍之字耳”。“从某旁作”为指出异体时经常使用的术语，如“歌”字异体或作“謌”，指出“歌”字异体时，便可以说“此字或从言旁作”。《诗经·卫风·芄兰》：“童子佩觿。”《释文》：“佩，蒲对反。依字从人，或玉旁作者，非。”其中“或玉旁作”即“或从玉旁作”，承前省“从”字。“或（从）玉旁作”意思是说“佩”字或体从玉旁写作

“珮”。同样，“若从手旁作. 是比挍之字耳”，意思是说“‘校’若从手旁写作‘挍’，则是比挍的‘挍’字”。在陆德明看来，《周礼·校人》中的“校”字是校视的意思，读户教切；如果写作“挍”，则是比挍的意思，读古孝切，校与挍意义不同，读音有别，非一字，故有“若从手旁作，是比挍之字耳”之语。标点者不明“或从某旁作”为指明或体的术语，因误将“作”字属下读，致使语意难通。

二、摯. 执声. 而读若晋. 椶. 爰声. 而读若指. 撝. 榗省声. 而读若骊驾.（卷4，65页）。

钱大昕根据《说文》“读若”揭示古音相转之例。《说文》“读若某”，“某”或为单字，或为常语，如《口部》：“哙，或读若快”，“唬，读若暠”，此取单字者；“唉，读若尘埃”，“唪，读若《诗》曰‘瓜瓞菶菶’”，“哽，读若井汲绠”，“台，读若沇州之‘沇’”，此取常语者。取单字者，不言而喻；取常语者，意谓某字与常语之中的某一个字读音相同，或相近。如上举“唉，读若尘埃”意谓“唉”字读若尘埃之‘埃’，“唪，读若《诗》曰‘瓜瓞菶菶’”意谓“唪”字读若《诗经》“瓜瓞菶菶”之“菶”。钱大昕所引《说文》“摯，执声”而“读若晋”，见《说文·手部》，是取单字注音。“椶，爰声”而“读若指撝”、“榗，省声”而“读若骊驾”俱见《说文·木部》，皆取常语注音。“椶，读若指撝”意谓“椶”读若指撝之“撝”，段玉裁注：“撝，古音在十七部（歌部），此合韵也。”“榗，读若骊驾”谓“榗”读若骊驾之“骊”，段玉裁注：“榗读若骊驾之‘骊’，此清、支二部合韵也。”依据《说文》，此段文字应标点作“摯. 执声. 而读若晋. 椶. 爰声. 而读若指撝. 榗. 省声. 而读若骊驾.”标点本于“指”字下断句，“榗”字下不断，文意变成“椶”读若指，“撝”读若骊，此不仅乖于音理，且与《说文》不合。这种错误，是由于标点者惑于读若条例，又没有查阅《说文》而导致的。

三、古读佛如弼. 亦如勃. 诗. 佛时仔肩. 释文. 佛毛. 符弗反. 大也.

郑音弼．辅也．（卷 5，103 页）

“佛时仔肩”见《诗经·周颂·敬之》，毛传：“佛，大也。”郑笺：“佛，辅也。”陆德明认为毛亨训“佛”为大，“佛”字应读符弗反；郑玄训“佛”为辅，应读弼音，故于《释文》有“佛毛符弗反，郑音弼”之语，其中毛、郑分指毛亨、郑玄。《诗经·周颂·武》：“耆定尔功。”《释文》：“耆，毛音指，致也；郑巨移反……恶也。”根据毛亨、郑玄对于“耆”字训解的不同，指出毛亨训“耆”为致，当读指音；郑玄训“耆”为恶，当音巨移反。此正与“佛时仔肩”《释文》对“佛”字的注音同例。“佛毛符弗反”应标作“佛．毛符弗反．”标点本于“毛”下断句，“佛毛”连读，非是。

四、青州篇．分城阳之黔陬．壮武．淳于．昌安．高密．平昌．营陵．安邱．大剧．临朐十一县．为高密国．大亦县名．即东莞之广县也．（卷 6，132 页）

依上文标点，仅得十县，与十一之数不合，文中明言“大亦县名，即东莞之广县”，“大”下应断，大、剧二县名。中华书局标点本《晋书·地理志》标点此段为：“又分城阳之黔陬、壮武、淳于、昌安、高密、平昌、营陵、安邱、大、剧、临朐十一县为高密国。”断句甚是，当从。

五、地理志青州无北海郡．而有济南郡．统县五平寿．下密．胶东．即墨．祝阿．（卷 6，134 页）

《晋书·地理志》：“济南郡”原注谓：“汉置。统县五，户五千。”五县分别是平寿、下密、胶东、即墨、祝阿。据此，“统县五平寿”当断为“统县五．平寿”，商务标点本连读，非是。

六、倪志之重出者．如滕宾万邦一览集．见史抄类．又见地理类……李延兴．字继本．亦分为二人．吕诚一、名肃．亦误分为二．（卷 14，348 页）

“吕诚一、名肃”当标作“吕诚、一名肃”。吕诚，字敬夫，改名为肃，元昆山（今属江苏省）人。《四库全书总目·集部·别集类》著录

《来鹤亭诗》八卷、《补遗》一卷。云："元吕诚撰。诚字敬夫，昆山人。工于吟咏，诗格清丽。与同里郭翼、陆仁、袁华相唱和。尝于园林蓄一鹤，后有鹤自来为伍，因筑来鹤亭，并以名其诗集。"顾嗣立《元诗选》（秀野草堂藏本）云："吕处士诚。诚字敬夫，后名肃，昆山之东沧也，今隶太仓。"《苏州府志》（乾隆刊本）云："吴肃，《来鹤亭稿》《既白轩稿》《番禺稿》《竹州稿》《归田稿》。"吴肃乃吕肃之误，吕肃即吕诚。钱大昕《补元史艺文志》著录"吕诚《来鹤亭诗》一卷，又《补遗》一卷，又《番禺稿》一卷，又《既白轩稿》一卷，又《竹州归田稿》一卷"，是也。而倪灿编《辽金元艺文志》，既著录"吕诚《来鹤亭诗》一卷、又《补遗》一卷"，又著录"吕肃《来鹤亭稿》、又《既白轩稿》、又《番禺稿》、又《竹州归田稿》"，不知吕肃即吕诚也。故钱大昕指摘其失云："吕诚，一名肃，亦误分为二。"今断为"吕诚一、名肃"，大误。

说“去”

先秦两汉以至三国古书中，“去”字多可训藏，例如：《左传·昭公十九年》：“莒有妇人，莒子杀其夫，已为嫠妇，［及老］托于纪鄣纺焉，以度而去之。”陆德明释文引裴松之注《魏志》云：“古人谓藏为去。”孔颖达疏：“去即藏也。”又《襄公二十八年》：“御者知之，则去其肉而以其洎馈。”释文：“去，起吕反，藏也。”《晏子春秋·杂上篇》：“晏子之鲁，朝食进餽饍，有豚焉，晏子曰：‘去其二肩。’”卢文弨云：“去，藏也。下所以云：‘藏余不分。’”《汉书·陈遵传》：“遵善书，与人尺牍，主皆藏去以为荣。”颜师古注：“去，藏也。”《说文》：“去，人相违也。从大，厶声。”今人康殷云：“去，盖示人离凵而去之意，仍未甚明。”[①] 依许慎、康殷之说，“去”字本义乃来去之“去”，然而“示人离凵而去”“人相违”之“去”，何以用为藏去之“去”？

甲骨“去”字写作“”[②]，或作“”[③]；金文作“”[④]，或作

---

① 见康殷《说文部首》。

② 见《古文字类编》。

③ 见《古文字类编》。

④ 见秦公𣪕“”字所从。

“”①；战国陶器写作“”②。诸“去”字上部所从之“大”，象器皿之盖形。如“壶”字甲骨作“”③，金文作“”④，或作“”⑤、作“”⑥、作“”⑦，许篆作“”⑧，“壶”上部所从之“大”形象盖甚明。许慎云：“壶，昆吾圜器也。象形；从大，象其盖也。”“去”上部所从“大”形与“壶”上部所从“大”形相同，“去”上“大”形亦为器皿之盖，而非人之正视图。“去”字或作“”⑨，“壶”字或作“”⑩，其上部所从仍同。又如“盇”字战国陶器作“”⑪，《说文》篆作“”，许解云：“盇，覆也。从血、大。”徐铉云：“大象盖覆之形。”（按：“盇”即“盖”本字也。）《说文》又有“奄”字，许解作“覆也”，其字从“大”，故可训覆。此并为“去”上所从之“大”乃器皿盖形之证。

“去”字下部所从之“厶”，甲骨文中或写作“凵”，“厶”“凵”并象器皿之形。《说文》：“厶，厶卢，饭器也，以柳为之。”又金甲文中，从皿之字或从“厶”、从“凵”，如“卢”字婴次卢作“”⑫，甲骨作“”⑬，

---

① 见师酉𣪘“”（法）字及盂鼎“”（法）字所从。
② 见《古文字类编》。
③ 见《古文字类编》。
④ 见《古籀汇编》。
⑤ 见《古籀汇编》。
⑥ 见《古籀汇编》。
⑦ 见《古籀汇编》。
⑧ 见《古文字类编》。
⑨ 见《古文字类编》。
⑩ 见康殷《文字源流浅说》。
⑪ 见《古文字类编》。
⑫ 见《古文字类编》。
⑬ 见《古文字类编》。

或作“”①，皆从皿；而鬲从盈“泸”字写作“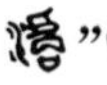”②，从。又如“盘”字虢季子白盘写作“”③，中子化盘写作“”④，皆从皿；而甲骨“盘”字写作“”⑤，从，般声。“盂”字盂鼎作“”⑥，从皿；而甲骨“盂”字作“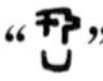”⑦，从厶，《古籀汇编》以为“厶”即“皿”省。康殷《说文部首》亦云：“厶可视为、等皿形之省，甲文从皿之字也常省从。”另外，以为器皿之形亦见于省吾《甲骨文字释林·释》。

“大”既象器皿之盖形，“厶”又象器皿之形，“去”字从“大”在“厶”上，当是会意字，其本义即藏也。犹“盍”字从大在皿上，其本义为覆也。古籍中“去”字多训藏，即用其本义。

“去”本藏去字，借声以为来去字；或以“去”为声加示动义符构成形声字以表来去之意。如“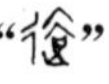”“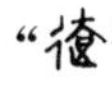”“”“”（前人或释“远”，误）是也。古籍中来去之“去”使用广泛，“去”字本义遂晦，又造“弆”字代替藏去字（“弆”字《说文》无，见《广韵》）。许慎以“去”为形声字，解作“人相违也”，乃误以“去”字为来去本字也，而从金甲文诸“去”字中，实难看出“人相违”之意。

---

① 见《古文字类编》。

② 见《古文字类编》。

③ 见《古文字类编》。

④ 见《古文字类编》。

⑤ 见《古文字类编》。

⑥ 见《古籀汇编》。

⑦ 见《古籀汇编》。

《说文·歺部》字探源兼论文字孳乳

《说文·四篇下·歺部》："歺，列骨之残也；从半冎。凡歺之属皆从歺。读若蘖岸之蘖。"

甲骨文"歺"字作"（甲三四六）""（乙八八一二）""（京津四一九）"。"冎"字甲文作"（粹一三〇六）"。"歺"与"冎"字形无涉，许谓"歺，从半冎"，非是。于省吾《甲骨文字释林·释卢、、、、》云："甲骨文歺字……即（列）字的初文。"又云："字的造字本义还不可知，但许氏从半冎之说殊不可信。"于说甚是。""""""诸形，盖象残裂之形。"歺"字之作""，犹"敝"字之作"（拾六、二）"也，其中三点或四点，皆示碎屑之义。故"敝"为破敝而"歺"为残裂也。又考"歺"字之音，《说文》谓"读若蘖岸之櫱"。"櫱"字上古音为疑纽月部字，"列"字上古音为来纽月部字，二字皆为月部字。而疑、来二纽古多通转，如"嗣"字，《说文》云"乱声"，而读五患切；"鹝"字《说文》以为"鶃"之或体，"鹝"从鬲得声，属来纽；"鶃"从兒得声，属疑纽。又如同一佥声也，"验"字从之属疑纽，而"敛""脸"从之属来纽，此为"歺""列"声纽相同之证也。声纽既同，又皆为月部字，是"歺""列"音相吻合也。"歺"字《说文》解为"列骨之残也"，义近是。然则"歺"字之形、之音、之义无不与"裂""列"同也。"歺"为残

裂之初文，孳乳为“歾”，《说文·歾部》：“歾，残穿也，从又歺，歺亦声。”又孳乳为“列”，《说文·刀部》：“列，分解也，从刀、𡿪声（按：𡿪乃歺之形变）。”又孳乳为“裂”。《说文·衣部》：“裂，缯馀也，从衣，列声。”《广雅·释诂一》：“裂，分也。”字又作“㡠”。《广雅·释诂二》：“㡠，裁也。”《释诂三》：“㡠，馀也。”又孳乳为“䶛”。《说文·齿部》：“䶛，齿分骨声。”“歹”本残裂之义，引申为分别，分别则有次弟矣，故《说文·馬部》云：“駑，次弟驰也。”凡上所举“歾”“列”“裂”“㡠”“䶛”“駑”六字，或训馀，或训残，或训分，或训次弟，皆“歺”之引申义也，亦皆从“歺”得声，此六字者，乃“歺”之孳乳字也。

又《说文》“古文歺作“[illegible]”，战国文字“殒”或作“[illegible]（印·铁云）”，所从“歺”旁作“[illegible]”，“[illegible]”殆即“[illegible]”之稍变也。又《说文·死部》“死”之古文作“[illegible]”，盂鼎“死”字作“[illegible]”，古文“死”即移“[illegible]”于“[illegible]”下而稍变也。中山王圆壶有“殆”字作“[illegible]”，即从死，古声也。而其所从之“[illegible]”，尤与古文“死”相近。又《说文·人部》“伊”字古文作“[illegible]”，云：“古文伊，从古文死。”《歺部》“殪”字古文作“[illegible]”，云“古文殪从死”，皆是也。而《歺部》古文“殂”作“[illegible]”，云“从歺，从作”则非也。“[illegible]”字当是从古文死，乍声。

《说文·歺部》所收从歺之字凡三十一文，为“殇、殙、殰、殁、殚、殊、殟、殇、殂、殛、殪、𣩅、殡、㱩、殣、殠、殨、殇、殆、殃、残、殄、歼、殚、殬、殈、殨、殒、殖、殆、殇”。此三十一文，商代甲骨、西周金文不一见，至战国始有“殆”字作“[illegible]”、“殒”字作“[illegible]”、“殊”字作“[illegible]（布货·东亚上四）”，是以“歹”为意符造形声字，起于战国，而盛于秦汉也。虽其形为晚出变易孳乳，而其义先秦已有之，今述其源流如下：

1. 矮

《说文》：“矮，病也。从歺，委声。”段玉裁注曰：“《艸部》曰：萎，一曰萎也；菸、萎双声。《广韵》曰：殇，枯死也。萎，蔫也。按殇、萎古今字，菸、蔫古今字。”

“殇”字从“歺”，委声。“委”，《说文·女部》：“委随也。从女、从禾。”锴本作“禾声”是也。大徐本作“从禾”，误。“委”字甲骨文作“（乙四七七〇）”“（乙四八六九）”“（京津二七五一）”，“”“”“”皆象禾苗下垂枯萎之形。与“禾”字之作“（甲一九一）”“”“（后二、三三、五）”“（京都二九八三）”者迥异。“”本下垂、枯萎之义，孳乳为“委”。《说文》谓：“委，委随也。从女、禾声（依锴本）。”朱骏声《说文通训定声·履部》云：“从女、从禾，义亦支离傅会。即如所说，是与委顺同字。按本训积也，从禾，威省声。”按朱说非是，“委”字从女，禾声不误，“禾”即“萎”本字也。“委”字既从“”得声，故其字多训枯萎、下垂、顺从也。徐铉云：“委，曲也。取其禾穀垂穗委曲之貌。”是也。《楚辞·哀时命》：“欿然悴而委惰兮。”注：“懈倦也。”人情委惰有似禾苗枯萎下垂也。《家语》：“喆人其委。”注：“委，顿也。”此亦取禾苗枯萎之义也。“”又孳乳为“萎”。《说文·艸部》：“萎，食牛也。从艸，委声。”此字从艸，委声，本指艸木枯萎。《诗·谷风》：“无草不死，无木不萎。”传曰：“虽盛夏万物茂壮，草木无有不死叶萎枝者。”笺云：“然而盛夏养万物之时，草木枝叶犹有萎槁者。”此其证也。“萎”字训“食牛”，源出于委弃也。字又作“餧”，《汉书·陈馀传》：“如以肉餧虎。”注：“餧，飤也。”《广雅·释诂》：“餧，食也。”“”本禾苗下垂，人俯首听耳似之，故《说文·人部》：“倭，顺貌。从人，委声。”“倭”即“”之分化、孳乳字也。又诸书言“倭迟”“委蛇”“逶迤”“蝼蛇”“委委佗佗”“威夷”“郁夷”“倭夷”“倭偓”者，皆委曲随顺之貌也，其义亦出于禾苗下垂枯萎。又孳乳为“踒”。《说文·足部》：“踒，足跌也。从足，委声。”段玉裁曰：“‘跌’当为‘胅’，字之误也。《肉部》曰：胅，骨差也。踒者，骨委屈失其常，故曰胅，亦曰差跌。”又

《广雅・释诂》曰："踒，折也。"王念孙疏证云："《众经音义》十三引《仓颉篇》云：挫足曰踒。又引《通俗文》云：足跌伤曰踒。《韩非子・说林篇》云：此其为马也踒肩而踵足。《易林・蒙之随》云：猿堕高木，不踒手足。"足折下垂有似禾苗下垂，故取名为踒也。又孳乳为"痿"。《说文・疒部》："痿，痹也。"《广雅・释诂》："痿，瘚也。"王念孙云："《素问・痿论》引本病曰：大经空虚，发为肌痹，传为脉痿。《吕氏春秋・重己篇》：多阴则蹷，多阳则踒。高诱注曰：蹷，逆寒疾也；痿，躄不能行也。"又《汉书・昌邑王传》曰："身体长大，疾痿，引步不便。"注："痿，风痹疾也。""痿"即身体筋肉萎缩，偏枯之病，以其似禾苗枯萎，故从委声，即从委义也。委本禾苗下垂，因之凡下垂者皆可名委。《说文・糸部》："緌，系冠缨也。"《礼记・檀弓》："丧冠不緌。"《礼记・内则》又云："冠緌缨。"疏云："结缨颔下以固冠，结之馀者，散而下垂，谓之緌。"此"緌"字用以指冠带下垂者也。《尔雅・释器》："妇人之袆谓之缡；缡緌也。"郭注曰："即今之香缨也，袆邪交落，带系于体，因名为袆。緌，系也。"此緌字用以指蔽膝之系者也。《释名・释兵》曰："緌：有虞氏之旌也，注旄竿首，其形燊燊然也。""燊燊然"谓下垂貌也。此"緌"字指旗，以其旄饰下垂貌得名也。《尔雅・释水》："泛泛杨舟，绋缡维之。绋，䌹也。缡，緌也。"郭注："緌，系。"此緌字指系舟之绳。"委"本下垂，下垂则侧矣，故训侧之字，亦可从委作。《说文・金部》："錗，侧意。"段注："錗即今之歪字。"又孳乳为"诿"，《说文・言部》："诿，絫也。"《尔雅・释言》："諈、诿，累也。"《释文》引孙炎曰："楚人曰諈，秦人曰诿。""诿"之从委，犹"諈"之从垂也。"诿"从"委"训累，犹"委"之训积也。又孳乳为"羠"。《说文・羊部》："羠，羊相羠羵也。"段注："各本误，今依《篇》《韵》补正。羠羵叠韵字，犹委积也。"禾因病而枯萎，故人病，字亦得从委作。《说文・歺部》："殘，病也。"唯其训病缘于禾之枯萎，故"殘"字亦可训枯萎也。《众经音义》曰："今关西言菸，山东言蔫，江南言矮。”“菸”“蔫”“矮”乃一声之转，其训枯萎，皆源于“委”。“矮”字训病，字亦作萎。《檀弓》云：“哲人其萎乎?”郑注云：“萎，病也。草木枯死谓之萎，义亦同也。”是郑氏犹能考知其源也。“哲人其萎”，《家语》作“委”，字犹近古也。

凡上所述“委”“萎”“餧”“倭”“逶”“蝼”“踒”“痿”“绥”“錗”“诿”“矮”“矮”十三字皆从“”得声，为“”之变易孳乳字，故其义皆与“”字之义相同、相近或相关也。

2. 殙

《说文》：“殙，瞀也，从歺，昏声。”段注“‘瞀’当作‘霿’。《雨部》曰：霿，晦也。诸家‘霿’‘瞀’通用。《子部》：‘瞉，瞀。’亦作‘瞀’字。《庄子》：‘以瓦注者巧，以钩注者惮，以金注者殙。’释文引《说文》：‘瞀也。’《左传》：‘札瘥夭殙。’杜曰：‘未名而死曰殙。’今传作‘昏’。”

“殙”字训瞀，乃晚出孳乳字。初文当作“昏”。《说文·日部》：“昏，日冥也。从日，氐省；氐者，下也。”甲文作“（京津四四五）”“（京沪一、六八一）”“（佚二九二）”“（邺初下三三、三）”。字形与“昃”之作“（前七、四三、二）”“（天七〇）”同义，日在人侧为昃时，日在人下为黄昏也。卜辞亦用以表黄昏义。如京津四四五〇：“旦至于昏不雨。”是也。许慎说其义为日冥，是也；说其形为氐省，则非。“昏”本日冥之义，引申为昏暗。《文选·左太冲·吴都赋》：“挥袖风飘，而红尘昼昏。”孳乳为“睧”，汉《孙叔敖碑》：“处幽睧而照明。”“睧”字从昏得声，亦昏暗之义也。天不明曰昏，引申之，人不明亦曰昏。《国语·晋语四》：“童昏不可使谋。”韦昭注曰：“童，无智。昏，暗乱。”《老子》傅奕本：“俗人皆昭昭，我独若昏。”马王堆帛书甲本“昏”作“”，乙本作“”，昏亦暗昧之义也。孳乳为“惛”。《说文·心部》：“惛，不憭也。”《广韵·上平·二十三魂》：“惛，不明。”《广雅·释诂三》：“惛，痴也。”又孳乳为“顝”，《说文·頁部》：“顝，系头殟也。”“殟”者，暴无

知也，然则“顣”者被系无知之义也。段注：“《玉篇》引《庄子》云：‘问焉则顣然。’顣，不晓也。按与《心部》之惛音义略同。”又为“歅”，《广韵》：“魂、歅，不可知也。”不明则乱也，因而“昏”又引申为乱。《尚书·牧誓》：“昏弃厥肆祀，弗答。”传：“昏，乱……乱弃其所陈祭祀，不复当享鬼神。”正义曰：“昏暗者于事必乱，故昏为乱也。”《左昭十四年传》曰：“己恶而掠美为昏，贪以败官为墨，杀人不忌为贼。夏书曰：昏、墨、贼，杀。”杜注：“昏，乱也。”《国语·楚语上》：“教之世，而为之昭明德而废幽昏焉，以休惧其动。”注：“幽，暗也。昏，乱也。为之陈有明德者世显，而暗乱者世废也。”字亦俗作“惛”。《广雅·释训》：“愦愦、惛惛，乱也。”《大戴礼记·虞戴德》：“礼失则坏，名失则惛。”王聘珍《解诂》曰：“坏，败也。惛，乱也。”又《曾子立事》：“临惧之而观其不恐也，怒之而观其不惛也。”《解诂》引卢注曰：“惛，乱也。”字又孳乳为“敯”。《尚书·立政》：“呜呼，其在受德敯。”“受德敯”谓商纣暴乱也。又《康诰》：“凡民自得罪，寇攘奸宄，杀越人于货，敯不畏死，罔不憝。”“敯不畏死”者，为乱而不畏死也（孔传“敯，强也”，不确）。乱又引申之，则为狂惑矣。《国语·周语下》：“然则无夭昏札瘥之忧，而无饥寒乏匮之患。”韦注：“短折曰夭，狂惑曰昏，疫死曰札。瘥，病也。”又《晋语》：“君子失心，鲜不夭昏。”注：“昏，狂荒之疾。”韦氏释“昏”，得其义矣。《左传·昭公十九年》：“寡君之二三臣，札瘥夭昏。”杜注曰：“大死曰札，小疫曰瘥（《释文》：“《字林》作瘥。”“瘥”即“瘥”之变易也），短折曰夭，未名曰昏。”正义曰：“子生三月，父名之，未名之曰昏，谓未三月而死也。未名不得为臣，总说诸死，连言之耳。”注家虽训“昏”为未名而死，然考诸先秦故书，无用此义者。孔颖达虽以“连言”说《左传》，终有凿空之感也。且证诸《晋语》“君子失心，鲜不夭昏”之语，“昏”字唯释“狂荒之疾”方与“失心”吻合也。《左传·哀公十六年》：“失志为昏。”正同“君子失心，鲜不夭昏”之义也。故本文不取杜说。

"昏"训迷惑，孳乳为"殙"，此犹"夭"之孳乳为"殀"、"瘥"之孳乳为"𣨛"、"札"之孳乳为"𣦼"也。《说文》谓"殙，瞀也"，"瞀"即神志紊乱狂惑之义也。《楚辞·惜诵》："申侘傺之烦惑兮，中闷瞀之忳忳。""闷瞀"即昏乱也；《说文·心部》："闷，懑也，懑，烦也。""闷"从门声而训烦乱者，以门音同昏也。《老子》"昏"字帛书作"閒"（甲本）、作"閔"（乙本）。《吕氏春秋·论威篇》："则知所兔起凫举死殙之地矣。"高注："殙，音闷，谓气绝之闷。"此"门""昏"音同之证也。"闷"字从门声，门无烦乱之义，其得训"烦"者，即借"昏"字之声义也。又《楚辞·九辩》："慷慨绝兮不得，中瞀乱兮迷惑。"是"瞀"乃迷乱之证也。"殙"字训瞀，亦谓神志紊乱，狂惑也。《庄子·达生篇》："以瓦注者巧，以钩注者惮，以黄金注者殙。"成疏："以黄金赌者，既是极贵之物，矜而惜之，故心智昏乱而不中也。""殙"字《释文》本作"㱪"，陆氏云："㱪，武典反，又音昏，又音门。本亦作？……元嘉本作㫱。"按：从民、从昏多通。若"䫒"又作"岷"、"敃"又通作"暋"，皆是也。《说文·心部》收"怋""惛"二字，俱训乱也，音俱为呼昆切，疑本一字。《广雅·释诂》："殙，病也。"王念孙云："殙者，《说文》：'殙，瞀也。'即所云乱或（惑）为惛也（见《说文》"𣢧"字说解），'惛'与'殙'通，亦通作'㫱'。""昏"本日冥，因而凡与日冥相关者，亦可从昏作。《说文·女部》："婚，妇家也。礼，娶妇以昏时，妇人阴也，故曰婚。从女，从昏；昏亦声。"经传多作"昏"。《礼仪·士昏礼》贾疏引郑［玄］目录曰："士取妻之礼以昏为期，因而名焉。""婚"即"昏"之孳乳字也。以其娶妻于昏时，字故从昏。又《说文·门部》："阍，常以昏闭门隶也。从门，从昏；昏亦声。"《穀梁传·襄公二十九年》："阍，门者也。"疏云："以主门晨昏开闭谓之阍。"《周礼·天官》："阍人，王宫每门四人。"注："阍人，司昏晨以启闭者。"贾疏："昏时闭门，则此名阍人也；晨时启门，则《论语》谓之晨人（按：《论语·宪问》作"晨门"）也。皆以时事为名耳。"又《广韵·上平声·二十三魂》：“棔，合棔，木名。朝舒夕敛。”合棔，本作“合昏”。《文选·陆佐公·新刻漏铭》：“合昏暮卷，蓂荚晨生。”李善注引周处《风土记》曰：“合昏，槿也。叶晨舒而昏合。”然则此木以昏时叶合而取名也。“棔”亦“昏”字之孳乳也。

凡上所述“惛”“顅”“歒”“敯”“睧”“殙”“婚”“閽”“棔”九字，皆从“昏”得声，亦从“昏”得义。此九字者，皆“昏”字之变易孳乳。

3. 殰

《说文》：“殰，胎败也。从歺，賣声。”段注曰：“《乐记》：‘胎生者不殰。’注曰：‘内败曰殰。’《管子》：‘羽卵者不段，毛胎者不膭。’房曰：‘膭谓胎败溃也。’《集韵》曰：‘古作膭。’”

“殰”字从歺，賣声。《说文·貝部》：“𧶠，衒也。从貝，𡕘声。𡕘，古文睦。读若育。”段玉裁曰：“衒，行且卖也（见《说文·行部》）。‘𧶠’字不见经传。《周礼》多言‘儥’。‘儥’训买，亦训卖。《胥师》‘饰行儥慝’、《贾师》‘贵儥者’，盖即《说文》之‘𧶠’字。”然则“賣（𧶠）”字乃财物流通之谓也。其字从古文“睦”得声。《说文·目部》：“睦，目顺也。从目，坴声，一曰敬和也。𡕘，古文目。”“𡕘”字段玉裁、朱骏声俱改为“”，谓从古文目，圥声，所改是也。圥字《说文》入《屮部》，解曰：“菌圥，地蕈，丛生田中，从屮、六声。，籀文圥，从三圥。”《土部》有“坴”字，解作“土块坴坴也。从土，圥声。读若逐，一曰坴梁”。《阜部》又有“陆”字，解作“高平地，从𨸏，从坴，坴亦声。，籀文陆”。按“坴”“圥”甲文、金文均未见。“陆”字不见甲骨，而商代金文有之，作“（父乙角）”；东周金文加土作“（邾公釛钟）”，又作“（待时）”，偏旁“”即《说文》“圥”字，“”“”即《说文》“坴”字。“”或“”皆象房屋之形。即《说文》之“宀”字也，篆作“”，解曰：“交覆深屋也，象形。”甲文作“（乙五八四九）”，又作“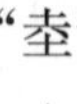（京津四三四五）”。商代金文作“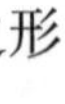（家戈爵“家”字所从）”，又作

"亼（𢍜卣"宥"字所从）"。其作"亼"者，正与"陆"字偏旁同，此"陆"字所从"亼"为房屋之证也。其作"木"者，与"亼"同义，下象房屋之形，上象茅草。上古尚质，"茅茨不翦，采椽不斫（《韩非子·五蠹》）"，其屋顶上作"屮"之形者，正为"茅茨不翦"状。《说文·六部》又有"六"字，篆作"𠫪"，解作"易之数阴，变于六，正于八，从入，从八"。按：许氏以阴阳五行释"六"字，非是，其字甲文作"亼（菁一、一）"，金文作"介（保卣）"，正与"宀""亼（陆字偏旁）"同，是本为一字也。借作数目字，沿用至今。许慎解作从入、八，非是。"木""亼（宀）""亼（六）"本为一字，俱象房屋之形。《说文》误分为三，正唯"木""亼"象房屋之形，故"陆"字从之作"𨺅""陸""𨻰"，以会高平之意也。省作"坴"，象高平之地，可以建屋也，实与"陆"为一字。篆变作"坴"，许氏误解作从土，先声。古籍中用亦与"陆"无别。《文选·扬子云·甘泉赋》："飞蒙茸而走陆梁。"又《张平子·西京赋》："怪兽陆梁，大雀踆踆。"《史记·始皇本纪》："贾人略取陆梁地。"又《高祖功臣侯者年表》："国名陆梁。"诸"陆梁"即《说文·土部》"坴，一曰坴梁"之"坴梁"也。此"陆""坴"无别之证也。

"睦"字从目，坴声。坴声即陆声也。"陆"本为高平之地。高则厚也，义相因，故古书"陆"亦训厚。《广雅·释诂》："陆，厚也。"王念孙曰："陆者，《尔雅》：'高平曰陆。'李巡注云：'谓土地丰正。'是厚之义也。"又引申之，亲厚亦曰陆。《易·夬》："苋陆夬夬，中行无咎。"《释文》云："陆，和陆也。"（依卢本）和陆即和睦也。又《汉严举碑》："九举和陆。"《唐扶颂》："内和陆兮外奔赴。"此"陆"字皆用作亲厚之义者也。孳乳为"睦"，"睦"从"坴（陆）"得声，故亦具"陆"义也。《礼记·坊记》："睦于父母之党。"注："睦，厚也。"又《祭义》："教民睦也。"注："睦，和厚也。"《说文·目部》："睦，目顺也；一曰敬和也。"

“和”“顺”义本相因。“睦”训“目顺”，顺则通矣，故《易·夬》“苋陆夬夬”《释文》引蜀才本曰：“睦，通也。”又“睦”字古文从“先”作“𡴎”，从“屮”即是从屋也。屋本以中空而为用，《老子》：“凿户牖以为室，当其无，有室之用。”是也。故从“賣”之字多为容物之器。从“賣”即是从𡕥，从𡕥即是从先也。如《说文·革部》：“韇，弓矢韇也。”段注：“《方言》：弓谓之鞬，或谓之皾丸。《左传》服注云：冰，櫝丸盖也。《后［汉］书·南匈奴传》引《方言》：藏弓为鞬，藏箭为韇丸。《广雅》：鞬，弓藏也；皾䩦，矢藏也。皆与今《方言》异。按絫呼之曰韇丸，单呼之曰韇。”《士冠礼》：“巫人持策抽上韇。”注：“韇，藏策之器，今时藏弓矢者谓之韇丸也。”此“韇”字用为藏弓、藏策之器也。其字作“皾”或“皾”者，皆与“韇”同字，从“革”、从“皮”一也。又如《说文·木部》：“櫝，匮也。从木，賣声。”“匮”者，匣也（见《说文·匚部》），亦所以受物之器。《论语·季氏》：“虎兕出于柙，龟玉毁于櫝中，是谁之过与?”此“櫝”字用以盛龟玉者也。《礼·少仪》：“剑则启櫝。”注：“櫝谓剑函也。”此“櫝”字用以盛剑者也。《左传·昭公二十九年》：“堑而死，公将为之櫝。”注：“为作棺也。”此“櫝”字用以受尸者也。字又作“匵”。《说文·匚部》：“匵，匮也。从匚，賣声。”段注：“《木部》曰：櫝，匮也。是则匵与櫝音义皆同，实一物也。《论语》曰：‘韫匵而藏诸。’又曰：‘龟玉毁于櫝中。’其实一字也。”按：段说是也。《论语》“韫匵”《释文》云：“本又作櫝。”敦煌本亦作“櫝”。《汉书·杨王孙传》：“窾木为匵。”注：“匵，小棺也。”此即《左传》“公将为之櫝”之“櫝”也。孳乳为“竇”。《说文·穴部》：“竇，空也。从穴，賣声。”按：其字从穴，賣声，盖谓穴中空也。《礼记·月令》：“是月也，可以筑城郭，建都邑，穿竇窖。”注：“穿竇窖者，入地隋（椭）曰竇，方曰窖。”《左传·哀公元年》：“后缗方娠，逃出自竇。”此二“竇”字者，犹今之地下室也。引申为孔穴。《礼记·礼运》：“故礼义者……所以达天道，顺人情之大竇也。”注：

"竇，孔穴也。""竇"本名词，亦可用作动词。《国语·周语下》："不隳山，不崇薮，不防川，不竇泽。"韦昭注："泽，居水也；竇，决也。""竇"训决，即挖孔穴使水溃决也。孳乳为"瀆"。《说文·水部》："瀆，沟也。从水、賣声。"段注："按瀆之言竇也，反水所行之孔曰瀆。小大皆得称瀆。《释水》曰：注浍曰瀆，又曰江河淮济为四瀆。"又《广雅·释水》："瀆，坑也。"王念孙曰："《说文》：瀆，沟也。又云：隫，通沟，以防水也；古文作𧮯，瀆之言竇也。《说文》：竇：空也。故《周官》注四瀆或作四竇。"按：段、王皆谓"瀆之言竇"，所说甚是。"瀆"即"竇"之孳乳也。故《荀子·修身篇》："开其瀆。"注曰："瀆，水竇也。"正唯"竇""瀆"同源，故《周礼》四瀆又作四竇也。"瀆"可作"竇"，"竇"亦可作"瀆"。《左传·襄公三十年》："自墓门之瀆入。"《释文》："瀆，徐音豆。"即读"瀆"为"竇"也。孳乳为"隫"。《说文·阜部》："隫，通沟，以防水者也。从阜，賣声，读若洞。𧮯，古文隫，从谷。"段玉裁曰："防水犹御水也。通洞之沟，水去迅速，无滞不为灾。通之言洞也。洞者，疾流也。故其字读若洞，四瀆字当作此，亦作四竇。""隫"为通沟，故《尔雅·释水》旧注曰："水流不绝曰瀆。""瀆"即"隫"字也。水流不绝曰瀆、曰隫，因孳乳为"續"。《说文·系部》："續，连也，从系，賣声。"《尔雅·释诂》："續，继也。"《礼记·深衣》："續衽钩边。"注："續犹属也，衽在裳旁者也。属连之不殊裳前后也。"水竇为瀆，因谓胎败于内，从阴竇流出者曰殰。"殰"者，即今所言流产也。《礼记·乐记》："胎生者不殰，而卵生者不殈。"《汉书·匈奴传》："匈奴孕重堕殰，罢极苦之。"（中华书局标点本如上。按：此当于"重"字下读，"堕殰罢极"作一句读，"苦之"作一句读。孕重为同义复词，重亦孕也。堕殰为同义复词，殰亦堕也。罢极为同义复词，极亦罢也。此言匈奴受汉追击二十余年，无安身之所，其孕妇劳于奔波，或流产，或罢极，匈奴苦之，故欲与汉和亲也。）以上"殰"字，皆谓流产也。字亦作"𦢊"。《管子·五行》："毛胎者不膹。”尹注：“膹，谓胎败溃也。”或作“䐈”。《淮南子·原道》：“兽胎不䐈，鸟卵不毈。”注：“胎不成兽曰䐈，卵不成鸟曰毈。”“殰”“膹”“䐈”实一字之变易也。

“瀆”，《说文》：“一曰邑中沟。”邑中沟多为受污水之沟。故古书多“污瀆”连言者。《楚辞·九叹·怨思》：“菀蘼芜与菌若兮，渐藁本于洿瀆。”“洿瀆”即臭水沟也。《白虎通·巡狩》：“瀆者，浊也，中国垢浊发源东注海，其功著大，故称瀆也。”《风俗通·山泽》：“瀆者，通也。所以通中国垢浊。”是“瀆”有“垢浊”之义也。孳乳为“黷”。《说文·黑部》：“黷，握持垢也，从黑，賣声。”《易》曰：“再三黷。”按“瀆”为“黷”之源字，“黷”为“瀆”之孳乳。故古书“黷”“瀆”字多互作。《文选·陆机·汉高祖功臣颂》：“芒芒宇宙，上墋下黷。”《后汉书·崔骃传》：“进不党以达己，退不黷于庸人。”《汉书·谷永传》：“愿陛下正君臣之义，无复与群小媟黷燕饮。”注：“黷，污瀆也。”此皆用“黷”字者也。至于《国语·周语》：“不亦瀆姓矣乎?”《晋语》：“瀆其信也。”又用“瀆”者也。《说文》“黷”字下引《易》“再三黷”，今作“瀆”。崔憬曰：“瀆，古文黷字。”是也。“瀆”“黷”为污、垢，因而引申为媟嬻、轻亵。如《礼记·表记》：“夏道未瀆辞，不求备。”注：“未瀆辞者，谓时王不尚辞，民不亵为也。”经又引《易》曰：“初筮告，再三瀆，瀆则不告。”注：“瀆之言亵也。”疏：“若再三来问，是为亵瀆。问既亵瀆，师则不复告之。”《左传·昭公二十六年》：“贯瀆鬼神。”“瀆”亦亵瀆之义也。字亦作“黷”。《公羊传·桓公八年》：“亟则黷，黷则不敬。”注：“黷，渫黷也。”《汉书·枚乘传》：“以故得媟黷贵幸。”《广雅·释言》：“亵、黷，狎也。”孳乳为“嬻”。《说文·女部》：“嬻，媟也。从女，賣声。”段玉裁曰：“《国语》：‘陈侯淫于夏氏，不亦嬻姓矣乎。’惟明道本不误，今人以沟瀆字为之。瀆行而嬻废矣。”按：段说非是，渫瀆字古本作“瀆”，作“嬻”者乃后起区别文，亦即“瀆”之孳乳字。《国语》“不亦嬻姓”作“嬻”者，用今字也。他本作“瀆”者，用古字也，非误字。字亦作“遺”，《说文·辵部》：“遺，媟遺也。”段注：“《女部》作媟嬻，《黑部》作黷，今经典作瀆。”此说近是。朱骏声曰：“据《说文》则与嬻同。按：字从辵，当训遱遺也，走前顿之貌。”按：朱说殊误，遍检古书，无有“遱遺”连言训“走前顿之貌”者。又许书列字，皆“隐括有条例”。（颜之推《颜氏家训》）。“遱遺”若为连语，绝无“遺”字之后隔八十文始出“遱”字之理。“遺”字从辵作者，主谓其动作非止一次，此即训“狎近也”之专字。本作“瀆”，分作“嬻”“黷”。“遺”亦“瀆”之孳乳也，唯其义为狎，故与“遦”字同列。“遦”，习也（《说文》），狎、习义近。“遺”字从辵与“遦”字从辵，用义正同。

又：《说文·牛部》又有“犢”字。说解曰：“牛子也。从牛，瀆省声。”“瀆省声”，朱骏声曰：“按賣声。”段注所据径作“賣声”，不知所出。按朱说是也。“犢”字于“瀆”无所取义，当作“賣声”。《说文·貝部》：“賣，读若育。”“犢”字从“賣”即从“育”也。《说文·𠫓部》：“育，养子使作善也。从𠫓，肉声。虞书曰：教育子。毓，育或从每。”段玉裁曰：“今《尚书》作胄子。考郑注《王制》作胄，注《周官·大司乐》作育。王肃注《尚书》作胄，盖今文作育，古文作胄也。《释言》曰：育，稚也，故《史记》作‘教稚子’。《邠风》毛传亦曰：‘鬻子，稚子也。’稚者当养以正，二义实相因。”按：“育”字甲文作“（簠游一五）”“（前二、二四、八）”“（后上二〇、二）”，金文作“（毓且丁卣，商代）”“（班簋）”“（墙盘）”。均象子出于母后之义，故谓稚子为育子也。“犢”训牛子，亦取义于育也。

凡上所述“韥”“櫝”“㱩”“匵”“竇”“瀆”“隫”“䦘”“續”“殰”“牘”“䲧”“黷”“嬻”“遺”十五字，皆从賣得声，即从𡿪得声也。其义皆自𡿪衍，其字皆为𡿪之孳乳。而“犢”字乃“育”之孳乳也。

4. 歾

《说文》："歾，终也。从歺，勿声。殁，歾或从叟。"

"歾"字从歺，勿声。《说文·勿部》："勿，州里所建旗，象其柄，有三游。杂帛，幅半异，所以趣民，故遽称勿勿。凡勿之属皆从勿。㫆，勿或从㫃。"按：许说非是。"勿"字甲文作"（甲六四〇）""（粹三〇一）""（铁九四、四）"，金文作"（盂鼎）""（克鼎）"，字均象刀上沾有碎屑之形。甲文"物"字从之作"（陈六八）""（粹五六一）"，象以刀屠牛之形。"利"字从之作"（粹一五〇五）""（佚八七八）"，字又作"（菁一〇、一六）""（铁一〇、二）"，前二形象以刀割禾形，刀上几点，碎屑也；后二形作以手持禾，收割离土之状。从字形分析，"利"字象收获，故其字有"利益"之义；又从以刀刈禾、禾离土而碎屑飞迸观之，"利"有锐利之义。《说文·刀部》："利，铦也。"其说义是也，而解其形为"刀和然后利，从刀，和省"则非。"勿"字从刀，上有碎屑，以"物""利"二字证之，其本义当为屠、割。甲文"勿羊酌河"，即"屠羊以祭河"也，"贞，勿二十人"，即屠二十人也（此本康殷说）。自"勿"引申为否定副词，因造"刎"字，勿本从刀，复加刀旁，叠床架屋矣。从双刀之义与从一刀同，亦可证"勿"为"刎"本字也（"刎"字从勿得声，造字时声音相同，今人分"勿"为物部，"刎"为文部，初始盖无此别。又：古同声者必同部，有不同部者，乃后世语音变迁或人为分别所致）。"刎"为"勿"后起加旁字，"勿"义为割杀，因"刎"亦为割杀也。如《礼记·檀弓下》："虞人致百祀之木，可以谓棺椁者，斩之。不至者，废其祀，刎其人。"此"刎"即杀也。《史记·廉颇蔺相如列传》："卒相与欢，为刎颈之交。"又《张耳陈馀列传》："馀年少，父事张耳，两人相与为刎颈交。"《后汉书·隗嚣传》："遂自刎颈死。"注："何休［注］《公羊传》云：刎，割也。"此"刎"字训割者也。孳乳为"忽"。《尔雅·释诂上》："忽，尽也。"郝氏曰："忽者，《说文》云：忘也。是忘之尽也。忘与芒声义近，故《方言》云：忽，芒也；芒，尽也。盖芒之为言亡也，忽之为言没也，故忽、芒俱训灭。《诗》‘是绝是忽’，传：‘忽，灭也。’按一蚕所吐为忽，十忽为丝，丝毫微杪易于灭尽，故又为尽也。忽有暴疾之义，《左氏庄十一年传》：其亡也忽焉。《文五年传》：不祀忽诸。是忽又为猝暴之尽也。”按：“忽”字训绝、灭、尽，义取于“勿”，“勿”训杀、割，被割则绝，被杀则灭也。郝氏以《算经》一蚕吐丝为忽、十忽为一丝说之，未得其本也。郝氏信守《说文》，《说文》训“忽”为“忘”，因谓《尔雅》“忽”训尽为“忘之尽”，殊觉牵强。“刎”训割、杀。被割、杀则命终矣，因孳乳为“歾”字。《说文》：“歾，终也。从歺、勿声。”《左传·僖公二二年》：“叔詹曰：楚王其不歾乎。”注：“不以寿终。”《太玄·觅》：“诎其节，执其术，其所歾。”注：“歾，尽也。”终、尽义相因。字又用作“刎”。《荀子·强国》：“人知贵生乐安而弃礼义，辟之是犹欲寿而歾颈也。”“歾颈”即“刎颈”。“歾”“刎”音义通，皆为“勿”字之孳乳，故古书或通用也。

“歾”字重文作“殁”，字从歺，𠬛声。《说文·又部》：“𠬛，入水有所取也，从又在囘下。囘，古文回。回，渊水也。读若沫。”此字金甲文未见，亦不见于经传，不知许氏所本。变作“㲿”，《庄子·达生》：“若乃夫没人，则未尝见舟而便操之也。”注：“没人，能鹜没水底者。”引申为沉没，字亦作“㲿”。《说文·水部》：“没，沉也。”段注：“没者，全入于水，故引申之义训尽。《小雅》：‘曷其没矣。’传云。‘没，尽也。’《论语》‘没阶’，孔安国曰：‘没，尽也。’凡贪没、干没皆沉溺之引申。”按：段谓“没”训“尽”，取义于“没”为“全入于水”，非是。“没”训“尽”，当取义于沉溺，人为水所溺，则命尽矣。“尽”者，终结之谓也，本为动词，虚化为程度副词。段氏所举《小雅》《论语》二例，其中“没”训“尽”，“尽”皆为动词“尽”，“没”训“尽”，犹“歾”训“终”也，皆取义于人命终尽。“没”训“沉”，如《史记·滑稽列传》：“始浮，行数十里乃没。”引申为淹没。《史记·滑稽列传》：“水来漂没，溺其人民。”进而引申为覆没。司马迁《报任安书》：“陵未没时，使有来报。”《汉书·苏武传》：“后随浞野侯没胡中。”又引申为终、死。《论语·子罕》：“文王既没，文不在兹乎?”《孟子·滕文公上》：“昔者孔子没。”又古书言“没世”者，没世，犹终生也。《论语·卫灵公》：“君子疾没世而名不称焉。”《礼记·大学》：“此以没世不忘也。”孳乳为“歿”，《大戴礼·曾子立事》：“日旦就业，夕而自省思，以歿其身。”《国语·晋语四》：“管仲歿矣，多谗在侧。”“歿”为“没”之后起区别字，二字音义同。故古书“歿”字多作“没”也。《史记·屈原列传》：“伯乐既歿兮，骥将焉程兮?”“歿”字《楚辞·怀沙》作“没”。《老子》：“歿身不殆。”“歿”字傅奕本及帛书乙本皆作“没”，帛书甲本作“沕”，“没”之作“沕”，犹“歿”之作“殁”也。被刎而终与被溺而终，其于终也一，故“勿”“叟”多互作。

又《说文·頁部》：“頞，内头水中也。从頁叟，叟亦声。”按“頞”亦“叟”字之孳乳也。其字不见经传。

凡上所述“刎”“忽”“殁”“沕”四字皆为“勿”字之变易孳乳，其义亦皆自“勿”而衍。“勿”即“刎”本字也；“没”“歿”“頞”三字皆为“叟”字之变易孳乳，其义亦皆自“叟”衍。

5. 猝

《说文》：“猝，大夫死曰猝。从歺，卒声。”段注：“《曲礼》：天子死曰崩，诸侯死曰薨，大夫死曰卒，士曰不禄。庶人曰死。《白虎通》曰：大夫曰卒，精耀终也。卒之为言终于国也。字皆作卒。于《说文》为假借。”

“猝”字金甲文未见。字从“卒”声，《说文·衣部》：“卒，隶人给事者为卒，古以染衣题识，故从衣、一。”按：“卒”字甲文未见，金文作“衣（外卒铎）”，字不从一。康殷《文字源流浅说》云：“在衣襟角上加丿，表示其衣已制完结，用以表示尽也、已也……死等意。”许、康二氏均囿于字义而臆测字形，恐非造字本义。河南信阳长台战国楚墓出土竹简有一“裍”字，字作“”，从“卒”省，又作“”从卒，不省。“卒”字本义，尚待考证。

先秦古籍中，“卒”字主要用法有四：一用为步兵。《左传·隐公元年》：“具卒乘。”又《成公十六年》：“臣之卒实奔。”是也。二用为终。《战国策·赵策三》：“卒为天下笑。”《孟子·尽心》：“卒为善士。”是也。三用为猝。《战国策·燕策三》：“群臣惊愕，卒起不意，尽失其度。”《孟子·梁惠王上》：“卒然问曰：天下恶乎定?”是也。四用为死，多指诸侯大夫之死。《左传·僖公三十二年》：“冬，晋文公卒。”《礼记·曲礼下》：“大夫死曰卒。”又曰：“寿者曰卒。”是也。“卒”训“死”，义取于终竟也。《释名·释丧制》：“大夫曰卒，言卒竟也。”郑注《曲礼》曰：“卒，终也。”《白虎通》云：“大夫曰卒，精耀终也。卒之为言终于国也。”《太平御览》引《春秋说题辞》曰：“大夫曰卒，精耀终卒，卒之为言绝，绝于邦也。”《通典》八十三引许慎《五经异义》曰：“卒之为言终于国也。”又引《石渠礼论》云：“孝子讳死曰卒。”（本王先谦《释名疏证补》）据此，“卒”字之义犹终也。讳死，故曰卒。孳乳为“殚”，《说文》：“殚，大夫死曰殚。”此字仅见于字书，经传相承作“卒”不作“殚”。或此字汉后乃出，许慎采之入《说文》也。《汉刘衡碑》：“二月戊午殚。”字作“殚”。

虽“卒”字造字本义尚未可知，然“殚”为“卒”之后起区别字，其声义皆取诸“卒”则可论定。

6. 殊

《说文》：“殊，死也。从歺，朱声。一曰断也。《汉令》曰：蛮夷长有罪当殊也。”

“殊”从“朱”省，“朱”字甲骨文作“（珠一二一）”，金文作“（吴方彝）”“（颂鼎）”，篆作“”。《说文·木部》：“朱，赤心木，松

柏属。从木，一在其中。”按：“朱”为指事字，本义为赤心木，引申为朱丹之朱，孳乳为“絑”。《说文·糸部》：“絑，纯赤也。《虞书》丹朱如此，从糸，朱声。”“朱”本正色，引申为色美之称，孳乳为“姝”。《说文·女部》：“姝，好也。从女，朱声。”《诗·邶风·静女》：“静女其姝。”传曰：“姝，美色也。”字又作“袾”。《说文·衣部》：“袾，好佳也。”《广雅·释诂》：“袾，好也。”《广韵》曰：“朱衣曰袾。”《荀子·富国》：“天子袾裷衣冕。”注：“袾，古朱字（注颠倒本末）。”“袾”训好、训朱衣，皆取义于朱也。“朱”本赤色，引申之，凡与赤色相关者，皆可从“朱”作。如《说文·口部》：“咮，鸟口也。从口，朱声。”《尔雅·释天》：“咮谓之柳。”郭璞注曰：“咮，朱鸟之口。”又《史记·天官书》：“柳为鸟注，主草木。”索隐云：“《尔雅》云：鸟喙谓之柳。孙炎云：喙，朱鸟之口，柳其星聚也。”本此，是“咮”乃朱鸟之口也。《尔雅·释天》又曰：“柳谓之鹑火。”是“咮”“柳”“鹑火”异名同实也。《埤苍》八引师旷《禽经》曰：“赤凤谓之鹑。”是柳星之名“咮”“鹑火”者皆与赤相关也。又《说文·艸部》：“茱，茱萸，茮属。从艸，朱声。”《尔雅·释木》：“椒、榝丑，莍。”郭注曰：“莍，萸子，聚生成房貌。今江东亦呼莍，榝似茱萸而小，赤色。”是“茱萸”之名取义于朱也。《说文·玉部》：“珠，蚌中阴精也。从玉，朱声。”按珠之名亦取义于其色多赤也。凡上所述“絑”“姝”“袾”“咮”“茱”“珠”六字，皆从“朱”得声义，为“朱”字之变易孳乳。

“殊”从“朱”声，义无取于“朱”，“朱”乃“殳”之借字也。“殊”，市朱切，“殳”亦市朱切，“殊”“殳”古韵皆属禅纽侯部字，故古书多通用。《诗·邶风·静女》：“静女其姝。”《说文·女部》作“殁”，引《诗》曰：“静女其殁。”朱骏声曰：“当为姝之或体。”此从“朱”之字与从“殳”之字通之证也。《虞书》殳斨，《古今人表》作“朱”。此“殳”“朱”相通之证也。然则“殊”从“朱”即从“殳”也，“殳”甲文作“（菁三

‘殸’字所从）”“（前四、一〇、五‘磬’字所从）”。金文作“（趞曹鼎）”。“”“”皆象“殳”形，以执之也。《说文·殳部》曰：“殳，以杸殊人也。礼：‘殳以积竹，八觚，长丈二尺。建于兵车，车旅贲以先驱。’从又，几声。（按：几即形讹变，原本象形，非声也）。”刘熙《释名·释兵》曰：“殳，殊也。长丈二尺而无刃，有所撞挃于车上使殊离也。”（按：许慎、刘熙皆以“殊”释“殳”，此以孳乳字释源字也。此亦可证“殊”“殳”声义通）“殳”为丈二长矛，古时多用于征讨。《诗·卫风·伯兮》：“伯也执殳，为王前驱。”《诗序》曰：“伯兮，刺时也。言君子行役，为王前驱，过时而不返焉。”“殳”本名词，引申为动词，因孳乳为“诛”。《说文·言部》：“诛，讨也。从言，朱声。”段玉裁曰：“凡杀戮、纠责皆是。”《荀子·仲尼》：“文王诛四。”杨注：“诛者，讨伐杀戮之名。”“诛”为“讨伐杀戮之名”，故古书“诛”字可用于“讨伐”，又可用于“杀戮也”。《白虎通》：“诛伐，诛犹责也。”《史记·秦始皇本纪》：“已而倍约，与赵魏合从畔秦，故兴兵诛之，虏其王。”此“诛”字用于“讨伐”者也。引申为责求，《论语·公冶长》：“于予与何诛？”《左传·襄公三十一年》：“诛求无时，是以不敢宁居。”又《庄公八年》：“公惧，坠于车，伤足丧屦，反诛屦于徒人费。”此其例也。“诛”训杀戮，如《荀子·正论》：“诛纣，断其首。”《广雅·释诂》：“诛，杀也。”《淮南子·时则》：“阿上乱法者诛。”此用作“杀戮”者也。“诛”训杀戮，孳乳为“殊”。《说文》：“殊，死也。”《汉书·高帝纪》：“其赦天下殊死以下。”《庄子·在宥》：“今世殊死相枕。”此皆“殊死”连言，为同义复词者也。引申为断、绝。《左昭二十三年传》释文引《说文》：“殊，一曰断也。”《广雅·释诂》：“殊、绝，断也。”《左传·昭公二十三年》：“断其后之木而弗殊。”《史记·苏秦列传》：“苏秦不死，殊而走。”《汉书·宣帝纪》：“骨肉之亲，粲而不殊。”师古注：“殊，绝也。”此并“殊”训断、绝之证也。“殊”训绝，因虚化为程度副词。《战国策·赵策四》：“老臣今者殊不欲食。”“殊”

之为程度副词，犹“绝”之为程度副词，皆虚化所致也。

“殳”训“以杖殊人”，字变作“杸”。《说文·殳部》：“杸，军中士所持殳也。从木，从殳。”朱骏声曰：“此字当为殳之或体。”按：朱说是也，“杸”即“殳”之后起加旁字。“殳”之制长丈有二尺，故其为用也可以击远。因孳乳为“投”字。《说文·手部》：“投，擿也。从手，殳声。”字又作“豉”。《说文·殳部》：“豉，繇（遥）击也。从殳，豆声。古文投如此。”“殳”之用为击，因之与击相关者亦可从殳作也。《说文·羊部》：“羖，夏羊牡曰羖。从羊，殳声。”“夏羊牡”而名“羖”，盖取其两角击撞有似“殳”之用也。“羖”之从殳，与“羝”之从氐，其义一也。《说文》：“羝，牡羊也，从羊，氐声。”“羝”为“氐”字之孳乳（《说文》从“氐”得声之字皆由“氐”字孳乳、变易），“羖”亦为“殳”字之孳乳也。

凡上所述“杸”“投”“豉”“羖”四字，皆为“殳”字之变易孳乳。“诛”“殊”皆从“朱”得声，古书“朱”“殳”音同，多互作，故从“朱”得声即从“殳”得声也。“诛”“殊”二字皆取声义于“殳”，乃“殳”之孳乳字，而“殊”又为“诛”字之孳乳也。

7. 殟

《说文》：“殟，暴无知也（依段改）。从歺，昷声。”

“暴无知也”原作“胎败也”，与“殰”字同训。段玉裁据《一切经音义》引《说文》改作“暴无知也”。朱骏声亦举《一切经音义》及《说文》“頣”篆之解，谓当据以订正。按：古书胎败无言殟者，段、朱所改是也。然《玉篇》引《说文》亦作“胎败也”，与今本《说文》同，是其误尚矣。

（下缺）

《说文》“亼”字与从亼诸字考

《说文》五篇下《亼部》：“亼，三合也。从入一；象三合之形。凡亼之属皆从亼，读若集。”段玉裁注：“许书成例，其成字者必曰从某。如此言从入一是也，从入一而非会意，则又足之曰象三合之形，谓似会意而实象形也。”

许叔重此说多所不通，既释“亼”义为三合，则是依字形为解也，依字义其形当象三画相合，其形既象三画之合，则其上非从入也。许氏于此字形既言从入一，又言象三合之形，游疑于两者之间，未知云从，此其一也；许氏又云：“凡亼之属皆从亼。”然证诸甲骨文、金文，其所收从亼诸字，若合、僉、侖、今、舍等，无一从三合之亼者，此其二也；甲骨文有A“字（京津三四七）”，字又作“A（佚一八六）”，合、龠、侖诸字皆从此。其意义与用法与今字同。故从今得声字，于甲骨文、金文中多从A也。如“雂”字，《说文》云：“鸟也，从隹，今声。”甲骨文作“（乙九五）”。“酓”，《说文》云：“酒味苦也。从酉，今声。”（大徐本脱此篆并解）。其字甲文作“（乙八七一〇）”，又作“（粹一三一六）”。一从A得声，一从得声。又如“禽”字，《说文》云：“走兽总名。从厹，象形，今声。”其字金文作“（禽毁）”，从A；石鼓作“”，字从今。又如“念”，《说文》：“常思也。从心，今声。”其字沈子毁作“”、作文

母鼎作“”，皆从A得声；毛公鼎作“”，从今得声。又如“陰”，《说文》云：“闇也，水之南、山之北也。从𨸏，侌声。”“侌”从云，今声，《说文》以为古文“霒”字。而春秋𡗜伯𥂴“陰”字所从作“”，从A声。凡此数字，皆可证甲文、金文A字即今字，读当与今同，而许𧦝谓“亼”“读若集”，此其三也。

《说文·叙》云：“仓颉之初作书，盖依类象形，故谓之文；其后形声相益，即谓之字。”然事物本不相同而有形似者，初民之制字，“画成其物，随体诘曲”，故有一形而二物者，若同一册形也。“典”字从之而为简册之象；“侖”字从之而为编管之形。又如同一口形也，“舌”“旨”“言”诸字从之，而为人口之形；“缶”“器”从之则为器皿之形；“仓”“启”“舍”从之，而象础石之形。后人之考字也，当综而观之，沿波而讨源，辨其同异，不得统谓之曰“象某形”“从某”也。

今取《说文》所收从“亼”之字通观之，复据甲文、金文以溯其初形、初义，发见《说文》中作为偏旁的亼形来源有四，今述如下：

一、亼为倒口之形

《说文·食部》：“食，亼米也（此从段校），从皀，亼声，或说亼皀也。”段玉裁云：“此九字（谓自“从皀”以下九字也）当作‘从亼皀’三字，经浅人窜改不可通。皀者，谷之馨香也，其字从亼皀，故其义曰亼米。此于形得义之例。”

段校是也。许慎以为“食”字乃从亼、从皀会意，故依形释为“亼米也”。然考诸甲骨、金文，“食”字不从“三合”之亼，初义亦非亼米。其字甲骨作“（乙一一一五）”，象以口就食之形，义兼“饭”“吃”二义。乙三一七“隹大食”之食作“”，其上部所从正象倒口之形。此为“食”字所从之亼为倒口形之确证。又《说文·食部》有“飤”字，解云：“粮也，从人食。”段玉裁云：“以食食人物，其字本作食，俗作飤，或作饲，

经典无飤。许云：餗，食马谷也。不作飤马。此篆浅人所增故非其次，释为粮也又非，宜删。”段说非也。

《楚辞·东方朔·七谏·怨思》云：“子椎自割而飤君兮，德日忘而怨深。”又唐释玄应《一切经音义》十四引《仓颉篇训诂》云：“飤，饱也。谓以食与人曰飤。”此“飤”字见于许叔重前之古书者。周代金文及刻辞亦见此字。早期金文作“（父乙盉）”，疑此字初文本作“”，象人就食之形，为食之本字。后人形与口讹断遂成“飤”字。“”字断裂为“飤”，犹“（应监甗）”断裂为“（颂鼎）”也。

“飤”字本兼食人与自食之义，后人以示区别，遂以“飤”字表食人之义，以省人形之“食”来表自食之义。一字遂成为二字矣。正以“飤”“食”本一字之故，先秦古籍既用“食”来表自食之义，又用“食”表食人之义也。用“食”字来表自食与食人之义，犹用“飤”表自食与食人之义。经传之所以多用“食”而少用“飤”者，以“食”简而“飤”繁也。许慎谓“食，亼米也。从亼皀”，说解显误。中山王方壶“以游闲饮飤”，“饮飤”连用，“飤”亦“食”字也，又如：乐子敬簠：“择其吉金自乍飤匿。”嘉鼎：“作铸飤器黄镬。”（殷周金文集录一二六）“飤器”即食器也。

《说文·亼部》：“合，亼口也（依段校）。从亼口。”

甲文有“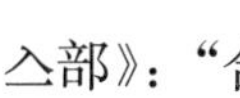”字（佚九三九），前人多不释，《甲骨文编》收入附录，疑此即《说文·人部》之“佮”字。许慎云：“佮，合也。从人，合声。”“佮”“合”音义同，盖本一字。“合”字甲骨文作“（甲二五五五）”，殆即“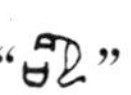”之形省，象两口相对之形，初义当为对答。上古汉语“合”字训对、训答，乃其本义也。如《尔雅·释诂》：“妃、合、会，对也。”郝懿行《尔雅义疏》云：“合者，答也。古答问之字直作合。”故《左氏宣二年传》“既合而来奔”，杜预注：“合，犹答也。”由两口相对引

申而为会合之义，遂造“迨”字为会合之“合”的专用字。“迨”字见于甲文、金文。字形作“（林二、二五、六）”，作“（戍甬鼎）”，亦作“（河六七五）”。许慎“迨”字归入“辵”部，训为“沓也”；以“佮”为“会”字古文，非也。会合之“会”的专用字作“遮”、作“徻”，说见下。

《亼部》：“僉，皆也。从亼，从吅，从从。《虞书》曰：‘佥曰伯夷。’”

此字甲文、金文未见。金文“劍”以此为声作“（吴王光鑰所从）”“（越王勾践剑所从）”“（越王州句剑借此字为之）”“（富奠剑从此）”“（郾王戎剑从之）”“（吴子逞剑从之）”“（郐尹钲从之）”。综合上述诸形分析，“僉”字盖象一人说话于上，二人张口以应之。从二以示众多之义，依字形“僉”字象一呼百应之义。故《尚书》等古籍以“佥”表皆义也。《说文》训“僉”为“皆也”，近是；说其形为“从亼，从吅，从从”则非也。此当云“从（倒口，非三合也之“亼”），从。”

《亼部》：“侖，思也（龠下曰：侖，理也）从亼册。”段注：“聚集简册必依其次第，求其文理。”

许、段二氏之说俱误。“侖”字甲文作“（存四七七）”，以“龢”字甲文作“（京津四八三二）”“（宁沪一、七三）”“（前二、四五、二）”，金文作“（井人钟）”“（鲁遵钟）”“（子璋钟）”。诸形论之，“侖”盖象吹乐管之义。“”象覆口之形，“”乃象编管之形，以其编管必依次第，故“侖”之本义为理也，为有次第不乱也，故“龢”字从此得义。“侖”训理，论述道理亦可名“侖”。《中山王鼎》：“含（今）舍（余）方壮，智（知）天若否；侖其悳（德），眚（省）其行，亡不（顺）道。”“侖其德”谓论次其德也。分化为“論”。《易·象上传》荀注、《礼记·王制》“必即天論”《释文》、《論语序》“名曰論语集解”《释文》并云：“論，理也。”《吕氏春秋·行論》：“以尧为失論。”高注：“論犹理也。”又分化为“倫”，先秦古籍“論”“倫”通用。《荀子·性恶》：“少言则径而省，論而法。”注云：“論或为倫。”《礼记·王制》“必即天論”注：“論或作倫。”是也。后人分用之，以“倫”表伦理。以“論”表论议。又分化为“淪”。《释名》：“水小波曰淪。淪，倫也，水文相错有倫理也。”《诗·伐檀》：“河水清且淪猗。”用其义。“侖”字实从覆口，从，此字应解作“侖，理也。从，象编管形。”其字所以从，盖示此“册”乃象编管，可以口吹，以免与典册混淆也。许慎解为“从亼册”，段氏曲为之说，皆于古形不合。

《亼部》：“今，是时也，从亼，从。，古文及。”

甲文“今”字作“（乙七七九五）”“（甲二八五八）”。或省作“（京津三四七）”，金文作“（盂鼎）”“（师虎毁）”“（谏毁）”。甲文皆从，盂鼎从，乃之变，非古文“及”也。“今”字上部所从仍是覆口，下从一者，示有音自其口出也。与“曰”“言”字所从同义。“言”字甲文作“（甲四九九）”，字从，上一横（许慎解为从口，辛声，误以会意为形声也）。“”像舌从口出之形，即“（菁四、一）”中之“”形之倒也。（许慎谓舌字从干，从口，干亦声，亦非。）“言”字舌上一横者，象有言语自舌出也。又如“曰”字，甲骨文作“（前七、一七、四）”“（前二、二、六）”；金文作“（盂鼎）”“（者沪钟）”，字从，上一横者，亦示有言语自口出也。（许慎云：“曰，从口，乙声。”误以会意为形声，又谓“亦象口气出也”，近是。）“今”字从，与“曰”字从口一用义相同，字形仅一正一反之别耳。是“今”字本义亦当为言、曰之类也。以形、音、义三者参互求之，此“今”盖为“吟”之本字。《说文·口部》：“吟，呻也。从口，今声。訡，吟或从音；訡，或从言。”“吟”主自吟自咏，不必对人而言，故其字作“亼”，口朝下以示意；“曰”主对人而言，故其字作“”，口向上以示意，此二字之别也。“今”字自甲文已用为今时字，故另造“吟”“訡”“訡”以为“吟咏”之专字。《说文》云：“今，是时也。”乃其假借义，非初义也。其说字形为“从亼，从㇆；㇆，古文及”则无一是处。

《卩部》：“令：发号也。从亼，卪。”段注：“号嘑者招集之卪也，故从亼卪会意。”甲文“令”字作“（甲二三九六）”“（前五、三二、一）”。金文作“（盂鼎）”，象一人张口施令于上，一人俯首听令于下，义本至显至明也。许慎误解为“从亼（三合也）卪（瑞信也）”，段玉裁曲为之解，皆由不明“亼”即象覆口之形也。康殷《文字源流浅说》谓：“亼概代表屋顶、伞盖，象坐在亼下（发号施令）的人形，用以表示施令之意。”不知人坐在屋顶或伞盖之下何来“施令之意”？甲文“命”“令”字皆作“令”，至周代中期始加口作“命”（见师望鼎），盖时人已不能辨“亼”为口形矣。

《说文·龠部》：“龠，乐之竹管，三孔，以和众声也。从品，侖；侖，理也。”甲文有“（存下六一一）”“（前五、一九、四）”，郭沫若《卜辞通纂考释》及《甲骨文字研究》谓乃“龠”之初文，象编管之形，从示管头之空。甲文又作“（续五、二二、二）”，金文作“（臣辰卣）”“（散盘）”“（盟爵“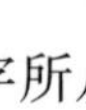”字所从）”，其从“亼”者，象以口吹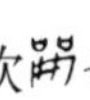也。从字形分析，其字当为可吹之管乐。《说文》释为“乐之竹管”是也；然其说字形为“从品，从侖”，则非。此字说解当为“龠，乐之竹管也。从亼（倒口，非“三合也”），象形（谓象编管之形也）”。

以上所述“食”“合”“僉”“侖”“今”“令”“龠”七字所从之“亼”皆象覆口之形，非“三合也”之“亼”。甲文“”字独用者，为“今”字之省，音义与“今”字相同。

二、“亼”象屋脊之形

《说文·倉部》：“倉，谷藏也。苍黄取而臧之，故谓之倉。从食省；口，象仓形。，奇字仓。”

许说“倉”字“从食省，口象仓形”，非是。

“倉”字甲骨文作“（通别二、一〇、八）”，金文作“（㝬钟）”“（仓父盨）”。甲文又有“高”字作“（存三一〇）”，“亳”字作“（无想四十）”，“”字作“（燕五八四）”，“京”字作“（明藏七三九）”，“亯”字作“（后一、一二、九）”，“”字作“（林二、一四、九）”，以上诸字上部所从“”即屋脊形也。“倉”字从“”，与以上诸字上部所从相同，亦象屋顶也。中部所从“日”象户之形，甲文“户”字作“（乙一一二八反）”“（后二、三六、三）”，此其证也。下部所从象础石之形，与“启”“舍”诸字下部所从同形。“倉”字从，从户，从，合三体以象仓形。许慎谓“倉，谷藏也”是也。谓“从食省，口象仓形”，是误以为“食”字之省也。许沓说“食”字“从亼（三合也）皀”，是亦以“倉”字上部所从为“三合也”之“亼”也，非是。“倉”字下部之，象础石之形，小篆讹作“”，许慎以为象仓形，亦非。

《亼部》：“舍：市居曰舍，从亼，中象屋也，口象筑也。”

此字殷代甲文未见。西周甲骨作“（H11.115）”，其上部所从与“仓”“高”“京”“亯”诸字上部所从相同，亦象屋顶之形也。许慎误以为

从“三合”之“亼”，段注：“从亼者，谓宾客所集也。”下部所从与“仓”“启”诸字下部相同，亦象础石也。许慎谓“囗象筑（段注：囗音围）”，亦非。中部所从“十”形盖以示墙。此亦合三体象形也。“舍”字初义当为房舍，许解为“市居曰舍”，近之。

又“舍”字金文作“舍（令鼎）”“舍（毛公鼎）”，战国鄂君启节作“舍”，盟书一五六：一九作“舍”，其演变顺序如下：

舍→舍（从金文“余”）→舍（从战国“余”）

金文“舍”字当是从口，余声，由合三体象形演变为形声字（古文字中象形、会意字演变为形声字之例甚多，这反映出汉字向表音方向发展的趋势，拟另文讨论之），“舍”上古音属鱼部，“余”上古亦属鱼部，故“舍”字可以“余”为声也。“舍”字以“余”为声，故可借为“余”字。中山王𠨘鼎：“含（今）舍方壮”即“今余方壮也”。《说文》“舍”字篆作“舍”，乃金文“舍”字之讹变，依金文此字应解作从口，余声，许慎解作“从亼，中象屋也（误分余为亼、中）；囗象筑也”，无一是处。

三、“亼”象器皿之盖

《说文·會部》：“會，合也。从亼，曾省（段注：“三合而增之，会意”）曾，益也。（段注：“说从曾之意。”《土部》曰：“增，益也。”是则“曾”者，“增”之假借字。如曾祖曾孙之“曾”即含益义）凡會之属皆从會。㣛，古文会如此。”

“會”字金文作“會（趙亥鼎）”“會（蔡子匜）”“會（𠫑羌钟）”“會（𠫑氏會）”。战国印作“會（续齐）”“會（故宫）”。陶文作“會（香录“鄶”字所从）”。金文又或作“會（郐㚸鬲，字用作郐）”。甲文有“會（粹四六六）”，字与故宫博物院藏印“會”字作“會”形近，疑亦“會”

字。据字形分析，"會"当为蒸煮之器，亦甑甗之类也。上从""象其盖。下从""""""，象釜形。中从""""""""""诸形，乃箄、屉之俯视形也。或作""""""""诸形，中空，可盛食物于中，置于釜中加盖蒸煮之器也。其作""者，犹"（铸子匡）"之作"（妹匡）"、"（楚嬴匜）"之作"（史颂匜）"也，从金以示其为金属制品。金文又有"曾"字，作"（昜鼎）""（曾伯匡）""（曾姬无恤壶）"，其中部所从，与"會"字中部所从同义，亦箅屉之形也；下从""""""诸形，象釜之形也；其上"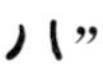"形，象有热气蒸腾而上也。依字形、字音求之，"曾"盖"甑"之本字（《说文》"曾"下云："词之舒也，从八，从曰，罒声。"误）。《说文·瓦部》："甑，甗也。"段注："《考工记》：'陶人为甑，实二鬴，厚半寸，唇寸，七穿。'按'甑'所以炊烝米为饭者，其底七穿，故必以箅蔽甑底，而加米于上，而餴之，而馏之。"金文"曾"字正象其形制也。"曾"之为用，必施箅于其中以隔之，因引申为层、重之义。《汉书·司马相如传》集注、《后汉·张衡传》注、《淮南子·本经》注、《楚辞·惜颂》《招魂》《大招》《怨思》注并云："曾，重也。"分化为"層"，《说文·尸部》："層，重屋也。"又引申为增益。《孟子·告子下》："所以动心忍性，曾益其所不能。"宋朱熹《集注》曰："'曾'与'增'同。"《说文·土部》："增，益也。""曾""增"古今字。"曾"字经传借为语气词，于是造"甑"字以为蒸煮器之专字。"曾"之本义为蒸煮器，象形；而"會"字所从""與"曾"字所从之""相同，是"會"字本义亦为炊器，象炊器之形也。"會"字中下部象釜、箅形，则其上部作""者，象其盖无疑矣。"會"字之本义为炊器，其义于古书仍可考见。罗振玉《三代吉金文存》卷十八氏會铭文曰："氏乍善會。""會"字即用其本义也。

“會”本有盖之器皿，因名器皿之盖为“會”。如《仪礼·士虞礼》：“赞者彻鼎，祝酌醴。命佐食启會，佐食许诺，启會，却于敦南，复位。”注云：“會，合也，谓敦盖也。”會之盖与器相合，因而“會”又引申为会合，经传多用其引申义。金文中“會”为炊器，其引申义则作“徻”“逾”。如中山王方壶：“外之则㯱（將）（使）（上）勤于天子之庙，而退与者（诸）侯齿（长）于逾同。”又“（吾）君并于（世），齿逾同。”“逾同”即“會同”也。又燕君子“噲”，中山王方壶写作“逾”，又写作“徻”，“逾”“徻”同字。其从“彳”与从“辵”一也。古文字中从“彳”与从“辵”同字之例甚多，故不例举。又中山嫡子蚉圆壶：“其逾女林。”即“其会如林”。“會”为“逾”“徻”之古字，“徻”“逾”乃“會”之后起分化字也。

综上所述，“會”字本炊器，用于蒸煮食物，字从亼，象其盖；从田或等形，象其箅或盛米器；从凵，象其釜，合三体象形也。《说文》谓“會，合也”，非初义。谓“从亼，曾省；曾，益也”，皆非。“會”与“曾”字中下部相同，以其本皆炊器，形制略同也，“會”“曾”各象自身之形，非“會”从“曾”省也。《说文》又云：“袷，古文會如此。”“會合”之“會”金文作“逾”、作“徻”。“袷”乃“會合”之“合”的专用字，与“會”字无涉，说见上文“合”字条下。

四、“亼”象锐器之顶端

《说文·八部》：“余，语之舒也。从八，舍省声。”“余”字甲文作“（乙一二三九）”“（后二、三五、三）”“（后二、二六、五）”“（后二、一三、二）”。金文作“（盂鼎）”，战国侯马盟书作“”，小篆作“”。又徽号文字有“（戈）”，又有“（父辛觯）”，或作“（厝鼎）”，又作“（艅伯尊）”，疑、、、诸形皆“余”字之初文也。从徽号、甲文到小篆，“余”字演变过程如下：

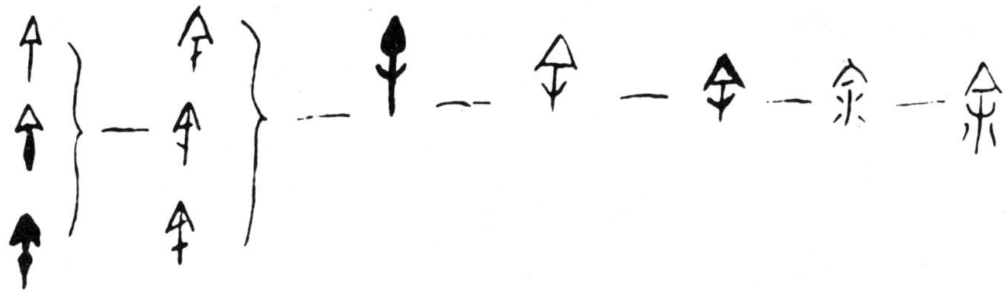

从字形分析，乃为刻削之具。上部象锐器之端，犹“矛”字作“（征）”，“矢”字作“（觥所从）”，上部皆象锐器之端。“”下一竖笔，象锐器之柄也；中部之“／、＼、∨、∪、”，皆饰笔也。唐兰《古文字学导论·下编》：“文字的结构，趋向到整齐的方面，因是在许多地方添一些笔画，使疏密匀称。大约有五类。”其第一类曰：“凡垂直的长画，中间常加•，•又引为一，间或为∨。”“余”字中间诸种饰笔，当属此类。又甲骨文有“途”字作“（前六、二六、五）”“（前七、二三、一）”“（乙三四〇一）”“（佚九四五）”“（前六、二五、二）”“（前六、二六、五）”“（乙六四一九反）”，以上诸多“途”字所从之余，其作“”“”“”者，与徽号文字作“”正同，仅其头部有或实或虚之异，此以其书写工具不同也（甲文虚中、金文填实之例甚多，兹不枚举）。其垂笔中部加“／”“∨”者，与“余”字演变若合符契，此益可证“余”字之初形象锐器也。于省吾谓“途”字在甲骨文中用法有二：“一为道途之途，一为屠杀之屠。”（《甲骨文字释林》）“途”之所以用为屠杀之“屠”，以其从“余”也。“余”为锐器，故“途”有屠杀之义。如卜辞乙三四〇一：“翌乙亥，王途首，亡𡆥。”“途首”犹言“屠首”也。

郭沫若《金石丛考·释“非余”》曰：“小篆与东周文同，《说文》据以为说，云：‘余，语之舒也。从八，舍省声’形既非朔，说自舒远。由‘余’之最古形观之，当是独体象形之文。用为代名词，自出叚借。”按：郭说甚是。然其释“非余”为“绯琭”，谓“非余”为赤色笏，“余”实即“琭”之古文，古者诸侯之圭剡上，左右各寸半，繅藉中有玄纁之绚组以为系，“余”之上端即剡上之形，中之横枝或上仰或下屈者，即所系之绚组，其从八作者，示有繅藉也。此说可商。今从“俞”字从余以会意考之，“余”字乃象锐器之形，“余”本锐器，因名圭之上锐者为“荼”（《礼记·玉藻》）、为“璪”（《玉篇》）、为“琭”（《集韵》）也。“余”本锐器，用以刺物，因名刺木亦为“梌”，扬雄《方言》“吴人谓刺木为梌”是也。《广韵》上平声《十一模》：“梌，锐也。”“梌”可训锐，亦以其从余声也。锐则不平，因名屋不平曰“庯庩”也（见《广韵》）。

综上所论，“余”字象锐器之形，用于刻削及“屠首”，其上部“△”象锐器之端，垂笔象其柄，中部之“╲”“╱”“一”“∨”“◡”“”皆饰笔，施之于垂笔以使字形平稳、美观也。许慎说字形为“从八，舍省声”。“舍，从亼，中象屋，囗象筑”，是误以“余”字上部所从为“三合也”之“亼”，误以垂画中饰笔为“八”也。说字义为“语之舒也”，亦非初义。经传借声以为第一人称代词，其初义遂泯矣。

《舟部》：“俞，空中木为舟也。从亼，从舟，从巜；巜，水也。”

徽号文字有“（曆鼎）”“（父辛觶）”“（艅伯尊）”，前人多不释，康殷《文字源流浅说》释为“俞”字，是也。“俞”字金文作“（豆闭毁）”“（不嬰毁）”“（鲁伯大父毁）”，字从舟（或从凡。凡，“盘”本字也），从（即“余”字，象锐器，说见上条），会意。《说文》解作“空中木为舟”，是也。“俞”字《说文》篆作“”，许慎说其字形为“从亼，从舟，从巜”，由不知“△”与“巜”即金文“”之

讹变也。

“俞”之本义为空中木为舟，引申之凡使物中空皆曰“俞”。《说文·穴部》：“窬，穿木户也，一曰空中也。”《淮南子·氾论训》：“古者窬木方版，以为舟航。”高诱注曰：“窬，空也。”又孟康《汉书》注曰：“东南人谓凿木空中如曹曰艅。”（以上两条例句俱见《说文》“窬”字下段注。段氏谓孟康注“‘曹’当作‘槽’”，非是。“曹”字甲文作“”，下所从“”即象槽形，“曹”乃“槽”之本字也。）“窬”“艅”皆“俞”之分化字也。“俞”本空中为舟，引申为“穿木户（穿木为门户也）”“门边小窦（《一切经音义》引《三苍》）”，为户窦以通行，故过越之字作“踰”“隃”“逾”也。又引申之，疾病过后亦名“愈”。虚化为副词过、越、益之义，字作“逾”，亦作“愈”，又作“瘉”。《说文·衣部》：“褕，一曰直裾谓之襜褕。”《方言》曰：“襜褕，江淮南楚谓之𧝓褣，自关而西谓之襜褕。”《释名》曰：“荆州谓禅衣曰布襹，亦曰襜褕。言其襜襜弘裕也。”按“襜褕”犹言“赡裕”也，其字或从俞作“褕”，或从容作“褣”者，皆取诸中空宽大可容身也。《诗·大雅·生民》：“或舂或揄。”毛传：“揄，抒臼也。”郑笺：“舂而抒出之。”《释文》曰：“揄，音由，又以朱反。《说文》作‘舀’，弋绍反。”按：舀米于臼，犹刳木为舟也，皆取掏空之义也。《说文·虫部》：“蝓，虒蝓。”段注云：“《本草经》作蛞蝓，云：一名陵螺……据本经则蛞蝓即蜗牛。”“蜗牛”之名“蛞蝓”，亦取诸其壳中空也。

以上“窬”“艅”“踰”“逾”“隃”“愈”“瘉”“瘉”“揄”“褕”“蝓”诸字皆从“俞”得声，义与“俞”相同、相近或相关。“俞”本空中之义，义有引申，故字有分化也。

本文取《说文》中从“亼”或间接从“亼”（指“余”“侖”“倉”三字）之字凡十有二文，从字形偏旁分析出发，考之以字音、字义，复证之于甲文、金文、先秦古籍之用法，指出《说文》所收“食”“合”“佥”

“侖”“今”“令”“龠”“倉”“舍”“會”“余”“俞”十二字所从之“亼”来源有四：一象覆口之形，“食”“合”“僉”“侖”“今”“令”“龠”七字从之；二象屋脊之形，“倉”字从之，“舍”字初从之，后发展为形声字；三象器皿之盖，“會”字从之；四象锐器之端，“余”“俞”二字从之。

通过分析字形，考诸古音，追溯此十二字之本义，因谓“食”者，食也；“合”者，答也；“僉”者，皆也；“侖”者，理也；“今”者，吟也；“令”者，命也；“龠”者，竹乐也；“倉”者，谷藏也；“舍”者，屋舍也；“會”者，蒸器也；“俞”者，空中也；“余”者，锐器也。其中“僉”“令”“龠”“倉”“舍”“俞”六字《说文》得其本义，其余所释则非也。

根据字形偏旁通变之规律，因谓“食”与“飤”，“佮”与“合”、与“迨”、与“袷”，“會”与“鐪”、与“儈”、与“𨘢”皆本一字；又因“會”字字形而及“曾”字，指出“曾”乃“甑”之本字；复因“余”字而及“途”字，指出“途”字在卜辞中所以训屠者，以其从余也。

根据字形以求本义，本义明始知文字之通假、之引申。若“今”者，吟也，其用作是时者，同音假借也；“余”者，锐器也，其用作第一人称代词者，亦假借也；“舍”者，房屋也，其用作“余”者，复为同音假借也。又若“合”者，答也，其用作会合者，引申也；“會”者，蒸器也，其用作会合之义者，亦引申也。

本文又据字义起于右文说之理论，在探究文字本义之后，复论及“論”之训论说，“倫”之训伦理，小波有纹理之名“淪”，源皆出于“侖”。“層”之训重，“增”之训益，源出于“曾”。“窬”“牏”“逾”“隃”“愈”“瘉”“癒”“揄”“褕”“蝓”诸从“俞”之字之为空中、门户、逾越、病愈、蜗牛、襜褕、木槽，源出于“俞”也。

1985.9.8

论“一形多义”

古汉字一形多义是指一个古汉字具有两种或两种以上的意义，而这两种或两种以上的意义，都是通过对汉字字形的分析而得出的，并且能够在先秦古籍、甲骨卜辞、铜器铭文中得到印证。它与通过词义的引申、假借、比喻、转移等途径而造成的汉语中的一字（词）多义是迥不相同的。关于古汉字中的一形多义的现象，前人很少论及，本文试图通过字形分析，证明古文字中确实存在一形多义现象，并试图揭示出造成这种现象的原因，不当之处，请方家指正。

一、鄉

甲骨文作“（前一、三六、三）”“（前四、二一、五）”；西周早期金文作“（天王䀌）”。字从“”或“”，象豆（餐具）中盛满食物之形；从“”或“”“”，均象二人相对而坐。此为会意字，象二人相对而食之意。自其二人相对角度观之，字为相对、相向之义，即“嚮”之初文；自二人共食的角度观之，字为宴飨之义，即“饗”之初文。卜辞中有“王自鄉（前四、二二、五）”，有“东鄉”“西鄉（粹一二五二）”。其中“王自鄉”，“鄉”字正用宴飨义；“东鄉”“西鄉”正用作“嚮”。《荀子·成相》：“武王怒，师牧野。纣卒易鄉启乃下。”杨倞注：

“易鄉，回面也……鄉，读为向。”《韩非子·内储说上》：“夫矢来有鄉，则积铁以备一鄉；矢来无鄉，则为铁室以尽备之。”陈奇猷校注：“‘鄉’即古‘嚮’字，今作向。”《尔雅·释宫》：“两阶间谓之鄉。”郭注：“人君南鄉当阶间。”经及注文中“鄉”字都用作“嚮”。《墨子·尚贤中》：“以上事天，则天鄉其德。”《明鬼下》：“帝享女明德。”“鄉”即“享”“饗”。

二、受

甲骨文作“（后上一七、五）”“（后上一八、三）”，西周金文作“（盂鼎）”，字上下所从均象手形，中象舟，郑玄注《周礼·春官·司尊彝》引郑司农：“舟，尊下台，若今时承盘。”此“舟”象盘形，非舟船。此为会意字。自上视之，“受”字象一手持舟授予另一人之手，因而“受”字有授予义；自下视之，一人张手接受另一人所予之舟，因而“受”字有接受之义。甲骨卜辞“癸卯卜，争贞，今岁商受年（契四九三）”，铜器铭文“丕显文王受天佑大命（大盂鼎）”，两“受”字均用为接受；卜辞“帝受我又（佑）（龟一、一一、一三）”，“帝不受我又（前六、五八、四）”，两“受”字均用为授予。先秦古籍中“受”字也有这两种意义。《书·大禹谟》：“满招损，谦受益。”此用为接受；《商君书·定分》：“今先圣人为书而传之后世，必师受之，乃知所谓之名。”此用为授予、传授。林义光《文源》：“授、受二字，古皆作受。”后为区分二义，因于受予之受另加手旁作“授”，“授”为“受”之后起区别字。

三、去

甲骨文作“（甲七六四）”“（京津四六三四）”，字从，从（），会意。古文字中“大”字有两个来源，一象正面而立的人形，一象器皿之盖形。甲骨文中“天”“亦”“夸”诸字所从之大，象人形；“壶”

字及战国文字中的“盇”字所从之大，象器皿之盖。古文字中的“口”字来源比较复杂：其中有象器皿者，唐兰《古文字学导论·下编》：“是筶卢，在古文字多作，和人口无别，、鲁、古、喜、合等字所从都是。”有象起讫之处者，甲骨文中“出”“各”二字所从之或是。如果把“去”字分析为从象人形的大，从象起讫之处的口，那么，“去”字表离去之义；如果把“去”字分析为从象器盖的大、从象器皿的口，那么“去”字表筶卢之义，表器盖之义，表藏弆之义。后为区别字义，来去之去沿用“去”形，或加辵旁作“迲”（见于战国文字）；器盖之去易旁作“盇”（皿、口均象器皿形），或加旁作“盍”；去卢之去加旁作“筶”；藏去之去加旁作“弆”。卜辞：“曰：有来气至王曰吉其去。（前七、九、三）”此用为来去之“去”；《汉书·苏武传》：“掘野鼠，去草实而食之。”颜师古注：“去，谓藏之也。”“去”表器盖、表去卢义多作“盇”（盍、盖、葢）、作“筶”。

四、衛

殷商金文作“（且乙爵）”，甲骨文作“（佚三八三）”“（邺三二、六）”“（乙二二八）”“（甲三五〇）”，罗振玉说：“卜辞‘韋’‘衛’一字，从囗，从，象众足守卫囗内之形。”李孝定说：“韋，实即古圍字也。”按：字从囗，从众止，会意。囗，象城邑，与甲骨邑字所从相同。众止，既可以看成是己方的人，也可以看成是敌人的人。如果是己方的人，则“韋”字表保卫之义；如果是敌人的人，则“韋”字表包围之义；“韋”字所从众止，方向相对，故“韋”字又表相背、违背之义。其后为了区别词义，制“衛”字以表保卫之义，制“圍”字以表包围之义，制“違”字以表相背之义，而“韋”字则借用为皮韦字。

五、雚

甲骨文作“（后二、六、六）”“（藏一二一、二）”，金文作“（雚女觶）”“（王人甗）”。杨树达说：“‘吅’‘萑’‘雚’三文音并相近，余疑‘萑’‘雚’一字，‘雚’于‘萑’加注声符吅。”李孝定说：“契文有‘萑’‘雚’二文，其辞例多同……二者均假为‘觀’，是则二者当为一字，杨氏之言是也。盖卜辞虽有从吅与否之别，一为原始象形字，一为后起形声字，下逮小篆，始衍为二，一训鸱属，读胡官切；一训小爵（雀），读工奂切，音义仍相近也。”字象鸱鸮之形，上象顶毛，吅为眼形讹变，下象其身，因此，“萑”“雚”可表鸱鸮之义；又因雚字突出表现双目，象鸟观物状，故此字又可表观看义。《说文》：“萑，鸱属。”此为鸱鸮义（鸱鸮与鸱同类）。甲骨卜辞：“往萑河不若（乙一七一、九）。”“壬寅卜，旅贞，王其往雚于[glyph]，亡巛（佚六、八〇）。”此用为“观看”“观游”之义。其后“萑”“雚”分化为二字，《说文》一训小爵，一训鸱属，而于“萑”“雚”之观看义，别造“观”字以表示。

六、易

甲骨文作“（甲三三三、七）”“（乙二二六、六）”，字象双手持皿将水注入另一皿中之形。省作“（甲三三六四）”“（粹六〇四）”。西周金文作“（德鼎）”“（盂鼎）”。晚后作“（禹鼎）”“（中山王嚳壶）”“（中山王鼎）”。此字自双手持皿将水加于另一皿角度视之，当为赐予义；自皿中之水角度视之，水所在位置发生变化，故“易”又为变易、交易；而将一皿之水注于另一皿，此乃易举之事，故又为轻易、容易。铜器铭文“王易兮甲马三匹（兮甲盘）”，此用为“赐予”义；中山王嚳壶“而臣宗易位”，此用为“变易”义；中山王嚳鼎“此易言而难行也”，此用为“容易”义。古籍中“易”字多用为“变易”“容易”，“赐予”义，多作“賜”“錫”，“賜”“錫”为“易”之后起区别字。

七、合

甲骨文作“（菁一）”，西周金文作“（召伯殷）”。字从、从，会意。古文字中形或象倒口之形，“命”“食”所从是；或象器盖，“會”字及甲骨文“壶”字所从是。字或象口形，古文字中“唯”“甘”所从是；或象器皿，说见上文“去”字下。“合”字如果分析为从倒口，从口，则为应答义；如果分析为从器盖、器皿，则为交合、会合之义。（陈初生分析同前说，朱芳圃分析同后：“字象器盖相合之形。”）铜器铭文“琱生有事，召来合事”，此用为会合义。《尔雅·释诂上》：“合，对也。”郭璞注：“相当对。”郝懿行义疏：“古答问之字直作合。”《睡虎地秦墓竹简·封诊事》：“自杀者必先有故，问其同居，以合其故。”此用为对答义。

八、豐

甲骨文作“（宁沪三、四）”“（粹五四〇）”“（粹二三二）”“（甲二七四四）”；西周金文作“（天亡毁）”“（小臣丰卣）”“（丰尊）”。容庚《金文编》：“‘豐’与‘豊’为一字，豆之丰满者，所以为豊也。汉隶‘豊’‘豐’二字皆作‘’。”李孝定《甲骨文字集释》：“‘豊’‘豐’古盖一字，豆实丰满所以事神，以言事神之事则为‘禮’，以言事神之器则为‘豊’，以言牺牲玉帛之腆美则为‘豐’，其始实为一字也。”“豐”字象豆中盛物之形，自豆言之，为事神之器；自盛物丰满言之，为丰盛；自事神之用言之，则为“禮”。古文中“豐”字兼此三义。铜器铭文“厚福豐年”，此用丰盛义；天亡簋“王又大豐”，此用礼义；

《仪礼·公食大夫礼》“饮酒实于觯，加于豐。”郑注：“豐，所以承觯者也，如豆而卑。”此用礼器义。其后分为三字，“豐”表丰盛，“豊”表礼器，“禮”表礼敬义。

九、監

甲骨文作“（后下一九、一三）”“（京都四〇一B）”“（京沪一、五〇〇）”“（佚九三二）”，西周金文作“（应监甗）”“（颂鼎）”。字象一人俯视铜盘（盆）之形，古代照面之具为铜镜，铜镜产生之前，则以盆盛清水，用以照面，此字正象其义。自人之动作视之，“監”为照面之义，引申为视；自盛水之器视之，“監”为照面之具，即镜。铜器铭文“自乍御監”（攻吴王监）此用为照容之器；“䀧占于彝，其于之朝夕監（史䀧簋）”，此用为照看自己，又《尚书·酒诰》：“古人有言曰：人无于水監，当于民監。”“監”亦用照自己之义。其后“監”字分化，“監”用于监视，另制“瞰”字表视义，制“覽”字表观视义，制“鑑”“濫”“鑒”“鏡”表盛水之铜器、表照面之具。

十、永

甲骨文作“（粹一五一四）”“（甲六一七）”“（佚四六〇）”，西周金文作“（宅殷）”。字从、，象河汉形，象河水，、象人形，此字象人游于水之形，即泳之初文；、等形又可分析为支流从主流分出，则此字又当为“𠂢”字，即“派”字初文。容庚、李孝定皆谓“古‘𠂢’‘永’为一字”，从字形上看，容、李说可信，《诗·周南·汉广》：“汉之广矣，不可泳思。”“泳”即“永”之后起加旁字，一本作“永”，用古字。此用为游泳义。流𠂢之“𠂢”自小篆之后写作“𠂢”，增繁为“派”。

十一、聲、聖、聽

甲骨文作“（乙三三九六）”“（戬四五、一〇）”“（乙五一六一）”，西周金文作“（师望鼎）”。郭沫若、于省吾、李孝定均以“”为“聽”“聲”“聖”之初文。字从耳、从口，会意。口之所言，耳得之而为声，故“耶”有声音义；口有所言，耳所以得之道为听，故“耶”有聆听义；听之敏锐为圣，故“耶”又有圣义。魏三体石经《尚书·无逸》：“此厥不听。”古文“聽”作“”，《古文四声韵·劲韵》引古《老子》“聖”作“”，又《清韵》引《华岳碑》“聲”字作“”。此一“耶”字而有“聽”“聖”“聲”三义之证。《汉书·古今人表》卫聲公，《史记·卫康叔世家》索隐作“聖公”。《礼记·学记》“小人以听过”释文“以聽，本或作以聲”，此“聲”“聽”“聖”通用之证。后“耶”字分化为三，“聖”表贤圣义；“聽”表聆听义；“聲”表声音义（甲骨文有、，字从耳，磬声；或从耶，殸声。为“耶（聲）”字异构。“聲”即由二者演化而来）。

十二、雇

甲骨文作“（佚五二四）”“（佚七五六）”“（后下一三、二）”“（林一、九、一二）”“（乙八八七二）”“（前二、四、八）”。字从隹、户声，即“雇”字。《说文·隹部》：“雇，九雇，农桑候鸟，扈民不淫者也。”此一义。甲文“隹”字异体甚众，然其字鸟头所朝方向恒与羽翼方向相反；“雇”字所从之隹鸟头与羽翼方向多为一致，“隹”字多作反首状。由“隹”作反首状视之，则“雇”字又为“顾”之初文，“顾”，反首视也。《诗经·桧风·匪风》郑笺“回首曰顾”。甲文“雇”字所从之隹正象回首、反首视之形（“雇”字甲文中有不从反首隹者，当由其他隹字所同化，他隹皆不作反首也）。卜辞中“雇”字用为地名，郭沫若以为即古顾国，依字形分析，其说可信。

十三、異

甲骨文作“（甲三九四）”“（乙一四九三）”“（甲一七三〇）”“（京津三九三七）”，西周金文作“（盂鼎）”“（曶鼎）”，此字罗振玉释“異”，谓“古金文皆作，象人举手自翼蔽形，皆借为‘翼’字”。王国维谓“此疑‘戴’字，象头上戴由之形”，李孝定谓“‘異’字实象人首戴甾之形，其本义当训戴”。此字象人首戴甾之形（甾即缶也，容器），故其义为戴、为载，戴甾而双手扶持之，以防其坠落，故其义又为扶持，为翼辅；“異”字所从之田又与甲骨文鬼、畏诸字所从相同，象怪头形，故其义又为怪异、为分别、为殊异。铜器铭文：“古天異监子。”（盂鼎）此用扶持、辅翼义；“赏毕土方六十里，召勿敢譔王休異（召卣）”，此用殊异义。《孟子·梁惠王》：“斑白者不负戴于道路矣。”《左传·宣公二年》：“使妇人載以过朝。”此用顶戴、负载义而作“戴”、作“載”，“戴”即“異”之加声旁字，而“載”又为“戴”之易旁也。

十四、兵

甲骨文作“（后下二九、六）”“（摭续八九）”，唐兰释为“兵”字，李孝定谓“字从两手持斤，乃‘兵’之古文：……佚存一辞‘出兵’连文……已引申以为执兵者之称矣”。根据字形分析，“兵”字实兼兵械与兵士二义，自斤视之，其义为兵械；自収视之，其义为持兵械之人，即兵士。铜器铭文“楚王酓战隻兵铜”（楚王酓盘），此用为兵械；甲骨卜辞“出兵”连文，此用为执兵械之人，《说文》“兵”字古文作“”，

字从人，此字当为兵士之“兵”专用字，由此可知，“兵”表士兵之义，先秦已有之。

十五、戒

甲骨文作“（乙六五七）”“（甲二八七四）”，西周金文作“（戒甬）”。此字构形与“兵”字相似，字从双手持戈，会意。根据字形分析，“戒”字有警戒、兵械二义：自戈视之，乃兵械；自収持戈视之，乃为警戒。铜器铭文“女台専戒公家，雁恤余于盟邦”（叔夷钟），此用警戒义。古籍中如《周礼·天官·司书》：“三岁，则大计群吏之治，以知民之财，器械之数。”郑玄注：“械犹兵也。”此用兵械义而字作“械”，“械”当是“戒”的后起加旁字。

十六、折

甲骨文作“（京津二七三七）”“（前四、八、六）”，西周金文作“（小盂鼎）”。字从斤，从断木或从断草，会意。根据字形分析，“折”字有断之和被断二义。自斤视之，乃以斧斤断草木，此为断之、使之断之义；自断草、断木视之，此为被断之义。铜器铭文：“折首五百（虢季子白盘）。”“折首”即断首，斩首，谓使首身断也；《荀子·劝学》：“风至苕折，卵破子死。”此用被断之义。

十七、會

金文作“（会娟鼎）”“（郐始鬲）”“（赳亥鼎）”“（厵羌钟）”“（中山王嚳壶）”“（胤嗣𧊒蚉壶）”“（陈肪簋）”。此字上象器盖，下象釜，中象箅（或盛米之器）。器盖上下相合，以示会合之意；自上视之，表示器盖；整体视之，则表蒸煮之器。陈肪簋：“敹巽吉金，作兹宝毁，用孝于我皇毁，鑰。”张日升曰：“窃疑‘鑰’为单字句，簋盖也。”此表器盖而作“鑰”，“鑰”即“會”之加旁字，以其盖为铜质，故加金旁。先秦典籍或但作“會”，《礼仪·士丧礼》：“敨启會。”郑注：“會，盖也。”又《士虞礼》：“命佐食启會。”郑注：“會谓敨盖也。”《公食大夫礼》：“宰夫东面坐，启簋會。”郑注：“會，簋盖也。”此其证。氏会：“氏詹乍膳鑰。”此“鑰”字用为器名而作“鑰”，“鑰”即“會”之加旁字。驫羌钟：“先會于平。”此用于会合义。或从辵作“逾”，沇儿钟：“龢逾百生。”，“逾”即“會”字而加旁者。

十八、从

甲骨文作“（粹一一一三）”“（粹一〇六七）”，商代金文作“（宰椃角）”，西周金文作“（从鼎）”“（麦鼎）”，字象二人相随之形。自前一人角度视之，“从”为率领之义；自后一人角度视之，“从”为跟随之义。过伯簋：“过白从王伐反荆。”此用为跟随义；《韩非子·难三》：“夫六晋之时，知氏最强，灭范、中行而从韩魏之兵以伐赵。”此用为使别人跟随自己，即率领之义。“從”为“从”之加旁字。

十九、𤔔

金文作“（番生殷）”，字从两手，从，象治丝之形。自双手治丝而言，“𤔔”表治、理义；丝所以治之，以其乱，故“𤔔”又表乱义。《说文》：“𤔔，治也。”此“𤔔”有治义之证；瑜生簋：“余既𠵊，我考我母令，余弗敢𤔔。”此正用乱义。先秦古籍表治、乱之“𤔔”多作“亂”，“亂”即“𤔔”字之变，《尚书·汤誓》：“非台小子，敢行称亂。”传：“举亂，以诸侯伐天子。”此表乱义；《书·盘庚》：“兹予有亂政同位。”传：“亂，治也。”又《泰誓》：“予有亂臣十人，同心同德。”传：“我治理之臣

虽少而心德同。”此表治义者。

二十、武

甲骨文作“（乙二九九八）”“（铁六七、四）”“（甲三九四八）”，商金文作“（卣）”，西周金文作“（格伯𣪘）”“（虢季子白盘）”。于省吾说：“‘武’从止从戈，本义为征伐示威，征伐者必有行，止即示行也；征伐者必以武器，戈即武器也。”字以从戈视之，为武器；字以从止从戈视之，为征伐，为用武，为用武之人；字以从止视之，为足迹，为步武。《逸周书·允文》：“收武释贿。”孔晁注：“收其戎器，不取贿。”此用为兵器义；𠫑羌钟：“武侄寺力。”郭沫若说：“武谓武卒。”《荀子·议兵篇》：“魏氏之武卒。”又《淮南·览冥训》：“勇武一人为三军雄。”高注云：“武，士也。江淮间谓士为武。”此用为武士；《诗·大雅·下武》：“昭兹来许，绳其祖武。”毛传：“武，迹也。”《楚辞·离骚》：“忽奔走以先后兮，及前王之踵武。”《国语·周语下》：“夫目之察度也，不过步武尺寸之间。”韦注：“六尺为步，贾君以半步为武。”此用为足迹、步武。

二一、麗

西周金文作“（师簋）”“（郰𠺥匜）”，周原甲骨作“”。字象鹿，头上戴角。自其象鹿视之，其义为鹿；自其戴角言之，则为附丽；自其戴双角言之，则为丽偶；鹿戴角则美，故其义又表美丽。《说文》：“麗，《礼》丽皮纳聘，盖鹿皮也。”此用为鹿义；《周礼·夏官·校人》“麗马一圉，八麗一师”，郑玄注：“麗，耦也。”此用为偶义，字或作“儷”，《广雅·释诂四》：“儷，耦也。”《仪礼·士昏礼》：“纳徽，玄纁束帛儷皮”。郑玄注：“儷，两也。”此其证。“儷”即“麗”之后起加旁字。《易·离》：“象曰：离，麗也。日月麗乎天，百谷草木麗乎土。重明以麗

乎正，乃化成天下。柔麗乎中正，故亨。”王弼注：“麗犹著也。”孔颖达疏：“此广明附著之义。”此用为附着、附丽；字或从草作“蘼”，“蘼”即“麗”之区别字。《说文·艸部》：“蘼，艸木相附蘼土而生。《易》曰：百谷草木蘼于地。”《广雅·释诂三》：“蘼，著也。”王念孙疏证：“蘼者，附之著也……字通作麗。”此其证。《广雅·释诂一》：“麗，好也。”《楚辞·招魂》：“被文服纤，麗而不奇些。”王逸注：“麗，美好也。”字又作“孋”，汉《郭辅碑》：“高贤姣孋，富贵显荣。”《集韵·霁韵》：“孋，美也。”此其证。“孋”也是“麗”的区别字。

二二、立

甲骨文作“（粹一二一八）”，殷商金文作“（父丁卣）”，西周金文作“（格伯段）”，字象人正面而立之形。自人立视之，则为站立；自其所立之处观之，则为位置、地位。吴方彝：“宰朏右乍册吴入门立中廷。”《左传·成公六年》：“公揖而入，献子从公立于寝庭。”此用为站立；《颂鼎》：“王各大室，即立。”容庚说：“《周礼故书·小宗伯》常建国之神立，注：‘古者立位同字。古文《春秋经》公即位为公即立。’”银雀山汉简第2318简：“武王即立。”此用为位置、地位。为区别字义，于地立之“立”加义旁作“位”，或加声旁作“”，“位”表位置义习见，不烦举例；“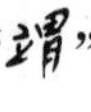”表位置义，见《中山王方壶》：“述定君臣之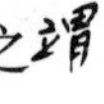，上下之体。”

二三、雨

甲骨文作“（粹七三〇）”“（后上二〇、一）”，商金文作“（亚止雨鼎）”，西周金文作“（子雨卣）”。字象雨水自天而降之形，义为落雨；其所降者为雨水，故其义又为雨水。甲骨卜辞：“今夕其雨，疾?”（佚五六五）此为降雨，动词；“不遘大雨。”（粹九、九七）此

为所降之雨，名词。先秦古籍《诗·小雅·甫田》：“以御田祖，以祈甘雨。”此用为名词雨；《诗·小雅·大田》：“雨我公田，遂及我私。”此用为动词雨。

二四、鼓

甲骨文作“（乙六二一）”“（京津一五六〇）”“（甲二二八八）”，商金文作“（鼓觯）”，西周金文作“（克鼎）”。字象手执鼓槌击鼓之形。自鼓视之则为鼓，名词；自击鼓视之则为击鼓，动词。齐侯壶：“鼓钟一銉。”《尚书·胤征》：“瞽奏鼓。”此用为名词“鼓”；𤼈钟：“𤼈乍钟，万年日鼓。”《左传·庄公十年》：“公将鼓之。”此用为动词“鼓”，本义为击鼓，后泛指鼓奏。

二五、卜

甲骨文作“（菁五、一）”“（粹三九八）”“（前一、九、一）”“（河二七）”。“卜”字甲文中有两种用法：一表占卜；二表示内外之外。“卜”字的这两种用法和意义也是通过字形反映出来的。如果把“卜”字看作象龟兆之形，则为占卜；如果把“卜”字看成指事字，“丨”表示标准，“一”表示在标准之外，则为内外之外（“”表示“外”，与“二”表示“上”造字方法相同）。卜辞：“甲子卜，今日亥不雨。”（粹七八四），此用为占卜；卜辞中有“（前一、九、二）”“（河二七）”，即殷帝外壬、外丙（见《史记本纪》），此用为“外”。其后为区分词义，内外之外添加夕旁（从夕之“外”始见于西周中期金文；甲文中无从夕之“外”）。

本文所提到的一形多义可简称为多义字。多义字与多义词不同。一、多义词属语言学的范畴；多义字则属文字学的范畴。二、造成一词多义的途径主要是词义的引申、转移、扩大、缩小、比喻、活用等；而造成一字多义的途径却与此不同，下文将要论述。三、一词多义中的诸多意义，只有本义才与字形有联系，字形反映多义词中最原始的意义，而其他意义则与字形没有直接联系；一字多义中的诸多意义都与字形有联系，字形能够直接反映出一字的诸多意义。四、多义词表示诸多意义，诸多意义同发一个音，其间虽有音变，但读音仍很相近；多义字表示诸多意义，诸多意义虽共系一字，但其读音可以是相同、相近或毫无联系。

文字是记录语言的符号体系，是表达思想、感情的辅助工具。文字的创造是为了记录语言的需要。一般来说，一个字最初只是为了记录语言中的某个词义才创造的，也就是说，一个字最初应该只有一个读音，表示一个意义。那么，汉字中为什么存在一字多义的现象呢?

汉字源于原始绘画，象形字是汉字的基础。早期的汉字，其外部表现形式与图画极为相似，与图画不同的是，早期的汉字是能够读出音来的，而图画却不能读出确定的音来。正由于早期的汉字和图画近似，人们在辨认它的时候不免往往把它作为一幅图画来辨认，由它的外部形式来直接与它所代表的意义相联系。一幅图画从不同角度去观察，可以产生不同的理解；不同的人由于欣赏水平不同，对同一幅图画也会产生不同的艺术享受。同样，一个字从不同角度去分析，也可以产生不同的意义；不同的人，由于认识能力不同，对同一个字也会产生不同的理解，尽管一个字在初造的时候只有一个读音，只表示一种意义，但这个字一旦被造了出来，离开原始的语言环境，被后人在其他语言环境里使用时，便不免会受到使用者主观认识的影响。不同的人，由于对某一个字认识不一定完全相同，在使用它时，人们会按照自己对它的认识来记录他自己认为它应该被记录的词，这是导致早期汉字一形多义的基本原因。

汉字是由不同的人，在不同地区、不同历史时期造出来的。正由于汉字不是一人造出来的，又由于汉字是象形的，是以客观事物为依据的，不同的人在为不同的事物造字之时，由于客观事物之间有相似之处，便有可能造出形体相同的字。同一字形表示两种或两种以上的客观事物，于是便具有了两种或两种以上的意义，这是导致早期汉字一形多义的又一原因。

汉字在刚产生的时候，字数极为有限，远远不能满足记录语言的需要。为了解决这一矛盾，人们采取的办法主要是：不断造字；借用已有的字。当然，这里并不排除对旧字的改造。对旧字改造之后，一方面该字保留了旧有的意义，另一方面又添加上了新的意义，这样，一个字形也就有了两种意义。如“雚”字、“雇”字，当初可能只作“萑”“雇”，为了记录新词新义，在“萑”字之上添加双目以记录观看义，把“雇”字所从之隹改造为反首状，以记录反首视之义，于是“雚”“雇”便都具有了两种意义，这是导致一形多义的第三个原因。

认识到早期汉字一形多义的现象，对于正确理解汉字的起源以及文字形、音、义三者的关系，对于早期出土文字如卜辞、铭文、简牍文字的解读以及古籍的校注，对于训诂学中的“反训”，对于语法学中的“词类活用”等等，都有一定的参考价值。

后　　记

《初耕集》收录本人1980—1986年间习作18篇，大抵依写作时间排次。为客观、真实反映当时学习情况，除个别错字、“二简字”之外，皆照录原文。焦循《孟子正义》云：“土初耕，尚浅，成块。”集中论文类皆粗浅，故取“初耕”二字名集。

1978年3月，本人有幸考入河北大学中文系学习。同班同学90多人，大家学习劲头异常高涨，课堂学习之外，班上根据个人兴趣，成立了若干个学习小组，当时我参加的是现代汉语学习小组，指导教师是华尔赓老师。从大学一年级到二年级上半年，我所读的课外书集中在现代汉语方面，重点是现代汉语语法学著作。到了大学二年级下半年，基本读完了中文系资料室现代汉语语法学藏书，开始转读古代文献，学习兴趣随之转向古代汉语。从大三开始，校读诸子（《韩非子》《管子》《商君书》《论衡》等），同时，就中学语文课本所收文言文疑难词语试作考释。这期间订购了两种杂志：《中国语文》《语文学习》。《语文学习》经常刊登一些辅助中学语文教学的文章，对其中论文意见不同者，试着写成短文，并开始向《语文学习》等刊物投稿。收入本集中的《“浮光跃金”再解》《〈论积贮疏文言虚词解〉读后》《〈中学文言教材古今同形异义词举例〉读后》《现代汉语的“合叙”》《〈国殇〉新解》《释“会”》便是这一阶段的学习心得。

到了大学四年级，开始写毕业论文，其时正读刘盼遂先生《论衡集解》，发现是书尚可补可正，便自拟《〈论衡集解〉补正》作为学士论文选题，指导教师是谢质彬先生，本集收录的《〈论衡集解〉补正》便是在谢质彬老师指导下完成的毕业论文，1998 年河北教育出版社出版的《论衡校笺》以此为基础撰写而成。

1982 年 3 月大学毕业留校任教，教授古代汉语课程。在备课过程中，认真阅读了王力先生主编的《古代汉语》教材文选涉及的原著，并对文选部分疑难词语作了考证，这些习作后来收入了《古代汉语词语考证》（河北大学出版社，1997 年出版）。1984 年 9 月，我考入河北大学汉语文字学专业攻读硕士学位，指导教师是黄绮先生和谢质彬、程垂成两位老师。在攻读硕士学位期间，我所读文献以文字学、说文学论著为主。在研究生二年级，取《甲骨文编》《金文编》《古文字类编》以及《甲骨文释林》《殷墟文字记》等与《说文》《说文解字注》对勘，本集收录的《〈说文・步部〉字探源兼论文字孳乳》《〈说文〉“亼”字与从亼诸字考》《论“一形多义”》等写作于这一时期。进入研究生三年级，开始考虑硕士论文选题，初拟校理《说文》，以时间匆遽，选题改为《文字变易与古书通假》。

孟保青和我是大学同班同组同寝室同学，毕业后又一起留校任教，成为同事。他思维敏捷，天资聪慧。从开始读古书，每有所心得，总是愿意把自己的想法说出来与他一起讨论，每次讨论，多受启发；后来开始把自己读书心得写成文字，短文写出后，往往请他修改、润色、誊录，然后署上我们两个人的名字寄给期刊编辑部，但屡投不中。在这段时间，我和保青合作公开发表的论文仅有《〈论衡集解〉若干词语校释的商榷》（《河北大学学报》1982 年第 2 期）一篇。我写东西，往往写完了事，不肯花时间再去修改，赖保青修改、誊录，部分论文得以保留至今；自己寄出的手稿，由于编辑部没有退回，便再也找不到了。

谢质彬老师是古汉语语法学、训诂学家，学风严谨，学问精深。在大学二年级末，经人介绍，我有幸拜识谢老师。在学习《古代汉语》课程和阅读古代文献中发现问题后，我时常请教、就正于谢老师，每次都得到谢老师点拨或称许，从而坚定了我在古汉语领域耕耘的信心。1982 年 3 月，在谢老师指导下完成了毕业论文《〈论衡集解〉补正》，凭借这篇论文并经谢老师等人大力推荐，我得以留校任教。1984 年 9 月考取河北大学汉语文字学研究生后，谢老师为我们这一届的学生开设了训诂学。谢老师授课，坚持“从教学中来，到教学中去”（即：以实事求是之精神，在教学实践中发现问题，选作自己的科研课题，经过深入研究，获取科研成果，然后运用于课堂教学，以收教学相长之效）。通过课堂学习，我不仅学到了具体知识，而且还养成了我发现问题的能力和严谨朴实的学风。如果没有谢老师多年的指导、鼓励和帮助，我很有可能没机会走上古汉语教学科研道路。

本书出版，得到河北大学传世字书与出土文字研究中心资助，河北大学出版社韩立霞编辑付出了辛勤的劳动，谨此一并致谢。

杨宝忠　谨记

2016 年 11 月 6 日